わざ言語

感覚の共有を通しての「学び」へ

生田久美子　北村勝朗――編著
Ikuta Kumiko　Kitamura Katsuro

慶應義塾大学出版会

はじめに——「わざ言語」と「学び」

生田久美子

本書で用いる「わざ言語」という用語は、大枠では、様々な「わざ」の世界でその伝承の折に頻用されている、科学言語や記述言語とは異なる独特な言語表現を指示している。そもそも、「わざ言語」という用語は、筆者が『「わざ」から知る』（一九八七／二〇〇七）の執筆の際に引用した、V・A・ハワード（V.A.Howard）が *Artistry*（一九八二）の中で用いたLanguages of Craftという用語の日本語訳である。ハワードは、声楽の教授事例を通して、芸術における「知っている（know）」がG・ライル（G.Ryle）から始まった「技能（knowing how）」論争においてどのように位置づけられるかを論じる中で、当の教授プロセスでしばしば用いられる独特の言語（The Languages of Craft）に注目している。それは科学言語のようにある事柄を正確に記述、説明することを目的とするのではなく、相手に関連ある感覚や行動を生じさせたり、現に行われている活動の改善を促したりするときに用いられる言語である。

『「わざ」から知る』の中で筆者は、ハワードの議論を踏まえて、「わざ言語」が「わざ」の伝承過程においてどのように作用するのか、主に日本の伝統芸能の文脈に置き換えてその意義について論じた。例えば、民俗芸能の伝承場面において、扇を差し出す動作を指導する場合、「天から舞い降りてくる雪を受けるように」という感覚的な表現を用いることがある。指導者は、こうした言葉を用いて自身の身体感覚を学習者に対して表現し、一方の学習者は、そうした表現に触れることにより、指導者の身体感覚を感得するための推論活動へと誘われていく。さらに言うならば、この推論活動は、単に細分化された手続き的な動作を身につけるためだけになされるのではなく、むしろその細々とした動作が、自身が身を置く「わざ」世界全体においてどのような意味を持つのかという、「わざ」世界の全体的な意味連関の認識に学習者を導いていく。『「わざ」から知る』では、このように「わざ」の伝承過程における「わざ言語」の働きについて論じた。

「わざ言語」という用語はその後、様々なわざ研究や技能研究において取り上げられ論じられることになった。例えば、野村（一九九九）は、「わざ言語」を「師匠の身体のなかの感覚をありのままに表現することによって、学習者の身体のなかにそれとおなじ感覚を生じさせてゆく言語である」（一三二頁）とし、それは「身体のなかの感覚を科学言語のように分節化するのではなく、それ以前の前言語的世界を直接表出したものである」（一三二頁）と述べている。野村はこのように「わざ言語」の意味を規定することによって、指導者の身体感覚を学習者が感得するための媒介物として「わざ言語」を位置づけている。また、岡田（二〇〇九）は、「わざ言語」を「身体の共振を作り出す言葉」（六四頁）であるとし、それによって、「それまでばらばらだった自分の気分（感情）／動作／身体感覚の間の関係」や「自分と他者との間の身体波長のようなものの関係」が共鳴を起こす、と述べている。さらに、柴田・遠山（二〇〇三）は、「わざ言語」を「身体に埋め込まれた技能や微妙な身体感覚を伝達する時に用いられる特殊な比喩表現」（八四頁）であるとし、学習者がその言葉の意味を理解するには、「その世界での経験知が不可欠であり、指導者の身体感覚に限りなく近いイメージを喚起できることが必須の要件」（八四頁）となる、と述べている。

これらの研究に共通しているのは、「わざ言語」が指導者と学習者との間に「身体感覚の共有」と呼ぶべき関係性の構築を促す媒介物として位置づけられている点である。言い換えれば、「わざ」の伝承は、指導者が持つある種の身体感覚を「わざ言語」を媒介として、学習者が身体的に感得し、共有していく過程として捉えられているのである。

こうした研究の一方で、倉島（二〇〇三、二〇〇七）は、現在の「わざ言語」研究の限界を指摘し、今後の「わざ言語」研究に対して重要な示唆を与えている。倉島は、「わざ言語」が学習者に「わざ」世界全体の意味連関の理解を促す効用を持つものであるとするならば、それは翻って、当の「わざ」世界を「構成するものすべての現状肯定へと学習者を導く言葉」（倉島 二〇〇三、一六八頁）になる、と指摘している。すなわち、学習者は、指導者によって与えられた「わざ言語」によって、当の「わざ」世界全体の意味連関を理解するように努力を行う以上、その「わざ」世界を構成するものすべてを価値あるものとして肯定し、受け入れなければならなくなるということである。こうした倉島の論に依拠するならば、「わざ」世界においてしばしば見られる、それまでの常識を否定したり、新しい流派や技能を発生させたりする事態は、現在の「わざ言語」理論では十分に説明できないことになる。しかしながら倉島は、「わざ言語に、潜在的には共同体そのものを変化させうるような、現実に有効な技を習得するのを促す役割を認めることはできないのだろうか」（倉島 二〇〇七、九三頁）と「わざ言語」研究における新たな展開の可能性をも問うているのである。

確かに、倉島が示唆するように、「わざ言語」という概念を「わざ」の伝承過程を十全に説明しうる理論的装置とするためには、その伝承過程で何ゆえに新たな「わざ」の創造が起こるのかを解明しないわけにはいかない。なぜなら、新たな「わざ」の創造は、異なる流儀や流派の発生といった大きな運動としてではなくても、「わざ」の伝承過程において当然のごとく生じうる、指導者と学習者との「味」や「スタイル」の違いという形で頻繁に目にすることだからである。おそらくこの事態は、「わざ」世界に属する者にとっては常識の範囲内のはずである。加えて、「わざ」世界で「わざ言語」が使用されていることも常識であると言ってよい。この二つのことを踏まえるならば、私たちは新たな「わざ」の創造と「わざ言語」との間に何らかの関係性があるとみなさざるをえない。それゆえに、「わざ」の伝承において何ゆえ「わざ言語」が用いられるのかを問うことは、指導者と学習者の「身体感覚の共有」という事態の解明のみならず、学習者の側に生じる新たな「わざ」の創造という事態の解明にもつながるのである。本書はまさにこうした課題へ向けての一つの挑戦であると言ってよい。

本書では、「わざ言語」の役割を狭く「わざ」の伝承に「役立つ」ツールとして捉えていた『「わざ」から知る』での解釈から離れて、「わざ」の伝承をG・ライルによって提起されたTask（課題活動）とAchievement（達成状態）という二つの観点から捉え直し、その関係を論じることを通して「わざ言語」の役割をあらためて三つに分類している。一つ目は、「わざ」の伝承をTaskの問題として捉える文脈における「わざ言語」の役割であり、その役割は活動における具体的な「動き」や「行為」を指示することにある。二つ目は、「わざ」の伝承におけるTaskの段階とAchievementの段階の間の橋渡しをする「わざ言語」の役割であり、その役割は直接的な「動き」の指示を超えて、指導者の身体感覚と学習者の身体感覚の協調や共有を促すことにある。そして、三つ目は、「わざ」の伝承が目指すものをAchievementとして捉える文脈での「わざ言語」の役割である。それは、Taskにおける具体的な「動き」や「行為」の指示という役割を超えて、さらには「身体感覚の共有」を意図する働きかけを超えて、意図的な指示の不可能性を認識した上で、なおかつ伝えることをあきらめずに発する言葉に見られる、意図的「教える」や意図的「伝える」とは異なる次元に立つ役割である。そこには、行為の発現を促すことや、ある種の身体感覚を持つように「しむける」といった、積極的かつ具体的な意図があるわけではない。その役割はむしろ直接的にその方法を伝えられない自らのAchievementを、例えば自らの「芸境」やスポーツにおける「フロー体験」などの語りを通して伝えようとすることにある。それは直接的に伝えることの不可能性を認めながらも、同時にそれでもあきらめきれずに投げかけ、突きつけないではいられないという、指導者のパラドキシカルな思いを背景にした「わざ言語」の役割である。言い換えるならば、卓越者のAchievementについての感覚を学習者自らが探っていくように促す、というよりも「誘《いざな》う」役割であると言えよう。

しかしここで注意しなければならないことは、ある特定の言語がある文脈の中で「わざ言語」としての実践的な機能を発揮するかどうかは、また、その機能がどのようなものであるかは、発話される文脈を考慮せずに判断することはできないということである。例えば、第二部に収められている歌舞伎俳優の中村時蔵氏による「役になりきる」という言語表現は、形式上は記述言語としても機能しうるものであるし、また実際にある特定の行為を指示するという第一の役割を有する「わざ言語」としても機能しうる。さらに、同じ言語表現であっても、文脈が異なれば、例えばすでにある程度の卓越した「わざ」を有している者に対しての言葉かけである場合には、つまりさらなる卓越的な芸境がそこでの要点である場合には、ある特定の「身のこなし」の指示を超えた、先にあげた三番目の「わざ言語」の役割としての「突きつける」という機能をそこに見なければならない。要するに、発話される文脈を離れて「わざ言語」の役割を論じることはできないのである。

本書の目的は、「わざ言語」をリストアップすることや「わざ言語」の正確な定義を導くことにあるのではない。「わざ」の伝承における「わざ言語」の意義を、「伝統芸能」「スポーツ」「看護」という三つの領域の事例を通してあらためて問い、その議論に基づいてもう一つの「学び」の可能性を論じることにその目的はある。こうした目的に沿って、第一部の理論編においても第二部の実践編においても、様々な領域における「わざ言語」と「学び」との関係が論じられている。

本書の構成と概要を以下に記す。

第一部理論編の第一章では、「わざ」の伝承が何を目指すのかを、「わざ言語」の意義を論じながら、G・ライルによって提起された高次の「傾向性（disposition）」および Task（課題活動）と Achievement（達成状態）という概念を通して解明することが試みられている。

第二章では、様々な領域の「わざ」の学びが熟達化の視点から論じられている。そこでは、適応的熟達者に向けた「わざ言語」の作用力と、熟達化過程で生起するフロー体験の関係性の解明が試みられている。

第三章では、スポーツ領域における暗黙知習得過程での「わざ言語」の有効性が、指導者と選手の動作習得に対する価値が「わざ言語」を介して同一化され、それによって「感覚の共有」が促される、という事実に即して論じられている。

第四章では、宮大工の師弟関係を手がかりにして、「わざ」の世界における「文字知」の陥穽と、陥穽を乗り越えるための言葉の可能性や指導の工夫が論じられている。

第五章では、看護のアートとしての「わざ」が「わざ言語」という観点から論じられ、看護実践の感覚を比喩的に表現することによって看護の真髄へと導く過程が明らかにされている。

第六章では、看護領域での臨床という「学び」ならびに仕事の現場で、「わざ言語」が機能することによって可能になる「感覚の共有」の実際が論じられている。

第七章では、「わざ」の獲得が、「伝達されて」獲得されるものとしてではなく、まさに「感染」によって「伝わってしまう」もの、つまり筆者の言葉では「わざキン」のなせるものとして論じられている。

第二部実践編の第一章では、歌舞伎俳優の中村時蔵氏によって、自らの「学び」と後継者への「教える」経験を踏まえて、歌舞伎の「わざ」の伝承において目指されていることが語られている。

第二章では、創作和太鼓の作曲家である佐藤三昭氏によって、創作和太鼓の「わざ」を伝承していく過程における、イメージや感覚を師弟が共有するための言葉かけの工夫が語られている。

第三章では、元陸上競技選手の朝原宣治氏によって、自らの感覚との対話を通して「わざ」を追求してきた体験を踏まえて、スポーツの「わざ」の学びにおける感覚の意味が語られている。

第四章では、元スピードスケート選手であり現在は同競技五輪代表コーチを務める結城匡啓氏によって、選手と感覚を共有するためにどのような関係を築いているのかが、「感覚の共有」と「わざ言語」をテーマに語られている。

第五章では、助産学を専門とする村上明美氏によって、自らの「わざ」の伝承経験ならびに助産所での実践への参加経験を踏まえて、開業熟練助産師の「わざ」の伝承と後進の助産師の「わざ」の学びが語られている。

本書の構成は以上である。本書の大きな特徴は、第一部の研究者が第二部の実践家の語りの聞き手となって理論と実践を直接的に絡ませ、交叉させることが試みられている点にある。この試みが、本書での議論を従来の「技能」論や「わざ」論には見られない臨場感を伴うものとしていると言えよう。

ここでの議論が、今後の「わざ」研究に新たな展望を開く一助になることを願うものである。

目次

第二部　「わざ言語」の実践

第一部　「わざ言語」の理論

生田久美子
北村勝朗
永山貴洋
川口陽徳
前川幸子
原田千鶴
佐伯　胖

第一章

「わざ」の伝承は何を目指すのか——Task か Achievement か

生田久美子

はじめに

本稿の目的は、「わざ」の伝承活動において目指されている「学び」がいかなるものかを、そこで用いられている「わざ言語」の意義を論じながら、解明することにある。この試みは、「わざ」の伝承という狭い世界での「学び」の解明にとどまらず、教育を論ずる際に問題となる「学び」のあり方に対して、もう一つの「学び」の可能性を提起することを意図するものである。

上記の目的に沿って本稿では、G・ライル（G.Ryle）が心（Mind）の分析の中で提起した、「傾向性（disposition）」および Task（課題活動）と Achievement（達成状態）という概念枠に基づいて、「わざ」の伝承活動が何を目指すのか、そしてそこでの「学び」観が、教育をめぐる諸議論に対してどのような知見を提供するのか、第二部に収めた実践の語りを手がかりにして考えていきたい。

こうした議論を進めるにあたって、まずは「わざ」がこれまでどのようなもの（こと）として捉えられ論じられてきたのかを見ることから始めたい。

1 「わざ」とは何か

日本語で「わざ」は、「技」、「業」、「伎」、「ワザ」などの様々な表記をされたり、あるいはしばしば「技術」や「技能」という概念に置き換えられたりして多様な語り方をされてきた。それは、とりわけ日本の伝統芸能やスポーツ、職人の世界での鍵概念として議論されてきたと言ってよい。例えば、人は歌舞伎のある舞台を見て「〇〇代目の『わざ』はさすがだ」とか、スポーツのある試合を観戦して「〇〇の『わざ』は大したもんだ」などという感想を言うことがある。それは何を意味しているのか。「技術」の卓越性への称賛なのか、それとも別の何かへの称賛なのか。私たちは、実際のところ、「わざ」という言葉を「技術」という概念と等価なものとして、またあるときは「技術」を超えた「技能」概念と等価なものとして、両概念の含意関係については十分に議論しないままに、また考慮しないままに、きわめて曖昧な形で使用してきたように思う。しかし、当の言葉が多様に用いられるのは単に日常的な言語使用にままある曖昧さに起因すると考えることは早計である。学問的な領域においても同様に、「技術」と「技能」の関係については明瞭な共通理解がなされているとは言い難い。一般的に、辞書的な定義として、「技術」は人間が自然に働きかけて改善、加工する「方法」あるいは「手段」として、また「技能」は諸種の「技術」を行使する人間の「能力」として解釈されていることは周知の事実である。しかし実際には、「技術」と「技能」の関係が、「手段」対「能力」という図式に単純に置き換えられて問題にされる事柄でないことは、戦前・戦後に繰り広げられた二つの説の間での「技術論論争」の経緯を見ても明らかである。(1) 「技術」概念と「技能」概念の間の違いについての解釈はこのように明確であるとは言い難いのが実状である。では、「わざ」はどうなのか。「わざ」は「技術」や「技能」とどのような関係を持つのか。またそれはどのような構造を持つものとして理解すべきなのか。私たちはこうした問いを問いたくなる。

しかし、本稿の主目的は「わざ」概念と「技術」や「技能」の概念間の関係を比較検討しその構造を解明することにあるわけでも、「わざ」概念の分析を通してその本質を探っていくことでもない。むしろ、ここで目指すことは、これまで「技術」や「技能」をめぐる哲学的議論が提供してくれた知見をもとにして、しかもそこでの議論の妥当性を検討しながら、実践の場でどのような共通理解のもとに「わざ」という言葉が用いられ、その伝承が目指されているのか、さらにそこで用いられている独特な言語は「わざ」の伝承が目指すもの（こと）とどのような関係にあるのかを浮き彫りにしていくことにある。

2 「傾向性（disposition）」としての「わざ」

「わざ」の伝承が目指すものを明らかにするにあたって、まずは「技能」・「技術」概念を新たな「知識」の形態として分析を試みたG・ライルのKnowing how理論、およびI・シェフラー（I.Scheffler）とV・A・ハワード（V.A.Howard）によるその発展理論に目を向けたい。

ライルは、人間の心（Mind）とは何かを問う中で、人間の理知性（intelligence）は、Knowing thatすなわち「知

（1）戦前、戦後にかけて展開された「技術論論争」は一九三〇年代に唯物論研究会での議論を発端にして開始されたが、相川春喜、戸坂潤、岡邦雄らの論争を経た後、「技術」を労働手段の体系として捉える「労働手段説」が提起された。それに対して、戦後には武谷三男や星野芳郎らによって「意識適用説」が提起され、戦後は「労働手段説」と「意識適用説」という対立図式に立って、「技能」・「技術」概念をめぐる論争が展開された。

識の所有」によってのみ定義することはできず、Knowing how すなわち「技能」を前者とは独立の資格を持つ「知識」として捉え、それを考慮することによって初めて定義可能であると考えた。ライルは、「知性（intellect）」と「理知性（intelligence）」（以後「理知性」と表記）の両概念を区別し、「技能（Knowing how）」（以後「技能」と表記）それ自体が「理知性」を表すものであり、それは「知識の所有（Knowing that あるいは Intellect）」に従属するものでも、還元されるものでもないと考える。ライルは、「心」と「身体」を並列的な別個の世界にある実体として捉える「二世界説」を否定し、「身体」が中軸に置かれる「技能」を、人間の「心」の働きとされる「理知性」の一つの表れとしてみなすのである（ライル、一九八七［邦訳］二三〜三三頁）。

　彼は、「技能」について、「技能そのものは行為ではない。すなわち、それは目撃可能な行為でもない」（前掲書、三五頁）、また「ある行為の遂行の際に行使される技能をカメラによって一コマずつ記録することができない理由は、技能というものが神秘的な、あるいは幽霊的な出来事であるということではなく、それがそもそもまったく出来事といわれる種類のものではないということなのである」（前掲書、三五頁）と述べ、それを、「一つの傾向性（disposition）ないし諸々の傾向性の複合体」（前掲書、三五頁）として解釈する。「傾向性（disposition）」（以後「傾向性」と表記）とは、「ある特定の条件が実現されればある特定の状態にならざるをえない」（前掲書、五〇頁、傍点筆者）という人間の性向を意味するが、ライルは、「〔それは〕『……ができる』ということを含意するものの、その逆は必ずしも成立しない」（前掲書、八四頁）として、「傾向性」を人間のある種の「できる」という能力と同一視することを退け、加えてそれは反射行為や習慣のような単一的な傾向性（single-track disposition）とは異なる、無限に多様な表れ方をする高次の傾向性（multiple-track disposition）であると解釈する。ライルは、喫煙の習慣やタイピング、スペリングといった習慣的行為は単一的な傾向性でありその現実化はほぼ斉一的になされるのに対して、「技能」と呼んでしかるべき理知的な、それゆえに高次の傾向性においては、その現実化はきわめて多様な表れ方をすると言う。

ライルが提示した「技能」論を契機として、その後数々の「技能」概念に関する論争が引き起こされたが、(2)特にシェフラーとハワードの「技能」をめぐる発展理論は本稿の主題に対して多くの示唆を与えてくれる。ライルの「技能」論およびその発展理論は次の点において合意されていることは間違いない。すなわち、「技能」それ自体が「理知性」の表れであるとみなしている点、さらに「技能」は行為のテクニックや手続きの知識としての「技術」の習得を含んではいるものの、当の「技能」の到達が「技術」の習得で保証されるわけでも、「技能」が「技術」に還元されるわけでもない、と考えている点である。この点が後述するTaskとAchievementとの違いと

(2) ライルの新しい知識の提案に続いて、ハートランド＝スワンはknowing thatの知識はすべてknowing howの知識に還元できると主張した。例えば、"John knows that Columbus discovered America."は"John knows how to answer the question who discovered America."といった言明に言い換えることが可能であると主張したのである（Hartland-Swann, 1956）。しかしながら、ハートランド＝スワンの主張には、次の点で限定が伴っていた。つまり、knowing thatが事実命題である場合には確かにknowing howに還元することができる。しかし、例えば、"John knows that he should be quiet when someone is speaking."といった規範に関わる命題の場合には、単純に「答えることができる」という言明に置き換えることは難しい。J・R・マーティンはこの難点を指摘し、"knowing"をcapacity verbである場合とtendency verbである場合の二つのカテゴリーに区別したのである。さらに、capacity verbである場合のknowing howをA、B、Cの三つのタイプに分類した。タイプAは技能や能力に関する訓練（practice）を必要とするknowing howであり、タイプBは事実命題に関するknowing howで訓練を必要としない。タイプCは、例えば、"John knows how the accident happened."といった、AにもBにも入らないが、やはり"how"を用いて述べられるknowing howである（Martin 1958）。さらに、ハワードはマーティンの分類を基本として、「芸術の理解」の分析を試みている。ハワードは、「芸術の理解」は、声楽の事例からも明らかなように、マーティンの分類のタイプAとタイプCの二つの要素を兼ね備えていると考えた。つまり、「芸術の理解」は身体訓練（practice）が必要であることはもちろんだが、またそれと同時に、説明する（account for）能力を伴った知識であると主張したのである（Howard 1982）。

して議論されていくのであるが、例えば、シェフラーは「知識の条件」を探求する中でこの二つの観点に注目し、またハワードは、それを芸術における「知っている（know）」ことの分析を試みる上での有効な分析視座として捉えている。とりわけハワードの「技能とは何かを論ずる際に避けなければならないことは、『構成要素（constituents）』と『到達状態（attainments）』の混同である」（ハワード、一九八二、一七八〜一八四頁）という指摘は本稿の主題に対して重要な示唆を投げかけている。

ライル、シェフラーそしてハワードが「技能」に関してもっとも強調したかった点は、「技術」つまり「行為のテクニック」や「手続きの知識」を追うことができても、特定の状況の中で適切な判断に基づいた表出ができなければ、また一回性の表出である限りは高次の「傾向性」としての「技能」が獲得できたとは言えないという点である。特にここで重要なのは、「技能」と「技術」概念を、A or B あるいは A and B という並列的な関係図式に置くこと自体が論理的に誤りであるという指摘である。例えば、チェスのプレイヤーはチェスの技能の構成要素としてのルールを知っており、しかもその手順を正確に追うことができなければならないことはもちろんであるが、それだけでチェスの「技能」を身につけているとは言えない。彼は特定の状況においていかにそれらのルールを適用すべきかを批判的に判断しなければならず、それゆえに当のプレイヤーの指し手は常に単一の表れ方をするとは限らないのである。この例に示されているように、チェスの「構成要素（「技術」あるいは「手続きとしての知識」）」を獲得することと、チェスの「技能」を身につけた状態とは、つまり「獲得する」という行為と「到達した」という状態は、論理的に異なる事柄なのである。別の言い方をすると、ハワードが提示する二つのカテゴリー（①構成要素と②到達状態）は、時系列的に①の後に②が必然的に生起するという形で描写することはできない、ということである。ハワードは、Attainments（Achievements）として語られる「有能さ（competency）」、「熟達（proficiency）」、「習熟（mastery）」といった状態それ自体は練習（practice）することはできないと言う。それらは、むしろ活動の中に提示される（exhibited）あるいは例証される（exemplified）「すでになされた様態（the manner of something done）」についての語りにほかならず、その両者の関係は、「人は有能さ、習熟に向かって（for）構成要素（「技術」あるいは「手続きとしての知識」）を練習する」（前掲書、一八一頁、傍点筆者）という関係として描写される。要するに、「有能さ」や「熟達」、「習熟」といったAttainments（Achievements）は練習される類いのものではないのである。

上記の議論からは、次のことが導かれてくる。「技能」それ自体は理知的な行為として表出されるものであるとしても、ライルの言うように「行為」それ自体は「技能」ではない。それは、高次の「傾向性」として語ることがふさわしい「状態」としてみなされなければならない。そしてその到達には、行為のテクニックや手続きの知識といった「技術」の習得が含まれることは当然であるとしても、そのような「技術」の習得は「技能」の到達を保証するものではないということ、さらに先に述べたように、この両者をめぐるそれぞれの議論は論理的に異なるカテゴリーの議論であるということである。ライルに開始された一連の「技能」をめぐる議論は、「わざ」の伝承が目指すことを探る私たちに、まずは論理的に異なる二つの観点を明確にした上で吟味する必要性があることを気づかせてくれる。すなわち、「わざ」は一方で「技術」あるいは「要素」として語られる場面と、他方「技能」として、つまり「わざ」を有している状態がどのようなものかという観点から語られる場面があるとしても、それは「技術」か「技能」かという並列的に対立した議論として捉えるべきではないということ、そしてハワードが指摘したように「技術」と「技能」が論理的に異なる事象であるにもかかわらず、そのことを認識せずに議論するという事態にこそ注意を払うべきであるということに気づかせてくれるのである。

こうした「わざ」をめぐる言説の二面性に注目するとき私たちは、「わざ」の本質を属性として語ったり、また「できる」という実践能力として語ったりすることの不適切さに気づかざるをえない。すなわち、ライルをはじめとする、「技能」をめぐる議論が提起した高次の「傾向性」という概念は、これまで多様に語られてきた「わざ」という言葉の解釈のみならず、その語の使用を通していったい何を伝えようとしていたのかを解明していく上で鍵となる新たな道筋を私たちに示してくれるのである。

しかしながら、ライルの「技能」論は、ここで問題にしている「わざ」の伝承が目指すものを明らかにする上で重要な視点を与えてくれるとはいうものの、「わざ」とライルの「技能」概念の間には「傾向性」の解釈について考慮すべき違いがあることも付け加えなければならない。詳細な議論は後に譲るが、とりわけ、「技能」のカテゴリーに入れる基準として知的判断や批判的判断を優先させるライルの「技能」概念は、私たちが関心を向ける「わざ」概念を十全に説明するものになってはいない。というのは、「わざ」を高次の「傾向性」であると認めたとしても、それは、ライルがその基準として設定している知的判断や批判的判断というきわめて認知的な「傾向性」を強調する言説にはなじまない多義的な要素、例えば、第二部で紹介している卓越者の「わざ」をめぐる語りに見られる、他者との感覚の共有や共感といった非認知的な要素を含意していると思われるからである。しかし、繰り返して言うように、「傾向性」という概念は、本稿における論点を明確に指示しているという意味で、従来の「技能」論には見出せなかった有効な概念であることは疑いない。

3　「わざ」のTaskとAchievementとは何か

筆者は前節で、ハワードは「技能」をめぐって議論する際の問題として「構成要素」と「到達状態」という二つのカテゴリーの論理的混同があると指摘した、と述べたが、ライルおよびシェフラーの議論の中には多様な表れ方をする高次の「傾向性」という概念をさらに明確にするための理論的枠組みが示されている。ハワードの上記の指摘は、ライルとシェフラーの言葉で言い換えるならば、「技能」におけるTask（課題活動）とAchievement（達成状態）という異なる位相についての指摘であると言ってよい。まずはライルの二つの概念についての説明に目を向けてみることにしよう。

ライルは、「われわれが人間や動物……を描写する際に使用する遂行動詞performance-verbsの多くは単に行為の生起を表すにとどまらず、適切な行為の生起をも表す。すなわち、それは何らかの事柄の達成achievementsを表すのである」（ライル、前掲書、一八二頁）と言う。こうした動詞に対して、課題動詞（task-verbs）は「行為、努力、作業遂行」（前掲書、二一四頁）を表すものとして、彼は二つの動詞を明確に区別している。また、シェフラーも同様に、「知っている（know）」という事態について、ライルの言説を引用しながら、二つの動詞の違いを次のように説明している。「行為は一般に練習によって改善することができるが、七と六を足すと十三になることを知っている（know）という状態の練習はできない。仕方を知っている人は、行うべきかどうかを決意することができる人である。しかし、七と六を足すとどうして十三になるか知っている人は、それを知っている状態になるように決意できる人であると記述することはできない。……「知る〔っている〕」は、才能、態度、もっと広く言えば状態といったカテゴリーに属するものに似ているようである。特に、「知る〔っている〕」状態を課題、活動、行為として語ることは、カテゴリー間違いである」と（シェフラー、一九八七〔邦訳〕五七〜五八頁）。ここで興味深いのは、シェフラーは、Taskはそれを行使しようとする人間がする、しないを「決意」することができるのに対して、Achievementは「決意」するか否かの問題ではなく、「適切な行為の生起」（前掲書、五九頁）という種の状態を意味すると指摘している点である。彼はそのことを「達成や失敗は、……ある活動、努力、操作、行為が結果を生んだという事実なのである」（前掲書、六一頁）として、ライルが区別したTaskとAchievementの動詞の違いについて説明している。

さらにハワードは、声楽の事例を通して芸術における「知っている（know）」の分析を試みる中で、それを「知っている」という状態に至るには「構成要素」の練習（practice）を必要とすることは当然であるが、「説明する（account for）」能力も含まれていると言う。しかも、この「説明する」能力とは記述的な言語を通しての説明に限定されるものではなく、むしろ彼が Languages of Craft（「わざ言語」）と呼ぶところの修辞的な言語の使用や非言語的な「提示（showing）」（ハワード、前掲書、七〇頁）も包括しての「説明する」能力であることに私たちは注意を向ける必要がある。ここで重要なことは、Task すなわち課題活動は記述言語で語ることができるのに対して、Achievement すなわち到達状態は言語を通しては語れない事態として捉えるべきではなく、むしろ独特な言語使用や「提示（showing）」という方法を通して「語る」ことが可能である、ということなのである。ライルとシェフラーが指摘する二つの種類の動詞についての議論、またハワードが展開した「わざ言語」の機能についての議論は、「わざ」の問題を解明していく上できわめて有効な議論であり、また有効な理論枠を提供してくれている。

では、上記の議論に立つと、Task と Achievement のそれぞれの「学び」の違いはどのように描写することができるであろうか。Task の学びは、いかにしたらある種の行為ができるかという「方法（やり方）の学び」（Learning "how to do"）として言い換えることができるのに対して、Achievement の学びはある種の行為が生起してしまう「状態の学び」（Learning "to do" あるいは "to be"）の違いとして解釈することができる。ライルによって提示された「傾向性」という概念は、まさしく二番目の「生起してしまう（"to do"）」あるいは「なってしまう（"to be"）」の事態を表す概念であり、それは Achievement の学びのあり方を適切に描写している。

この枠組みに立って「わざ」の伝承を考えてみると、次のような描写が可能となる。すなわち、ある種の「わざ」が到達した状態とは、それを目指す当該の学習者が、要素的あるいは段階的な学習活動（Task）を経た結果「なってしまった（なってしまっている）」状態であるということである。先に述べたように、「わざ」の伝承はし

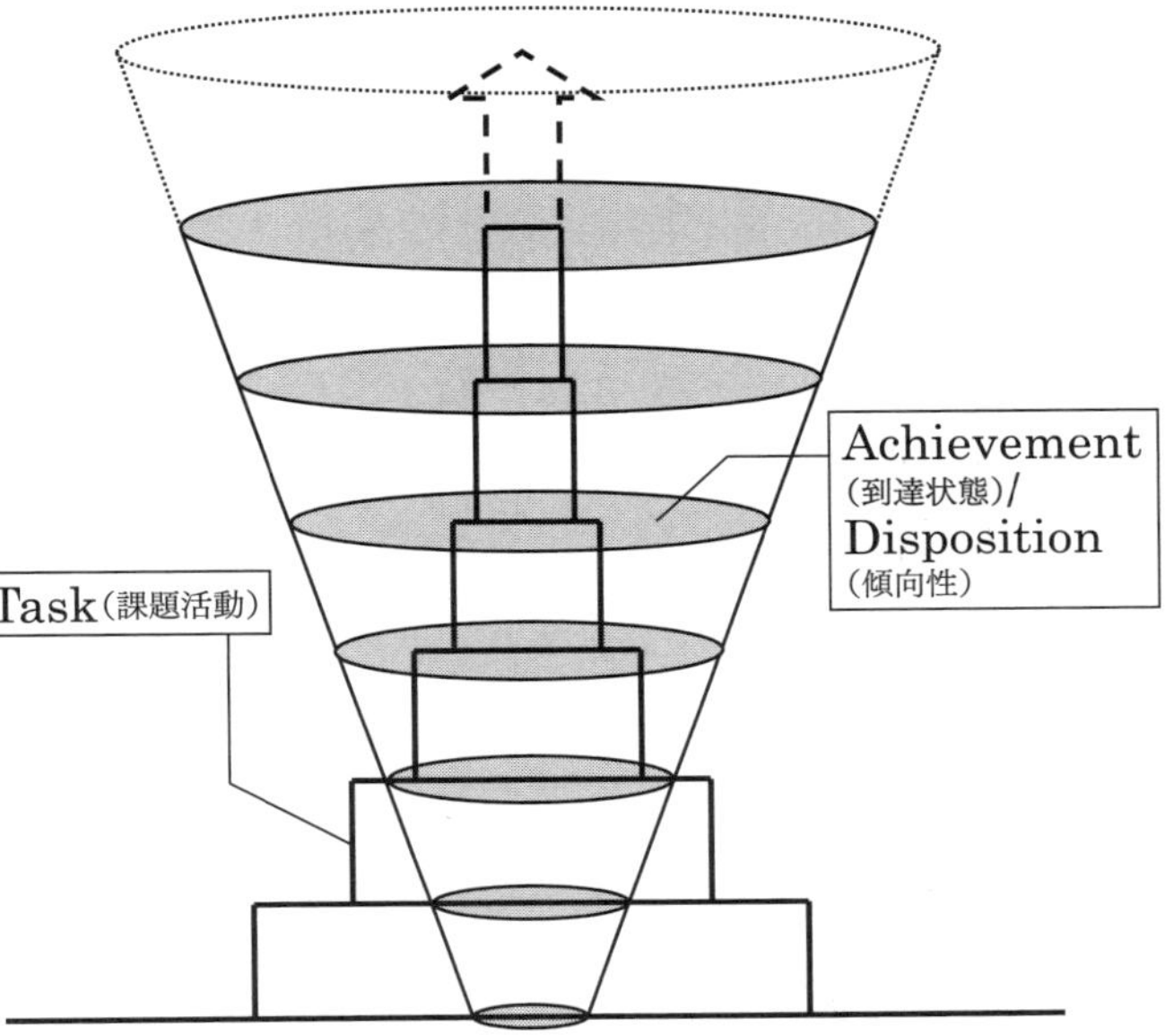

Task と Achievement の関係概念図

Task は垂直軸によって、下位から上位へ段階を追って課題をこなしていくこととして表されている。それに対して、Achievement は水平軸によって、各段階での到達状況が表されている。上位の段階における「到達した状態」は下位のそれと比べて広く描かれており、それはまさに単純な「傾向性」から、多様な表れをする高次の「傾向性」への移行が表されている。

ばしば二つの側面から語られるが、そこでの Task の学びと Achievement の学びはこれまで議論してきたように、論理的に異なる位相にあるものであり、二つを混同したり、一つの連続した道筋として捉えたりすることは、「学び」についての「カテゴリー間違い」を犯すことになるのである（概念図を参照）。

しかしここで一つ注意しなければならないことは、「なってしまっている」状態とは、単に動きが自動化された状態と同一ではないということである。ライルが理知的であるとした高次の「傾向性」と動きが自動化された状態との違いは、外見においては同一の動きを見せているとしても、学習者の知的判断が根底に働いているか否かに、またハワードの指摘にあったように、記述言語を通してではないにしても「説明する」ことができるか否かにある。さらに「わざ」とライルの「技能」の違いに注目するならば、後述する議論で示すように、他者との「感覚の共有」や他者への「共感」といった要素が働いているか否かにその違いはある。ライルは、オウムがユーモアを解する人間の口から発せられるのと同一の言葉を、同一の状況においてしゃべるとしても、それは無意識に繰り返す単なる音声的反応にすぎず、理知性を根底にする高次の「傾向性」の発現ではないと言う（ライル、前掲書、三四頁）。なぜなら、ハワードに従って言うならば、当のオウムは自らの自動化した行為について「説明する」ことができないからであり、さらに付け加えるならば、そのオウムは人間と対話し、彼への共感に基づいて「しゃべっている」わけではないからである。

繰り返すように、ライルが提起した「傾向性」という概念は、「わざ」の伝承における要点を十全に説明するものではないとしても、「わざ」の伝承を目指す様々な世界において「わざ」という言葉がいったい何を意味しているかを明らかにする上で有効な概念であることは間違いない。本稿の目的は、本書「はじめに」で述べたように、「わざ」の本質を探っていくことでも、「わざ」の属性をリストアップすることでも、また最終的に正解とする定義を導くことでもなく、むしろ様々な「わざ」の実践の中で、「わざ」と称せられる事象がどのように立ち現れ、またその事象が「わざ」としてどのように語られているかを吟味することによって、またそうした議論を通して、「わざ」の伝承の目指すことを浮き彫りにしていくことにあるのである。第二部は、様々な領域の卓越者たちが当該領域における「わざ」をどのように捉え、そしてどのように伝承していっているのかを独自の言語を通して語るという、実践者の言説から構成されている。そこでは、当の世界での「わざ」の「学び」がTaskとAchievementという観点から――概念化されているものではないが――生《なま》の言葉で語られている。

そこで次節では、第二部で展開されている実践家の視点で語られた「わざ」の伝承に関する言説に目を向け、それぞれの領域において「わざ」がどのように捉えられ、その伝承がいかに展開されているのか、Taskと

Achievementという二つの観点からその実際を見ていきたい。

4　様々な世界での「わざ」の伝承が目指すもの

第二部は、大きくは伝統芸能、スポーツ、看護の三つの領域における卓越性を身につけた者、あるいは卓越性を伝えようとしている者の「わざ」の学びや伝承に関する言説をまとめたものであるが、いずれの章においても当該領域の卓越的な「わざ」の伝承を目指した実践が独自の言葉で語られている。

例えば、歌舞伎俳優の中村時蔵氏は、自らの学びを振り返りながら、歌舞伎の「わざ」の伝承が究極に目指すものを率直な語りを通して示してくれている。そこでは、一方で歌舞伎の「基本の動き」、「身のこなし」、「やり方」といった身体の「動き」、「形」の学びに関するものと、他方「面白さ」、「役になりきること」、「流動性」そして「演じ方」の学びに関するものという、まさに先に論じたTaskとAchievementの二つの学びが興味深いエピソードを通して語られている。

そこで用いられている言語に注目して見ると、「基本の動き」や「身のこなし」というどちらかというと身体の動きに直接関わる事柄の指導では、例えば「粒立てて」、「張って言って」、「芝居して、芝居して」、「たっぷりやって」という言葉かけをすることによってより適切な動きを指示している。これらの言葉の意味内容は、学習者の熟達度や段階による文脈に依存しており、一様に特定の動きを指示するものでないことは当然であるが、いずれも学習者の動きの改善に焦点を当てたものになっている。それに対して、「役になりきって」や「[つまらないから]面白く」という言葉かけや「わざ」の「流動性」や「演じ方」をめぐっての語りは、前者の言語使用とは種類が異なっていることに私たちは気づかされる。後者の言語は自分自身の学びの過程を振り返り語る際にも、後継者への指導の場面においても頻繁に使用されるものではあるが、前者と同様に相手の熟達度や段階の文脈の違いによって異なるものの、すでにある程度卓越性を身につけた者にとっての意味が大きい。それは、単に身体の動きを超えたある種の状態になること、先の言葉で言い換えるならば、"how to do" あるいは "how to be" という、いかに課題をこなすかという活動とは異なる、「してしまう、なってしまう（"to do" あるいは "to be"）」というライルによる高次の「傾向性」の発現を目指した言語使用にほかならない。氏の「私も、若いときから、歌右衛門のおじさんなど先輩の方から言われてましたけども、いまだに、こうすればその役になれるという方法はない」（本書、二二一頁）や「私自身『役になりきった』と思うときには、何かその役にのめり込んでしまっていて、〔中略〕そのときにはお客さんは目に入らない、そういう状態なんだと思うんですよ」（本書、二二二頁）という言説には、Task, つまり "how to do" や "how to be" という方法的な活動とは異なる「役になりきった」状態がいかなるものであるかが語られているし、また後継者に対して発せられる場合には、そうした状態に向かわせる言葉かけとなっていることがわかる。

後者の言葉かけは、本書「はじめに」で紹介した三つ目の「わざ言語」であると言えよう。それは、「芸境」や Achievement すなわち「到達状態」を提示（exhibited or exemplified）することによって「突きつける」[3]ことしかできないことをあえて言語化したものであり、「役になりきれ」や「面白く」という言葉かけは、前者の言葉かけのように特定の「動き」や「形」を直接に指示したり、特定の身体感覚を表現するものではない。ハワードが指摘したように、「状態」それ自体は練習できるものではないし、またシェフラーが言うように「決意」することもできないのである。ゆえに、後者の言葉かけをされても、初心者はもちろんのこと、十分に「基本の形」や「身のこなし」の学びを積み重ねていない者には理解できないし、ましてや「決意」などできないのである。では「突きつける」ための言葉かけは何を意図するのか。それは、卓越者がもう一人の卓越性を探りつつある人に、自らが演じている状態におけるある種の感覚を自分自身で気づかせるという、いわば「状態についての感覚」の共有を促すことにその意図はあり、その点において Task つまり方法的な活動を指示する「わざ言語」とは異なる目的を持っていると言えよう。それは、一番目や二番目の「わざ言語」の機能である、ある種の「動き」や「身体感覚」を促すことを超えた「感覚の共有」であり、むしろ高次の「傾向性」の発現を目指すための開かれた「Achievement の感覚の共有」が意図されている。

このことは、歌舞伎の世界で伝えるべきことを「書く」か「書かない」かをめぐる言説においても示されている。時蔵氏は「書く」ことによる功罪について語る中で、伝統的に歌舞伎の世界で伝えるべきことを「書かない」のは、多くの役者が「書かない」でも「覚えていられた」という歌舞伎漬けで過ごしていた昔の状況が背景にあるとしても、特段何らかの目論見があって意図的に「書かない〔なかった〕」わけではなく、卓越者の「芸境」、「演じ方」についてはそもそも「書けない」のだという認識があったからではないかと言う。例えば、先の「役になりきる」ことの重要性は歌舞伎の世界のみなが共通して認識しているのは事実であるとしても、「役になりきる」ことの「やり方」は「書けない」のであり、そこでは「役になりきれ」という言葉を通して学ぶ者に「突きつける」しか術《すべ》はないことが示唆されている。この言葉かけは、発信者と受信者という図式で捉え直すと、両者の身体感覚というよりも、卓越者が到達した状態（Achievement）についての感覚の共有が成就して初めてそ

（3）「突きつける」という表現は、西平直が、『世阿弥の稽古哲学』の中で「伝書」の解読を試みた際に用いた表現であるが、そこには「無心の感」といったいわば能楽の最高位における芸境を語ることの不可能性の自覚と、同時にそれでも自らの芸境を伝えることを欲するというパラドクシカルな思いが「突きつける」という用語で表現されている。筆者は、本稿で「わざ」の伝承は Task と Achievement という二つの観点から分析する必要性を提起したが、Achievement それ自体を伝えることの不可能性の自覚の上に、あえて伝えていくという試みは、見せる（showing）や例示する（exemplified）という術しかないことを、西平の用語を借りて「突きつける」と表現した。

の意味が開示されるという種類のものであり、その前提として受信者がすでにTaskを乗り越えていることに加えて、双方の感覚が交差する「場」の共有が不可欠であることが示唆されている。その意味で、時蔵氏がいみじくも述べている、「最近は、私たちが若いときに先輩たちから『教え』を受けてためてきた『やり方』の重視よりも、一気に『役になる』ことに向う人たちが多くなってきたように思います。でも私は真の意味で『役になりきる』ためには、その前の段階で先輩たちから受けた『教え』の一つ一つを大事にすることが肝要であると思うんです」（本書、二二二頁）という言説には、「突きつける」ための言葉かけを理解する前提となるTaskの十分な積み重ねに加えて、高次の「傾向性」の発現に不可欠な感覚の共有を促す「場」が少なくなっていることが示されている。

また、創作和太鼓の作曲家である佐藤三昭氏の語りの中にも、時蔵氏と同様の語りを聞くことができる。例えば、氏の道場に掛かっている「道場針」に書かれている「太鼓打ちから太鼓弾きへ」という一文をめぐって、氏は次のように語っている。「私にもよくわからないのです」、「私がなくなるような感覚、打っている太鼓がメロディを弾き始めたような感覚に至るとき、世界が深まるのです。それが私の目指す音楽の方向性であることは間違いないのですが、段階的な積み重ねだけでは会得できないし、説明のつかない感覚という意味で、私もわからないのです。だから〔この道場針を見て〕皆さんに考えてもらっているのです」（本書、二五一～二五二頁）と。氏は、そうした境地に至るためには、三つの段階があると言う。「技術を単なる身体動作だとは考えたくないです」とした上で、氏は「平準的な正確さを身につける段階」、「不正確なゆらぎを身につける段階」そして「演奏表現を身につける段階」という一つの流れにおける三つの段階を区別している（本書、二五九頁）。

そこで用いられる「わざ言語」も上記の段階に応じてその役割は変化していくと言う。例えば、第一の段階では、「へそを真下に落とすように打て」（本書、二六〇頁）や「バチの先に糸が付いていて、天上から吊るされている」（本書二六七頁）という、主に動きの身体感覚を促す言葉かけがされている。また第二の段階、つまり氏の言う「不正確な揺らぎを身につける」段階では、揺らぎ感覚をイメージさせるべく、例えば「ぬかるんだ道を歩くように」などの言葉かけをすると言う。それはある特定の身体感覚の習得を超えていくことを促す、学ぶ者自身が自分に向き合うことを余儀なくされる言葉かけであると言ってよい。そして、演奏表現に関わる第三段階では、「曲の人格の共有」をして「曲が『生き物』」になるようにしむけるために、例えば「雨がモチーフならば、雨雲の中の生まれくる雲に、地表に辿り着くまでの雨粒に、渓流で岩に打たれる水に、大海に注がれる大河に、海原から天に昇りゆく水蒸気に」（本書、二六一頁）というような種類の、奏者が曲そのものになるような言葉かけをすると言う。こうした言葉かけは明らかに、第一段階、第二段階における特定の「動き」や「身体感覚」の発現を目指すものとは異なっている。この段階に至って、またそれを超えて果てしなく目指すことは、「自分と向き合い、曲と向き合って生まれる表現」であり、それは「そのままの自分をさらけ出す表現」とは異なると、氏は言う。「どちらも自分らしいと言えますが。自己対峙の末に現れる自分らしさは、『曲そのものになっている自分らしさ』です。これは他者に許容される『そのもの』であって、どう見られているかを意識した表現ではないのです。この我がなくなった状態は『そのものになる』ということで、むしろ他者から、その人らしい表現であると認められるものになるのです」（本書、二六二頁）という言説には、先の歌舞伎の世界での「役になりきる」ことの難しさ、そしてそれ自体を「書くこと」の不可能性の語りと重なり合う、「わざ」の伝承が目指すある種の状態が描写されている。すなわち、再びTaskとAchievementの異なる位相が、三つの段階とそれに対応して働きかける「わざ言語」の叙述を通して示されているのである。とりわけ、佐藤氏が、論理的に異なる位相であるTaskとAchievementの橋渡しの役目をすると言ってもよい「不正確な揺らぎを身につける」段階を想定していることは、TaskとAchievementの関係構造をさらに分析していく上で重大な示唆を与えてくれるように思われる。

元陸上競技選手である朝原宣治氏は、自分の走りの身体感覚を知るために、覚えておくために、またその感覚を再現できるようにするために大学一年のときから、一五年間の長きにわたって「感覚ノート」を取り続けている。当初は、書き留めておけば、後日その身体感覚を容易に再現できるのではないかという、いわば「一般性」や「普遍性」をそのノートに期待していたと氏は言う。しかし実際には、時間を経てそれを見ると、書いたとき(元気な時も不調の時もあるが)の感覚は時間が経つと、自分でも理解できないことが明らかになったと言うのである。つまり、そのノートに記された事柄は、ある特定の状況、ある特定の時間において自身が至った状態の感覚の記述であり、ここでの用語で言い換えるならば、Achievement あるいは「傾向性」の記録であったのである。例えば、氏はこんなノートを残している。「〇月〇日　足が伸びた状態で重心が弾むような感じ。足でバウンディングしないで中心ではずむ」、「〇月〇日　スタート時、アタマがまっすぐに突っ込むようにイメージし、かためる。ただ、アタマにばっかりに気をとられて、足が前に出ないのは×」(朝原、二〇〇九、一三五～一三六頁)などなどである。これは身体感覚の記述というよりも、その時点での自らの状態、つまり「そうなってしまった」状態についての感覚表現である。

氏の感覚ノートは詳細に記されており、一見「方法論」として利用可能なテクストとして見ることもできるように思えるが、実際にはそのままの形で指導の「テクスト」として用いることができる類いのものではない。なぜなら、書かれていることは、あくまでも本人がその時点で気づいたことや獲得した状態を感覚表現として記述したものにほかならず、朝原氏自身が再現できないわけであるから、ましてや他人がそれを見て、そのまま再現しようとしても不可能なことは明白であり、仮に「形」は再現できたとしても、「形」の再現と「状態における感覚」の再現は全く別の事象であるからである。言い換えるならば、そのノートは朝原氏の特定の時間、特定の状況で表出された「傾向性」の記述であり、Task の記述ではないからである。

　では、そうした「書かれた」感覚ノートの意味は何か。指導の場面で、あるいは伝承という場面でそれはどのように生かされるのか。こうした問いに対する答えには、先に取り上げた歌舞伎の世界における究極の目的である「役になりきる」ことをめぐっての言葉かけに共通する意義を見ることができる。すなわち、指導者のねらいは学習者に自らが至った状態における感覚の記録を提示することによって、その状態のあり様を「突きつける」ことにあるのではないか。朝原氏は、競技者としてではなく指導者の視点から現在心がけている指導の要について次のように言う。「ついつい、やってきた自分の感覚をもとに話をするのでなんでわからないのかとか、なんでこんな反応になるのかと思ってしまうのですが、自分の感覚は置いておいて、選手がどのような感覚を持っているのか〔中略〕そちらを理解することが大事」である（本書、二九五～二九六頁）と。他者の感覚と自らの感覚をいかに協調させていくのかについての氏の語りには、創作和太鼓の佐藤氏が述べていたように、まずは相手の感覚に寄り添うことから始めて、徐々に指導者と学習者の感覚を協調させていく過程で感覚ノートは再び新たな意味が生成されていくという可能性が示唆されていると言えよう。つまり感覚ノートは、指導者と学習者の双方に Achievement すなわち到達状態の感覚が共有されて初めて生きた感覚として浸透していくという意味を持っており、それは「提示」や「突きつける」ことを通して促されるほかないのである。言い換えるならば、Achievement についての感覚の共有なくして感覚ノートの指導書としての意義は決して生じえないということである。

　スピードスケートの結城氏の言説に目を向けると、氏は朝原氏の自分のために書かれた感覚ノートとは異なるが、選手とコーチ（結城氏）との間で交わす「技術カルテ」を指導に活用している。氏は選手にとって重要なことは「他者観察（自分の姿を外から見る）」のみならず「「自己観察」の力をいかにつけるか」にあると考えており、そこには「身体の知識としての自分の感覚を再現性あるものとして書く」という言語能力が密接に関係していると言う（本書、三一三頁）。感覚を言語によって表現する一例として、小平奈緒選手との指導場面のエピソードが次のように語られている。結城氏はスケートを氷の上に置くことの指導をするときに、「ほうきで掃く」や「はりつける」という言葉でその身体感覚を伝えることを試みていたが、小平選手もはじめは「はりつけ」という言葉でその身体感覚を理解していたと言う。ところが、ある日小平選手は、「『はりつけ』じゃなくて先生、『はりつかれ』ですね」と言ったというのである（本書、三一九頁）。「はりつけ」ではなく「はりつかれ」である。この二つの言葉で表現される事態の違い、あるいは感覚の違いは何を意味しているのか。「はりつけ」はある対象（ここでは氷）に意識的に作用するという意味合いがあるのに対して、「はりつかれ」は他動的な作用よりも受動的な意味合いが強い表現である。言い換えるならば、後者の表現は、ライルの「技能」をめぐる議論での要点であった「傾向性」、あるいは「なってしまう（っている）（“to do”や“to be”）」という人間のある種の性向の表現であると言ってよい。それは、意識的にスケートを氷に「はりつけ」るのではなく、自ずと「そうなってしまう」という特定の身体感覚を超えた状態の表現である。小平選手の「はりつかれ」と表現する状態は、中村時蔵氏が、自分にとって「役になりきった」と思える感覚を「役にのめり込んでいる」や「お客さんが見えなくなる」という言葉で語る事態に類似している。その感覚は、諸要素に分解不可能な、身体感覚を超えた「状態感覚」の表現にほかならないのである。

最後に、看護学の領域での「わざ」がどのように伝えられるのか、特に助産所における助産師の「わざ」の伝承について語る村上氏の言説に目を向けたい。氏の視線は、現在一般的になっている医療介入を前提とする「技術（how to）」の教育とは異なる独特な伝承のあり方に向けられている。氏が注目する当該領域での「わざ」の伝承の特徴は、J・レイヴとE・ウェンガーが“Situated Learning”（邦訳『状況に埋め込まれた学習』）の中で取り上げたユカタンのマヤ族における産婆の徒弟制の事例と類似している。すなわち、そこでの基本理念は、明示的な

「教える」ことを中心とするのではなく、むしろ「仲間になる」ことや活動へ「参加する」を通して自らの学びを構築していくことを重視することにある。村上氏は「〔当該の〕わざをHow toだけでは伝えることはできない。〔中略〕もちろん『書くこと』もできない。〔中略〕原則である安全・安楽・安心を踏まえて自ら追求していくしかない」（本書、三四二頁）という熟練助産師の言葉を引用して、当の「わざ」の伝承においては、実践の「場」に「参加」することが鍵になっていると言う。「仲間になる」ことや「参加する」ことを通しての学びは、「技術（how to）」の学びを超えて、師の人間性、価値観、信念、そして責任観を共有することの学びであり、そのことは学ぶ者による「師に惚れる」という表現に端的に表されている。「技術（how to）」の学びを超えた学びは、例えば、実践の場で危機管理が必要な場面でお互いが「目配せ」をするといった咄嗟の独自のサイン――これも一種の「わざ言語」とみなすことができるが――を瞬時に見極めて行動するといったことに表される。氏は、それは「良いという感覚、あるいは危険だという感覚を共有している」状態にあって初めて発現される行為にほかならないと言う。

助産師の「わざ」の伝承事例には、医学における安全を過度に優先させ、安楽や安心が後方に置かれる価値観とは別の価値観――例えば、安全のみならず産婦自身が求める安心・安楽ということへの適切な配慮――へ注目すること、およびそうした価値観に立つ「わざ」の伝承の可能性が示唆されている。つまり、そこでは、「技術教育」という枠を超えて、レイヴとウェンガーがもう一つの学びの例としてあげたユカタンの産婆の徒弟のように、「仲間になる」や活動に「参加する」ことを通して、師弟がともに良いという感覚や危険であるという感覚を共有していくことの重要性に価値が置かれているのである。ここでもまた、私たちは、“how to”（やり方）の積み重ねであるTaskとは異なる位相にある、お互いのサインを一瞬のうちに理解できるというAchievementの感覚の共有について語られていることに気づかないわけにはいかないのである。

上記の五つの事例に共通することは何か。それは、「わざ」の究極の到達状態——それは果てしなく追い求められていくものであり、固定的・絶対的な完成状態が想定されているわけではないが——に至るには、Taskとしての諸活動の積み重ねが必須の条件であることが共通に認識されている、と同時に活動の積み重ねが即究極の状態に到達することを保証するわけではないという認識もまたそこでは共有されている、という点である。さらに見逃してはならないのは、そこでは共通して、特定の身体感覚を共有することを超えて、多様な行為が発現する高次の「傾向性」の状態における感覚の共有が目指されているという点である。各実践家の語りの中には、実に、TaskとAchievementが一つの連続する道筋あるいは段階（steps）として語ることの不適切さ、つまりそこには不連続の連続という事態が生起していることが、言い換えるならば論理的に異なる位相が交叉していることへの注目の必要性が、暗黙的にではあるが、提起されているのである。

5　もう一つの「学び」——感覚の共有を通しての「学び」へ

これまで、ライル、シェフラー、ハワード等による哲学領域における「技能」論の中で提起された「傾向性」とTaskとAchievementという概念枠を土台にして、「わざ」の伝承をめぐる実践家たちの生《なま》の語りに示された「伝承」の要点を見てきた。そこでの共通した要点は以下の四点に整理することができよう。

①「わざ」は、固定化された、方法の集合としての「技術」としてはみなされていない。

②目指されている「わざ」は、課題の積み重ねを経て辿り着く高次の「傾向性」の発現であり、それはTaskではなくAchievementとしてみなされている。

③　高次の「傾向性」の発現のために、特定の身体感覚の共有にとどまらず、それを超えたAchievementすなわち到達状態についての感覚の共有が目指されている。

④　Achievementの感覚の共有を促すための一つの工夫として、独特な言語使用、すなわち「わざ言語」が使用されている。

では、こうした議論の要点は本稿の最終的な目的である、もう一つの「学び」の可能性についてどのような新たな視点を提供してくれるのだろうか。

典型的な従来の「学び」観を具現化して実践を進めているのが学校教育であると考えることに大方異論はないであろう。学校教育における「学び」観は、一般的に、普遍的かつ抽象的概念に基づいて体系化された「知識」を学ぶ者が受け入れ、それを頭の中に表象させていくという、いわば「表象主義」的な「学び」観に立っている。そこでは体系化された「知識」はカプセル化したものとして捉えられ、「学び」とはそうした知識をTaskを通して受け入れ、表象化していくプロセスとして描写される。しかし、シェフラーによる「知っている」という状態についての描写はこれとはまったく性格を異にしていたことを思い出してもらいたい。シェフラーは、「知っている」という状態は課題、活動、行為としてではなく、むしろある種の状態として――それは高次の「傾向性」と言い換えられるが――描写されると捉えていた。それはまた、各実践家の語りの中で示された「わざ」の学びの目指すものでもあった。

「わざ」の要点を「知る」や「学び」といういわば認知的な領域に置き換えて論ずることはカテゴリー間違いではないかという指摘は当然予想されるものであるが、筆者は、一般に方法の集合としての「技術」や身体運動として解釈される「わざ」と、抽象的な体系化された「知識」とを別個のものとして語ること自体の不適切さをここで指摘したいのである。

確かに、ライルの「技能」論やその発展理論は「行為」に焦点が当てられている。しかしながら、そこでの議論は、狭く身体運動としての「技能」を超えて、「人間の知識とは何か」という問いの答えを導くための新たな分析視点を提供してくれていることも明白な事実である。「傾向性」や Task と Achievement という概念枠は、これまでの「学び」が優先的に Task の問題として捉えられてきたということ、また「知っている」ことの「状態」がいったい何を意味しているかが適切に捉えられていなかったこと、否むしろ Task と Achievement が混同されて捉えられていたという事態を指摘してくれる。さらには、適切な教育実践の可能性は「学び」における二つの事態を明確に区別することによって初めて議論の俎上にのせられるということも示してくれるのである。Task の「学び」は、先述したように、"how to do" あるいは "how to be" の「学び」として描写されるのに対して、Achievement の「学び」は "to do" あるいは "to be" という「なってしまう」(別の言い方をするならば "being disposed") という「学び」として描写される。文脈によっては、Task それ自体の「学び」が優先的に目指されることもあるとしても、Task の「学び」は Achievement の「学び」を展望に入れている限りにおいての「学び」であることを私たちは認識する必要がある。さらに、Task と異なる位相の Achievement の「学び」に至るためには、先の要点に見たように、教える者と学ぶ者の間での「場」の共有に基づく Achievement の感覚の共有が不可欠であることが承認されるならば、これまで学校教育が依拠してきた表象主義的な「学び」観は後退を余儀なくされるに違いない。

こうした「学び」観は、ケアリング概念を手がかりとする「学び」観と共通するところが大きいことに私たちは気づく。N・ノディングズは「ケアする人」と「ケアされる人」との関係性に注目し、それを「教える者」と「学ぶ者」との間の関係性に置き換えた新たな「学び」観を提案している。ここではノディングズの「ケアリング」論とそこから導出される「学び」観について詳細に論ずる意図はないが、氏の学び論の中核には「感覚の共有」という先にあげた「わざ」の伝承における要点に通じる点が示されていることに注目したい。氏は「教える者」と「学ぶ者」の間に生じる「共感（sympathy）」や「共に感じること（feeling with）」（ノディングズ、二〇〇二、一四頁）という事態が、「学び」の中身、すなわち「理解」についての捉え方を必然的に変容させると考える。彼女にとって「理解している」という状態は、従来の抽象的、論理的な言葉で表現される種類の「理解」を超えて、学ぶ者が「取りつかれたかのように主体的に関与する」や「関係の中に巻き込まれる」や「受容的な喜び」という表現に示される状態にあることである（ノディングズ、一九九七、二二四〜二二五頁）。

このことは、中村時蔵氏が、歌舞伎の世界の「わざ」が究極的に目指すこととしてあげる「役になりきる」ことを、自分自身がその役にのめり込んでいて、観客の存在が見えなくなる感覚として語っている事態や、また佐藤三昭氏が「太鼓打ちから太鼓弾きへ」という道場針の一つについて、「私がなくなるような感覚」や「太鼓がメロディを弾き始めたような感覚」と語る事態は、ノディングズの言う「理解」の具体的なあり様を示している。また、結城匡啓氏の教え子が、氏が当初用いていた「はりつけ」という指導言語を「はりつかれ」ることとして自らの感覚を語る事態は、まさに「受容的な喜び」を語っていると言えるのではないか。佐伯胖はノディングズの「取りつかれたように主体的に関与する」こととしての「理解」解釈に重なる表現として、「『自己投入』によって世界を『知る』知性」のことを「共感的知性」（佐伯、二〇〇七、一九頁）と呼んでいる。彼はこうした理解の仕方について「私たちは『学校』というところに入る頃から『知識』というものは、自分とは離れた、どこか権威あるところで生み出され、権威ある人から『授けられる』ことで、いわば『頭にたたき込まれる』類のものであることが広がってくる」（前掲書、二〇頁）が、「こうした現代社会の危機的な状況から脱するためには、人間発達を『共感性』を軸として考え直し、共感性の育成こそが今、保育や教育の世界で中心に居続けなければならない」（前掲書、二〇頁）ことを強調している。これは、ライルによる認知的な色合いの濃い「傾向性」概念を再構成することの要請でもある。佐伯は、「共感的知性」を、「主体的な知性」と「客観的知性」という二元論を超えた「共感」という働きに基づいた知性と捉えているが、それはまさしく、「わざ」の伝承が目指す高次の「傾向性」の発現や、ノディングズがケアリング論に立って提起する「学び」のあり方を、「知性」の再解釈の観点から述べたものとして解釈することができる。そうした「感覚の共有」や「共に感じる（feeling with）」ために、「わざ言語」はその力を最大限に発揮するのである。

「わざ」の伝承が何を目指すのかという問いに対する答えを求めてここまで進めてきた議論は、今や、特定の狭い世界での問題を超えて、上記のような新たな「学び」観を導出せしめる議論として注目する必要性を私たちに「突きつけて」いるのである。

おわりに――教育における「わざ言語」の役割

最後に、教育における「わざ言語」の役割について、これまでの議論を通して得た知見をもとに考えてみたい。本書「はじめに」で筆者は、「わざ言語」という用語を用いることになった契機について、また当の用語がその後多くの方の学術研究に引用されて独自の意味を付与されることになったことについて触れた。そして本稿では、あらためて当の用語の役割を、暫定的に、下記の三つに分類した。一つは、もともとV・A・ハワードが *Artistry* の中で論じた、比喩的な感覚の表現を通して行為の発現を促す言語（action-directed language）としての役割であり、二つ目は、ある種の身体感覚を持つように促す、佐藤三昭氏の言葉を借りるならば、ある種の身体感覚を持つように「しむける」という役割である。そして、本稿では新たに三つ目の役割として、「教える者」が

「学ぶ者」に対して、自らが到達した状態（Achievement）を「わざ言語」を通して「突きつける」という役割を付け加えた。それは、言い換えるならば、卓越者が至ったAchievementの感覚を学習者自らが探っていくように誘《いざな》うという役割である。

TaskとAchievementという二つの観点から言い直すならば、一つ目の「わざ言語」は明らかに「わざ」の伝承をTaskの問題として捉え、具体的な動きや形を指示するという役割を持っている。二つ目の「わざ言語」は、Taskの段階とAchievementの段階の間を橋渡しをする役割を持っている。その役割は直接的な動きの指示を超えて、教える者の身体感覚と学ぶ者の身体感覚の共有を促すことにある。そして、三つ目の「わざ言語」は、Taskの指示という役割を超えて、意図的な指示の不可能性を認識した上でなおかつ伝えることをあきらめきれずに発するという、意図的「教える」や意図的「伝える」とは異なる次元に立つ類いの言語である。そこには、行為の発現を促すことや、ある種の身体感覚を持つように「しむける」といった、積極的かつ具体的な意図があるわけではない。むしろ直接的にその方法を伝えられない自らのAchievementの感覚を、例えば、自らの「芸境」や「フロー体験」（チクセントミハイ、一九九〇）の感覚を語る際に用いられる言語であり、それは直接的に伝えることの不可能性を認めながら、同時にそれでも投げかけ、突きつけないではいられないというパラドクシカルな思いを背景にした「わざ言語」である。

以上の三つはいずれも「わざ言語」と呼んでしかるべきものではあるが、私たちはこれらの言語使用例を見ることによって、そこで目指されている異なる種類の「学び」というよりも、異なる論理的位相の「学び」に注目せざるをえなくなる。言い換えるならば、「わざ言語」に注目することによって私たちは、異なる「学び」への注目を余儀なくされることになるし、またそれに伴って必然的に「教育」という営みについてのもう一つの理解へと導かれていくにちがいない。その意味で、「わざ言語」は特定の世界で用いられる「役に立つ」特殊な言語であるという認識を超えて、それを新たな「学び」観や新たな「教育」観を導出する一つの分析視座として捉え直す必要があるのである。

参考・引用文献

朝原宣治　二〇〇九『肉体マネジメント』幻冬舎。

M・チクセントミハイ　一九九〇 *Flow* Harper & Row〔今村浩明（訳）一九九六『フロー体験　喜びの現象学』世界思想社〕

福島真人　二〇一〇『学習の生態学』東京大学出版会。

J・ハートランド＝スワン　一九五六 *The Logical Status of Knowing that*, Analysis 16 (5): 111-115

V・A・ハワード　一九八二 *Artistry: The Work of Artists*, Hackett Publishing Company

生田久美子　一九八七（二〇〇七新装版）『「わざ」から知る』（認知科学選書一四）東京大学出版会。

生田久美子　二〇〇一「職人の『わざ』の伝承過程における『教える』と『学ぶ』」『実践のエスノグラフィ』金子書房　二三〇～二四六頁。

生田久美子　二〇〇三「『ケア』概念は教育の何を明らかにするか」教育哲学会第四六回大会　ラウンドテーブル資料　教育哲学会。

生田久美子　二〇〇六「〈再考〉教育における「技能」概念――「傾向性（disposition）」としての「わざ」概念に注目して」『教育を問う教育学』田中克佳（編）慶應義塾大学出版会　十一～三二頁。

小林剛志　二〇一〇「音楽構築の視点から捉えた他者との相互行為分析研究の展望と課題」東京大学大学院教育学研究科編『東京大学大学院教育学研究科紀要』第四九号、三二七～三三二頁。

倉島哲　二〇〇三「意味から慣習へ――「わざ言語」再考――」出会いと文化研究会編『出会いと文化』晃洋書房。
倉島哲　二〇〇七『身体技法と社会学的認識』世界思想社。
J・レイヴ&E・ウェンガー　一九九一　*Situated Learning : Legitimate peripheral participation*, Cambridge University Press.〔佐伯胖（訳）一九九三『状況に埋め込まれた学習――正統的周辺参加』産業図書〕
J・R・マーティン　一九五八 *On "Knowing how" and "Knowing that"*, The Philosophical Review Vol. LXVII No. 3 July.
西平直　二〇〇九『世阿弥の稽古哲学』東京大学出版会。
N・ノディングズ　二〇〇二 *Starting at Home*, University of California Press.
N・ノディングズ　一九九七（邦訳）『ケアリング　倫理と道徳の教育――女性の観点から』立山善康他（訳）晃洋書房。
野村幸正　一九九九『臨床認知科学――個人的知識を超えて』関西大学出版部。
野村幸正　二〇〇九『熟達心理学の構想――生の体験から行為の理論へ』関西大学出版部。
岡田暁生　二〇〇九『音楽の聴き方――聴く型と趣味を語る言葉』中公新書。
G・ライル　一九四九 *The Concept of Mind*, Hutchinson〔坂本百大他（訳）一九八七『心の概念』みすず書房〕
I・シェフラー　一九七九 *Conditions of Knowledge*, Chicago University Press.〔村井実監訳　一九八七『教育から見た知識の条件』東洋館出版社〕
佐伯胖（編）二〇〇七『共感　育ちあう保育のなかで』ミネルヴァ書房。
柴田庄一・遠山仁美　二〇〇三「技能の習得過程と身体知の獲得――主体的関与の意義と「わざ言語」の機能――」名古屋大学大学院国際言語文化研究科編『言語文化論集』第二六巻二号、七七〜九三頁。
柴田庄一　二〇〇九「「創造」の舞台裏と「わざ言語」の実際――カルロス・クライバーのリハーサルに見る指揮芸術の神髄――」名古屋大学大学院国際言語文化研究科編『言語文化論集』第三〇巻二号、一三五〜一五三頁。

第二章

熟達化の視点から捉える「わざ言語」の作用
――フロー体験に至る感覚の共有を通した学び

北村勝朗

はじめに

スポーツ、音楽、芸術、科学、もの作りなど、様々な領域で卓越した技能を発揮する人々がいる。彼ら彼女らは、エキスパートと呼ばれ、それぞれの領域での卓越した技能を高く評価されている。こうしたエキスパートは、どのようにしてその卓越的技能を発揮するに至ったのだろうか。本稿の目的は、この卓越的技能の発揮に至るまでの体験、すなわち熟達化の視点から、人が教え学ぶ場において「わざ言語」はどのように作用しているのかについて考究することにある。まず、熟達化とは何かについて概観した後、わざの学びと熟達化過程の関係について整理したい。次に、熟達化過程に大きな影響を及ぼすと考えられるフロー体験（深く没入している時に感じる包括的感覚。後述）について概観した後、フロー体験に「わざ言語」がどのような関わりをもつのかを論じる。また、こうした議論の中で、本書の第二部で示されている様々な領域の実践家との対談内容に適宜触れながら、「わざ言語」が作用する様態について見ていくこととする。

ところで、熟達化を論じる際に用いられる言葉の一つに「情報」がある。いわゆる情報処理モデルによって効率の良い動きや問題解決を説明しようとする認知科学、教育工学等の領域で用いられている。わざを論ずる立場からはなじみの薄い言葉であるが、この言葉をめぐる解釈の中に「わざ言語」を捉える重要な視点が存在していると考える。

この情報は、『広辞苑』によれば、「判断を下したり行動を起こしたりするために必要な、種々の媒体を介しての知識」と定義づけられている。一方、教育工学辞典においては、「それまで知らなかった状態においては情報は通常『知らせ』であり、すでにその情報を有している状態なら『知識』である」とし、「そうした情報の価値あるいは量は、知らされる人あるいは知っている人それぞれの感心の強さや内容の重要さに依存すると一般通念では考えられる」とした上で、「通常個々人に依存しきわめて主観的なものである」情報のもつ「意味内容を捨象し、その情報の生じる確率（生起確率）だけで情報の量を定量化する数学体系」として情報理論を位置づけている（教育工学辞典、二〇〇〇、三二五頁）。こうした情報に対するアプローチの多様性からも明らかなように、自然科学の研究領域において扱われる情報と、ひとの教え学ぶ場における身近な手がかりとしての情報は解釈が異なっているように感じられる。この点について野家は「生物における情報は意味を帯びたものであり、情報科学における情報は明示的なシグナルとして扱われるもの」（野家、二〇〇二）とし、生物における情報を考える際の「広義的で個別的な」意味性の重要性を指摘している。野家によれば、情報工学においては情報の質と意味は確率の大小としてのみ現れる。しかし、「情報」を明確に定義づける上では、それが受け取る人間にどのような作用を及ぼすかを定義に含めざるをえない。その「情報の作用力」とは単に「信号が青になったから歩く」といったものだけではなく、信念や技能体系の全体的な再構成まで含むものである、という（前掲書、二〇〇二）。こうした「情報」解釈に立って「わざ言語」を捉える時、そこでは教え学ぶ場で生起する情報と人との関係における意味性、個別性、広義性といった特徴を勘案しつつ考察の対象とすることが重要であると言える。なぜなら「わざ言語」の考究は人の学びの場における情報のやりとりと同時に、その背後にある人の学びの捉え方、すなわち学び観をも含むものであるが故に、情報の作用力としての「意味」の考察が不可欠だからである。

ではこの広義的な意味を帯びた「わざ言語」の作用力を分析の俎上に置いた際に見えてくる問題性あるいは課題はいかなるものだろうか。以下、見ていきたい。

1　スキルの獲得と「わざ」の習得

スポーツ、音楽、芸術領域における「わざ言語」の作用の考究においては、まずもってそこで目指されている事柄について考えておく必要があろう。以下、これまで筆者が行ったインタビューの中から、スポーツ、音楽、芸術領域で高い評価を得ている優れた指導者による発話（北村、二〇〇三、七七〜八七頁）をもとに見ていきたい。まずは、技術向上を志向する指導者たちの発話に目を向けてみることにする。

高校生の世代に必要な技術、例えばボールコントロール、パスの精度、両足で蹴れる、多様性、判断力などを身体に染み込ませるように指導します（サッカー指導者）。

知識とか、経験とか、趣味とか、自分の個性とか、そういうものを合わせてこういうものを作ろうとこういう風に弾きたいと思ったときに、自分の手や体、足も全部が言うことをきくように訓練することが必要です（ピアノ指導者）。

ビンがちゃんと立体的に見えて、なおかつ温かみがあって、飲むと幸せそうに感じる光が注いでいるっていうのがそこにあったり。センスだけではだめで、技術を知らないと撮れない。このライト、こうたかないとダメだとか、後ろと前の比率、光の強さの比率をこのくらいにしておかないといけないとか、そういうのは職人の世界じゃないと撮れない（カメラマン）。

ただ感性だけでは弾けません。それをどう表現するかということも必要です。音楽をやる人間は表現者でもあるわけです。音で。だから自分の選べるものは数多くもっていた方がいいです。その条件を増やしておくのです。練習で（ヴァイオリン指導者）。

こうした例からも明らかなように、スポーツ・音楽・芸術において目指される事柄の一つとして、勝利・記録・演奏・作品といった結果を導くために必要とされる技能の向上が挙げられる。この技能向上過程は、運動学習の視点からは、当該領域活動に求められるスキルを獲得し改善し発揮するための意図的な試みの過程と捉えられる。このスキルは、例えばスポーツにおいては、「最高の正確さで、またしばしば最小の時間とエネルギーあるいはこれら両者の消費で、あらかじめ結果を生じるように学習された能力」（シュミット、一九九四［邦訳］四頁）と定義づけられている。一方、音楽におけるスキルの解釈について、梅本は、音楽演奏（演奏行動）におけるスキルを、「楽譜に書かれた曲を楽器（声帯・身体も含む）の操作によって具体的な音響として表現する非常に複雑なスキル」（梅本、一九九六、一〇頁）であり、そうしたスキル獲得の過程は、「スポーツや演劇などのように限定された時間内に順序よく定められた遂行行動をしなければならない作業に共通した性格」（前掲書、一九九六、一〇頁）とした上で、準備行動としての読譜、演奏基礎技能、演奏技能、暗譜、表現技能、遂行技能を挙げている。また、この演奏技能は、音響の次元に下がって楽譜から要求される音を出すためのスキルとして、ピッチ、強さ、テンポ、音色のコントロール及び基本パターンの四つに分類している（梅本、一九九六、三二頁）。

こうしたスキルの理解において、求められる動作結果としての熟練技能は、「あらかじめ決められた結果に合わせること」が、「望ましい目標を達成」し、それが再現性という形で「最高の正確さ」を発揮し、コストパフォーマンスの高さという点でエネルギー消費量とパフォーマンス遂行時間が最小化されたものと解釈されている（シュミット、一九九四［邦訳］四～五頁）。この熟練技能の追求過程は、（a）関係した環境の特徴を知覚する知覚過程、（b）何をすべきか、それをどこで、いつすべきかを決定する意思決定過程、および（c）運動を発動するために組織化された筋肉活動を行う運動産出・制御過程、の中で示される運動スキルをいかに獲得するか、そのための情報の処理、変換、貯蔵という情報処理過程のモデルによって説明がなされる（前掲書、一九九四［邦訳］六頁）。そうした熟練パフォーマンスの獲得は、エリクソン等による熟達化理論によって説明されている（エリクソン他、一九九三、一九九六）。エリクソン等は熟達化過程を注意深く組み立てられた練習（deliberate practice）によって説明する中で、卓越した技能獲得に不可欠な要素として、楽しみとは異なる、パフォーマンス向上のみを目的とする意図的・継続的・反復的な練習を挙げている。エリクソン等によって示された注意深く組み立てられた練習の蓄積による熟達化の枠組みでは、スキルの一種としての音楽演奏技能の自動化過程における指導者の役割が明確に位置づけられている。実際の指導場面で指導者が情報のフィードバックを行う光景は、情報処理モデルに依拠した熟達化を目指すひとつの側面を提示しているかのように見える。

しかし、こうした視点のみでスポーツ・音楽・芸術領域におけるわざの学びを理解することは、人の学びにおいてやりとりされる情報の意味性、あるいは学びそのものの意味性という視点が欠落していると言える。この点について、梅本は、音楽は矛盾にみちた内容をもつものとした上で、「音響であると同時に思想をあらわし、論理的構造をもちつつ感情を動かすものであり、人類に普遍的な面をもちながら、ある社会に特有の内容と形式をもつもの」（梅本、一九九九、五頁）とし、音楽において共有する情緒性や意味解釈の重要性を指摘している。また梅本は、音楽は「単なる音響のランダムな集合」ではなく、「旋律、リズム、和声それぞれは断片的に継続しているのではなく、もっと長いまとまりとして楽句、楽章をもち、その中では旋律やリズムや和声には意味のある展開が見られる」のであり、さらに「全体として一つの思想や物語、あるいは情景を表現している」がゆえに「音楽は音響であると同時に思想や構造をもつという重層構造を」もっていると説明している（前掲書、一九九九、二〇五頁）。したがって、速く正確なコンピュータによる演奏は、「表現というよりも単なる説明であって、音楽の創造と結びついた生《なま》の演奏とは言えない」（一柳、一九九八、五〇頁）のであり、逆に「人間による演奏は楽譜に書かれた情報を超えており、そのために根強い感心と魅力を獲得している」（スロボダ、一九九八［邦訳］一八二頁）のである。

同様に一柳は、「感情や感性を極力排除すること」により、正確に楽譜を音にする演奏を求めたセリーに触れ、そこには「音楽の身体性の欠落」あるいは「聴覚性の退行」が見られると指摘している（一柳、一九九八、二〇〜二一頁）。

では実際の学びの場ではこの点についてどのように捉えられているのだろうか。あるヴァイオリン指導者は、テクニックと技能を区別した上で、音楽を作り上げていく上での世界観や精神的な成長の重要性に触れ、またピアノ指導者は表現の前提としての志向性に触れ、次のように述べている（北村、二〇〇三、七七〜八七頁）。

促成栽培はいくらでもできる。ただ精神的なものはついていかない。気持ちはついていけない。だからそこが問題なのです。ヴァイオリンという楽器の。やはり音楽の世界では、人間として熟練しなければならない（ヴァイオリン指導者）。

水滴がポトって落ちるようなタッチのように、本当に美しいものを求める気持ちがあって初めて、腕や背中の運動能力が開発されていく。だからその前に求める気持ちがないとダメ（ピアノ指導者）。

また、あるヘアデザイナーは、美容の世界における人を意識した美容のわざのあり方に触れて次のように述べている。

美容も技術、技術というけれど、僕等の世界は、カットが何ミリ違ったという世界ではないと思うのです。お客さんが認めてくれる、ああこの人じょうずだなだって。結局、彫刻家ではないから、お客さんという、生きたものの上につくっているわけです。発想したり、そのお客さんのことを考えて似合うようにつくってあげたり、いろいろ聞き出してこんなのは嫌だろうな、それじゃこういうふうにしてあげようかと。やはり心の部分がつくる世界です。美容の世界は。アーティストじゃなければいけないとも思うし、そればかりでもいけないという部分もあります（ヘアデザイナー）。

フィギュアスケートの指導者は、選手の演技に込められるわざの関係性、表現性の重要性に触れ次のように述べている。

フィギュアスケートは美しさを競う競技。本当の美しい演技には選手の人間性全体が滲み出てきます。巧みな動作や高度な技術で表現しつくそうとする美しさは演技の表面的な一部分であって、それだけではごまかせない。もっと本質的な部分、例えば選手の人間性、価値観、観客と共有する心の部分、そういったところに共鳴できる美しさを表現できなければだめなのです（フィギュアスケート指導者）。

こうした人が教え学ぶ場における情報の意味性を視野に入れた身体技能の解釈として、生田は、「単なる身体技術あるいは身体技能の習得および教授を超えた」、形で存在する「まとまりのある身体活動において目指すべき『対象』全体を指し示」す「わざ」という概念を提示している（生田、一九八七、八頁）。そこでは人の学びが、「学習者自らが『わざ』の世界に身を置く――世界への潜入――ことにより、『わざ』の技術的習得のみならず『わざ』の世界全体の意味連関を身体全体でつくりあげていく過程」（生田、二〇〇一、二三一頁）として捉え直されている。

ここで、人の学びという視点からスキルとわざを比較した場合、スキル獲得が合理的効率的な情報処理機能の定着・自動化を目指すのに対し、わざの学びはそうしたプロセス自体の意味の解釈を伴いながら目指す状態に至ることが志向されると理解できよう。換言すれば、スキル獲得過程とわざ習得過程の違いは、スキル獲得過程は、動作遂行者が効果的に目標を達成するために、（1）関係した環境の特徴を知覚し、（2）何をすべきか、それをどこでいつすべきかを決定し、（3）運動を発動するために、組織化された筋肉活動を行う、という三つの要素について効率的な熟達化を進めるものであるのに対し、わざの学びは、学びの世界に身を置くことによって動作全体を状況の中に意味づけ価値づけていく営みであり、結果として求める動きが導かれていく状態を志向するもの、と解釈することができる。

前述したように、「わざ言語」の考究には、人の学びにおいてやりとりされる情報の意味性、あるいは学びそのものの意味性という視点が不可欠である。そこで次節では、熟達化を概観する中で、「わざ言語」が人の学びにどのように作用するのか、見ていきたい。

2　熟達化から捉える「わざ言語」

(1) 適応的熟達者

既に見てきたように、本稿で扱う熟達化は、単にある課題に習熟し、その課題遂行を効率的に達成できるようになることを意味するのではない。また、個人が知識・技能を獲得するという、初心者から熟練者に至る直線的な変化を意味するものでもない。さらには、環境と切り離された個体内の変化という視点ではなく、個人と環境との社会的な関係の変化に焦点を当てそれを長期的な視点で捉えるものである。こうした視点で熟達化を捉える時、適応的熟達者の概念は、「わざ言語」の作用の考究に対して重要な視座を提示してくれる。そこで、まず、この概念に触れておきたい。

近年の研究において、熟達者は、知識・技能の柔軟性・適応性や創意によって、適応的熟達者（adaptive expert）と手際のよい熟達者（routine expert）に分けて考える捉え方がなされている。波多野・稲垣は、すし職人を例にとり、この二つのタイプの熟達者の違いについて述べている（ブランスフォードほか、二〇〇二［邦訳］四三〜四四頁）。手際のよい熟達者であるすし職人は、レシピ通りにすしを作ることに優れている、「単に熟練しているだけの者」と位置づけられる。一方、適応的熟達者であるすし職人は、独創的なすしを作ることができ、「きわめて有能な者」である。手際のよい熟達者が比較的定型化した方法で対処するのに対し、適応的熟達者は、柔軟に、適応的に対応する（ブランスフォードほか、二〇〇二［邦訳］四三〜四四頁）。こうした熟達者はそれぞれ、「職人」（手際のよい熟達者）と「名人」（適応的熟達者）と言い換えられ、実践の中から学び取る姿勢の違いとして説明されている（前掲書、二〇〇二［邦訳］四四〜四六頁）。職人は既有知識を使用して課題をより効率的に遂行するための機会として新たな問題に取り組むがゆえに、広範囲にわたるスキルをもつことを重視するのに対し、名人は、問題解決の場を「さらなる探求のための出発点」として捉え、現在もっている知識・技能をさらに向上させる機会として捉えている。

適応的熟達者は、必要や興味関心に応じて熟達化を深化させ、新たな熟達の展開を行う。それゆえ、適応的熟達に向かう学習者は、新しいこと、より困難な課題、より複雑な問題状況に対峙するために、そうした状況の中にあえて立ち入り、身を置き、格闘せざるをえない。すなわち探索的な初心者（intelligent novices）を経て初めて適応的熟達体験が得られるのである。探求的な初心者は、新しい課題を学習する際に、様々なメタ認知技能を用いて自身の理解度を点検し、欠けている知識や技能を探し、それを獲得しようとする。そこでは、探索と熟考が求められる。探索とは、よりよい解を求めて工夫をし、その効果を確かめる行為であり、熟考とは、そうした自己の状態を絶えずモニターして（自己モニタリング）適応的に調整することである。一方、効率性も革新性も低い状態にある初心者が、できるだけ効率的に、安定して正確さと速さを再現できる熟練性を追求すること（ブランスフォードほか、二〇〇九、二二頁）が、手際のよい熟達化である。通常の初心者は、取り組む課題の困難さに気づかず、また課題によって異なる方略を用いることはしない。

こうした研究によって、熟達化過程の構造は説明されつつある。しかし、いかにしてそうした熟達化がなされるのか、そしてそこではどのような学びの体験がなされているのか、その結果、学習者や学習者を取りまく周辺に何が起こっているのか、については未だ十分な説明がなされていない（Tynjala, 1999, 357-442）。そこで次節では、

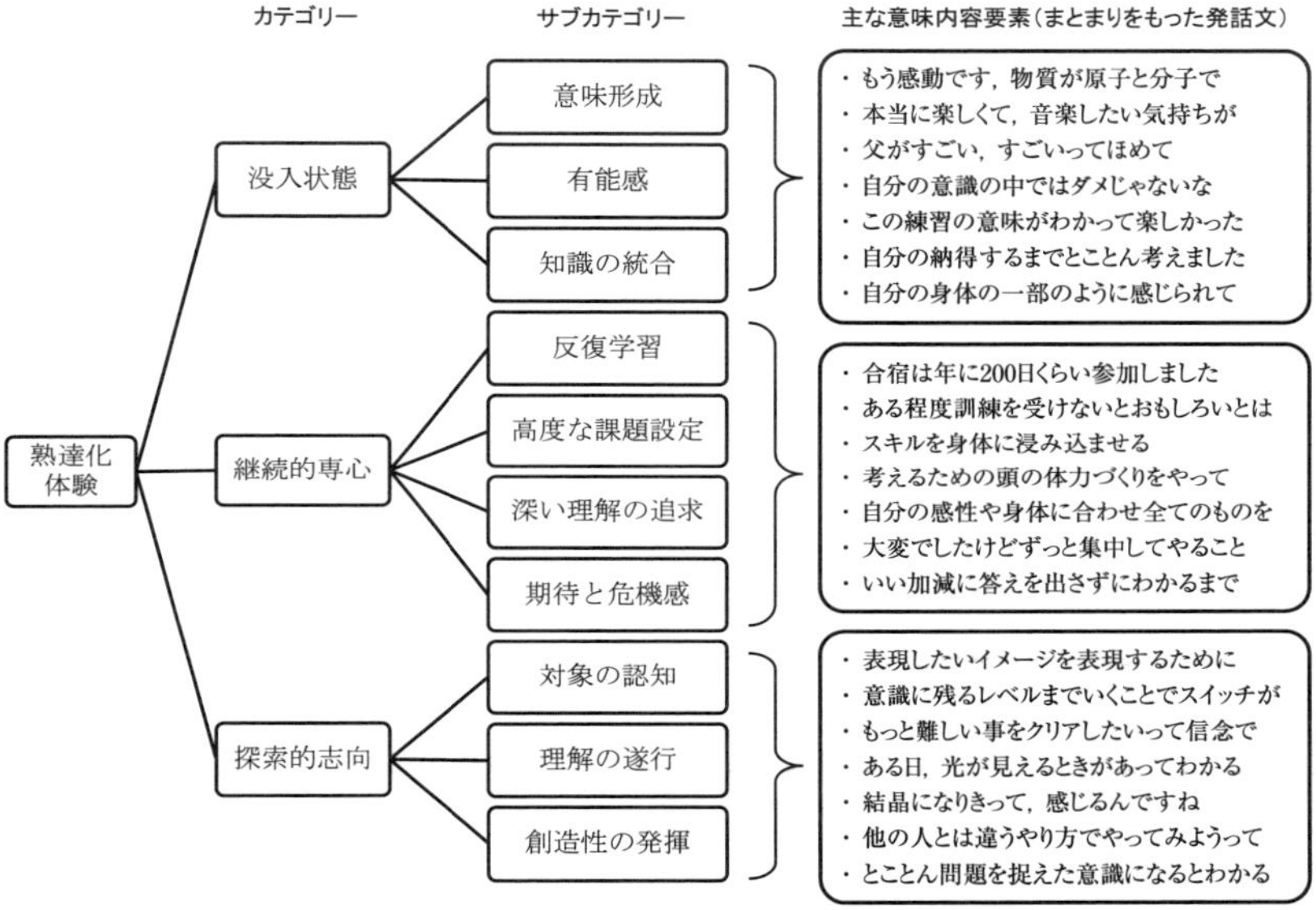
カテゴリー
サブカテゴリー
主な意味内容要素（まとまりをもった発話文）
熟達化体験
没入状態
継続的専心
探索的志向
意味形成
有能感
知識の統合
反復学習
高度な課題設定
深い理解の追求
期待と危機感
対象の認知
理解の遂行
創造性の発揮
・もう感動です，物質が原子と分子で
・本当に楽しくて，音楽したい気持ちが
・父がすごい，すごいってほめて
・自分の意識の中ではダメじゃないな
・この練習の意味がわかって楽しかった
・自分の納得するまでとことん考えました
・自分の身体の一部のように感じられて
・合宿は年に200日くらい参加しました
・ある程度訓練を受けないとおもしろいとは
・スキルを身体に浸み込ませる
・考えるための頭の体力づくりをやって
・自分の感性や身体に合わせ全てのものを
・大変でしたけどずっと集中してやること
・いい加減に答えを出さずにわかるまで
・表現したいイメージを表現するために
・意識に残るレベルまでいくことでスイッチが
・もっと難しい事をクリアしたいって信念で
・ある日，光が見えるときがあってわかる
・結晶になりきって，感じるんですね
・他の人とは違うやり方でやってみようって
・とことん問題を捉えた意識になるとわかる

図１　熟達化体験を構成する要素の階層的カテゴリー

実際の熟達化体験に目を向けてみたい。

(2) 熟達化体験の構成

図1は、スポーツ、音楽、芸術、科学、もの作りの領域で卓越的技能を発揮する人々を対象として筆者が行ったインタビュー調査（北村、二〇〇三、二〇〇五）から得られた発話データを、質的分析法に基づき階層的カテゴリー化したものである。分析方法の詳細についてはここでは省略するが、一つ一つの発話データに丁寧に対峙しながら言葉の背後にある対象者の心的情景を読み取り解釈する作業を繰り返すものである。分析の結果、多様な領域のエキスパートの熟達化体験は、没入状態、継続的専心、及び探索的志向の三つのカテゴリーによって構成されていることが明らかとなった。没入状態のカテゴリーは、意味形成、有能感、知識の統合のサブカテゴリーから構成され、当該領域活動にのめり込む体験についてまとめられた。没入のあり様は熟達度によって異なるものの、全ての対象者が一つの活動に深く没入し、他の何ものも問題にならず、経

験それ自体が非常に楽しく、純粋にその活動を行うことのために時間や労力を費やすような状態を体験している。例えば、本書第二部の対談の中で、創作和太鼓の佐藤三昭氏はこの没入状態について、「何か殻が剥けるようにできるようになるときの感覚」として語っており、「〔自己対峙を徹底するなかで〕ふわっと風景が生起し、『あ、わかった！』、『あ、聞こえた、見えた！』という状況になる」（本書、二五四頁）とし、ひらめきの瞬間について語っている。中村時蔵氏は、「『感覚』を共有していく中で、ふっと理解するということ」（本書、二四〇頁）と述べている。また、ある物理学者は、「私はずっと結晶を作っているんですけど、のめり込んでいる時は必ず、どうしてうまくいかないんだろう、ああ、ここの結合がうまくつながってないからだなってなんとなく感じることがありますね。けっこうそういった勘っていうのが後になって当たってることが多いんですけどね」と語っている。このように、自分がその対象になってみること、対象の感覚を共有することは、熟達化体験において重要な意味をもつものである。それゆえ、そうした感覚を導く「わざ言語」は、熟達化において重要な役割を担っていると言える。なお、この体験については、第三節のフロー体験の節で詳しく見ることにしたい。

第二のカテゴリーである継続的専心は、反復学習、高度な課題設定、深い理解の追求、期待と危機感のサブカテゴリーからなり、知識・技能の合理的習得を目指す反復学習の蓄積体験を表すものとして作成された。筆者がインタビューを行った全ての対象者が、多大な時間を学習と練習に費やしており、推定累積学習時間は一万時間をこえている。更にこの時間は、他のどの時間よりも目的意識を持って行われる価値のある時間として位置づけられている。例えば、結城匡啓氏は「ひらめくためには、ひらめくための準備が必要だ」（本書、三一二頁）とし、日々の練習の積み重ねの重要性を語っている。また、中村時蔵氏は、「何度も言われて、長い時間と環境とが整うことで、少しずつわかっていくしかないんです」（本書、二四〇頁）と語っている。創作和太鼓の佐藤氏は「確かに『基礎的な仕方』は重要です。これも大切な技術ですね」（本書、二五九頁）とし、繰り返し基礎基本を習得する必要性を認めている。こうした反復学習と「わざ言語」を引きつけて考えてみると、繰り返し行う基礎基本の学習・練習において、具体的な動きや形を導くという意味において、「わざ言語」はその役割を担っている。例えば、創作和太鼓の佐藤氏は「姿勢・重心の感じを伝える場合に、左右の打ち手によって重心が左右に流れてしまう人には、『へそを真下に落とすように打て』」（本書、二六〇頁）といった言葉かけがなされている。ただし、そうした指導の際にも、「その人になりきり、どんな動きが悪いのか、どの音の捉え方に癖があるのか、個別に伝え」る（本書、二五九頁）ことが企図されている。

第三のカテゴリーの探索的志向は、対象の認知、理解の遂行、創造性の発揮のサブカテゴリーから成り、更なる問いや探索に向かう態度や意欲を示している。結城氏は、選手の指導の際に技術カルテを用いて選手とのやりとりを深める中で、選手の自己観察の力をつけると同時に、「感覚のぶつけあい」や「選手の中の感覚的な事実を知る」作業を進めている。ここには、今の自分をモニタリングすることで信念や課題を問い直し、更なる課題を見出し、適応的熟達者への成長を辿る選手の様子がうかがえる。同様に、中村時蔵氏は、「自分で気づく、考えるということが大事だと思うのですよね。教わったことをやってるだけじゃなくて、そこから自分で考えてやっていくということですよね」（本書、二三七頁）とし、自ら探索・熟考を進める中で熟達化がなされることを語っている。「わざ言語」はこうした「自ら考える」契機として作用していると言える。

（3）熟達者の知識と熟達化体験

次に、熟達者と初心者の違いについて見てみたい。すなわち、何がどう変化するのかに着目することで、熟達化と「わざ言語」の関係について明らかにできればと考える。

一般的に、初心者と熟達者との違いは記憶力や一般的な能力の違いではなく、記憶の方略、推論、問題解決などの認知過程に影響を及ぼす膨大な知識量の差異と捉えられている。ブランスフォードらは、こうした熟達者の知識に関する原則として次の六つをあげている（ブランスフォードほか、二〇〇二［邦訳］二九頁）。

①　熟達者は、初心者が気づかないような情報の特徴や有意味なパターンに気づく。
②　熟達者は、課題内容に関する多量の知識を獲得しており、それらの知識は課題に関する深い理解を反映する様式で体制化されている。
③　熟達者の知識は、個々ばらばらの事実や命題に還元できるようなものではなく、ある特定の文脈の中で活用されるものである。すなわち、熟達者の知識は、ある特定の状況に「条件づけられた」ものである。
④　熟達者は、ほとんど注意を向けることなく、知識の重要な側面をスムーズに検索することができる。
⑤　熟達者は、自分が専門とする分野について深く理解しているが、それを他者にうまく教えることができるとは限らない。
⑥　熟達者が新規な状況に取り組む際の柔軟性には、様々なレベルがある。

これら六つの原則に熟達者の体験を重ね合わせることによって、熟達者のわざの習得の実際にどこまで迫れるのか、あるいは異なる解釈が求められるのかについて、第二部の対談での内容に照らし合わせつつ見ていきたい。朝原宣治氏は、自身の感覚ノートに感じたことを書き残している。これは自分自身との関係の中で「わざ言語」を用いた事例と見てよいだろう。また、結城氏は、選手たちへの語りや技術カルテの共有の中で「わざ言語」を用いている。したがって、この両実践者の学び・教えに関する対談内容は、そのまま、「わざ言語」の実践と見てよいだろう。

まず、第一の「情報の意味に気づく」ことについて見てみたい。世界のトップクラスのチェス、電子回路、放射線医学、コンピュータ・プログラミング領域の熟達者を対象とした実験から、熟達者は情報を有意味なチャンクに符号化する能力が高いことが明らかになっている（ブランスフォードほか、二〇〇二〔邦訳〕三〇〜三四頁）。つまり体制化された知識構造が発達していると考えられている。また、熟練教師を対象とした実験でも、新任教師が気づかない授業中の出来事の特徴やパターンを認識できるとする報告もなされている（前掲書、二〇〇二、〔邦訳〕三一〜三四頁）。したがって、熟達化過程において知覚した場面の分析能力（現象の見方や把握の仕方）が重要な意味を持つと考えられる。

この点に関し、朝原氏が、感覚を受け止めるセンサーを洗練化させていくこと、すなわち、動きや感覚を作り出す側面と、感覚を繊細に受け止める側面の分析能力について述べている次の発話に注目したい。「〔試合場面では走った後に走っている感覚は〕普通は残らないと思うのです。試合では集中して走っていますので。〔中略〕レースを振り返って、自分が本番で走っていたときの感覚をもう一度よみがえらせる能力はあった方だと思います」（本書、二八三頁）。

また、朝原氏は、ボルト選手のような一流の選手は、「地面に着いたときに自分の足にどういう感覚がきて、走ったその一歩をどのように拾っていけば、どのようなスピード感覚が生まれるのかという感性が豊か」（本書、二七五頁）であることを強調している。前述したように、熟達者は情報を意味のあるまとまりとしてチャンクに符号化する能力が高い。そのため、初心者では気づけない様々な感覚や動きを捉えることができる。朝原氏やボルト選手がもつ感覚を受け止める能力は時間をかけて、感覚の感度を鋭くすること、つまり「感覚を研ぎ澄ましながらトレーニングをしている」（本書、二七六頁）成果として得られるものである。その結果、「自分のイメージと感覚と、外から見るものが、かなり一致し始める」（本書、二八〇頁）ようになる。ただし、「自分の跳んでいる感覚や走っている感覚が細かいところまでわかり始め」（本書、二八一頁）るまでには、時間を要している。この点が初心者と熟達者との差異となって現れてくる第一の点として確認できる。

こうした場面を分析する力について、「わざ言語」の作用を推察すれば、朝原氏もボルト選手も、外から見える動きや形の情報を分析しているのではなく、そうした動きを導く感覚を確かめている点にまず着目したい。つまり、「わざ言語」の作用の一つとして、動きが導かれる必然性を知ること、そうせざるをえない状態に導くことが挙げられる。

第二の点は、熟達者の知識は体系づけられている点である。すなわち、熟達者のもつ知識はバラバラに記憶された知識ではなく、核心的で深く重要な考えを軸に組み立てられている。これに対し初心者は問題の表面的な特徴に基づいて取り組むという特徴をもつ。この点を朝原氏の発話から見てみたい。朝原氏は自身の感覚について次のように述べている。

体の中心部分を使うということ、ここから力が発するようにするとか、そういう外してはいけないところはしっかりやっておくと、おのずと自分の方向性が見えてくる（本書、三〇一頁）。

感覚ノートには、「丹田が後ろに残らないように」、「体全体でアーチ」、「ラインというかポジションを頭に浮かべて」と書かれている。この説明は、朝原氏によれば、「体を全体的な弓矢のアーチとして考えて、そのアーチごと、少し反った状態で、進めて」（本書、二八八頁）いく意識であり、「ときには肩を意識したり、〔中略〕ときには全体像を見て、全体的な塊がグーンと進んでいるという意識をしたり、外から見るとなんら変わらないかもしれないのですが、自分の中ではまったく違うことをやっている」（本書、二八八頁）ということである。意味のある知識体系が形成されている。概念のチャンクが増加し、チャンク間の関連性や特徴の多様化が見られる。

この点は、表層的な形の模倣の弊害にもつながる。朝原氏は、ただやみくもに他の選手のフォームを真似ることの危険性を指摘する。身体の形や特徴に合った走りがあるため、無理な動きによってストレスがかかり、けがに至る場合もあり得る。大切なことは動きの形そのものではなく、結果としての動きを導いている意識なのである。「これが理想であるというのは形としてはなかなかなくて、どちらかというと、こういう感覚になればいいなと思って」走る、換言すれば、理想の走りの形を追い求めるのではなく、理想の感覚になることを追い求めることが、熟達者の体系づけられた知識を象徴していると言えよう。

第三の点である、文脈に条件づけられた知識をもっている点に関して、朝原氏は、「こういう感覚のときはこういうタイムが出る」という、「感覚と結果を擦り合わせて考えて」いた（本書、二八二頁）。氏の次の発話に着目したい。

> 自分の中の意識を変化させながら、どういうふうになったとき、どういうふうに意識したときは自分が出やすかったり、結果が良かったかは人によって違うわけです。自分で同じ練習をしているようでも意識を変えることは非常に大事だと思います。意識を変えて、その中でいいものを見つけていくというのも非常に大事なことかなと思います（本書、二九六頁）。

熟達者は単に豊富な専門的知識を習得しているだけではなく、特定の課題に関連する知識を効率的に検索できる点でも優れている点が報告されている（ブランスフォードほか、二〇〇二［邦訳］四〇頁）。すなわち、「どういう条件のときにどういう行動をするべきかという組み合わせ」（前掲書、二〇〇二［邦訳］四一頁）が習得されているため、全ての感覚を検索するようなことはせずに動きを導くことができる。つまり必然的な動きを導く文脈の中で感覚が用いられているのである。イメージを喚起する「わざ言語」が学習者の努力を促し、目指している身体の動きにふさわしいものが洗練されている様子が、この発話からうかがえる。

したがって、ただ感覚を表現する言葉を拾い集めて所持していたとしても、単なる言葉の一覧表がそこにあるにすぎず、その感覚をどの場面でどのように用いることで求める動きを導くかといった問題の解決には至らないと言えよう。記憶に基づいて「機械的に判断」(ブランスフォードほか、二〇〇二［邦訳］四一頁)するだけとなり、困惑することになる。「わざ言語」は動作の直接的なイメージを喚起させる比喩的な言葉としてあるだけではなく、学習者の様々な努力や試行錯誤を促し、ふさわしい動きが再構成され、型が形成されるものなのである。

第四の点である、スムーズな検索に関し、朝原氏の次の発話に注目したい。

> パフォーマンスを毎回、同じことをどんな場面でもできるというのが一番優れているところだったと思います。私はそれを「再現性」と呼んでいるのですが、高いレベルでの「再現性」が重要なことです。どんな場面であっても、こういう感覚で走っていれば、走りが乱れないというものが自分の中にあり、それに頼らないと何もないわけです(本書、二九三頁)。

ドレイファスがエキスパート・システムによって示しているように、熟達化は意識的に問題解決をはかる段階から、直観的な判断の段階を経て、意識的過程が消滅し、自動的に対応が行われる段階を辿るとされている(ドレイファス、一九八七［邦訳］四五〜六四頁)。つまり、意識的に注意を向けて処理できる容量には限界があるため、一次課題が容易であれば二次課題へより多くの注意を配分できる。それゆえ、自動的な段階に至ることで、再現性が高まり、走りを乱すことなく高いパフォーマンスを発揮することができるのである。

ただし、自動的な段階は、単に動きが自動化されて無意識に行われることを意味するのではなく、きわめて意識的に操作された自動化である。身体運動に関する近年の研究によれば、「身体運動に関わる脳の情報処理は、そのほとんどが潜在的に実行されている」（樋口、二〇〇八、七一頁）ものの、「特殊で複雑な状況では、意識的な活動が監視・調整役を果たしている」（樋口、二〇〇八、七一頁）と考えられている。この点について朝原氏は、「自分で感覚を管理しないといけない。ただ単にイメージを描くだけではなく、それに感覚というものを上乗せして、それで止まっている。一歩一歩どういうふうに踏みしめていって、どんなふうに加速していくかという自分の経験と体感をそのままイメージに刷り込んで、頭の中で描いている」と述べている。

また、結城氏は、「自動化するとわざが狂う」と述べている。なぜなら、「自動化して自分で意識しなくてもできることになるから、狂ったときに自分がどうやっていたのかわからない」（本書、三二〇頁）からである。つまり、無防備に自動化された動きに身をゆだねて勝手に動作が行われることが学びのゴールではない。自身の熟達に関心を寄せ、問題意識をもち、現時点での到達レベルを超えようと探求し続けることで、職人ではなく名人として熟達していくと考えることができよう。

第五の点である、熟達者は他者へうまく教えられるとは限らない点に関しては、指導には教える内容に関する知識とともに、その内容をいかに教えるかの知識も求められることを意味している。この点に関連して、朝原氏は次のように述べている。

競技で培ってきた自分自身の感覚にこだわり過ぎないというのがまずは指導者になるにあたって大事なことと思います。ついつい、やってきた自分の感覚をもとに話をするのでなんでわからないのかとか、なんでこんな反応になるのかと思ってしまう（本書、二九五頁）。

このことは、逆に教える際には、教える内容、すなわち相手選手の感覚に目を向けることの重要性を示唆している。朝原氏は指導する選手と感覚を共有していくことについて次のように述べている。

指導していく立場になって気をつけないといけないのは、意識してやってみろと言って、その選手の意識することと自分の意識することと違ってもいいです。自分が意識してきたことではなくてもいいので、それを毎回理解することが大事です。こうして意識している。だから、この選手はこう動くという、その擦り合わせさえしておけば、おのずと感覚も乗ってくるのではないかと思います（本書、二九八頁）。

ここに、わざを伝える際に「わざ言語」を用いる意味がうかがえる。すなわち、競技者としてある時点で自身がもつ感覚を表現した「わざ言語」は、感覚ノートとして文字化されて残されてあったとしても、指導する場面で用いるテキストにはなりえず、教える相手である選手にとって、それ自体は意味を見出せない言葉にすぎない。書いた本人であっても、感覚は「年齢や自分の感覚の熟成とともに変わっていく」ため理解できないことも起こるのであり、「わざ言語」が固定した形を示すのではなく、常に変わりうる状態を表していることを端的に示している。実際、朝原氏は、本人がその時の感覚を書き留めた言葉であっても、その言葉を受け止める時点の状態は異なるため、その感覚の意味を理解できないこともあったと語っている。

また、同じ「わざ言語」の提示があっても、その言葉を受け止める学習者の状態（技能レベル、理解度、それまでの体験の多様性、体験を通した感覚の多様性など）によって、言葉の作用力は異なる。それゆえ、わざの教授場面では、感覚の共有が非常に重要となる。

この点に関し、結城氏は、「選手の中の感覚的な事実を知りたい」、あるいは「言葉の使い方が一緒だと感覚をぶつけ合うことができる」とし、指導の場において選手と指導者との感覚を共有する重要性を強調しているのである。

第六の点である、新たな状況への柔軟な適応とは、適応的熟達者として「わざ言語」に対峙するあり方を示している。我々が問題解決を迫られる課題の多くは正しい解が一つ決まっていてそれに到達するための正しい手続きを見つけるというものではなく、様々な解と多様な手続きが存在している。そして人間は「行動の動機や関心に即して、行動にかかわるものを状況の中から探すような仕方で環境に対して向き合っている」（山口、二〇〇九、一〇〇頁）がゆえに、思うようにいかない、わからない、動きたい、といった「我々に抵抗してくるものに対応しようと努力しているとき」（山口、二〇〇九、一〇七頁）に意識が最も鮮明に感じられる。そこで求められるものは、多くの探索と熟考である。すなわち、今よりもっと、を目指すためには、様々な「わざ言語」による問いかけに対して、意味の探索が行われる意味がある。どのような解がありうるのか、どのような方法を工夫するか、といった試行錯誤と内省を経て、自身の中に型が形成されていく。そうした意味で、「わざ言語」は、適応的熟達者に向かうために求められる探索的な初心者としての学びを作り出す大きな役割を果たしていると言えよう。

以上見てきた熟達者の知識に関する六つの原則から、「わざ言語」の作用の様態を説明する六つの側面を以下のように捉え直すことができる。

① 「わざ言語」は、熟達化の過程で本人が「こういうことかな」、「いい感じだな」と気づくための態度や、気づくことができるような状態に導く手がかりを与える。ただし熟達化には時間を要する。

② 「わざ言語」は、直接的に問題解決を導くのではなく、問題解決の核を導く。

③「わざ言語」は、必然性をもつ文脈の中で用いられるものである。その文脈とは当人が求める感覚の状態によって規定される。

④「わざ言語」は、段階を経る中で、自動的な段階へと導く作用力をもつ。ただし、それは単なる自動化された動きを意味するのではなく、感覚が管理された、感覚が上乗せされた自動的な動きを意味する。

⑤「わざ言語」は、受け止める人の状態や体験等によって作用力が異なる。したがって、わざを教え学ぶ場では、感覚の共有が重要な意味を持つ。

⑥「わざ言語」によって導かれる状態は、最終到達形としてあるのではなく、さらなる洗練が目指される状態である。わざの探索と熟考は継続的に行われていく。

以上「わざ言語」の作用の様態について六つの側面から整理を試みた。しかしながら、いまだ「わざ言語」が導こうとするところ、すなわち「わざ言語」が向かうところが不明確のままである感をまぬがれない。その一つの理由として、これまで見てきた「わざ言語」の作用の様態の視点が、生田の提示するAchievementではなく、Taskに偏っている点があげられる。そこで次節では、ある領域活動に深く没入した最適状態としてのフロー体験を取り上げ、熟達化過程の中でこのフロー体験がどのように関係し、そして「わざ言語」とどのように関わり合うのか、見ていくことにする。

3　フロー体験から捉える「わざ言語」

（1）フロー体験とは何か

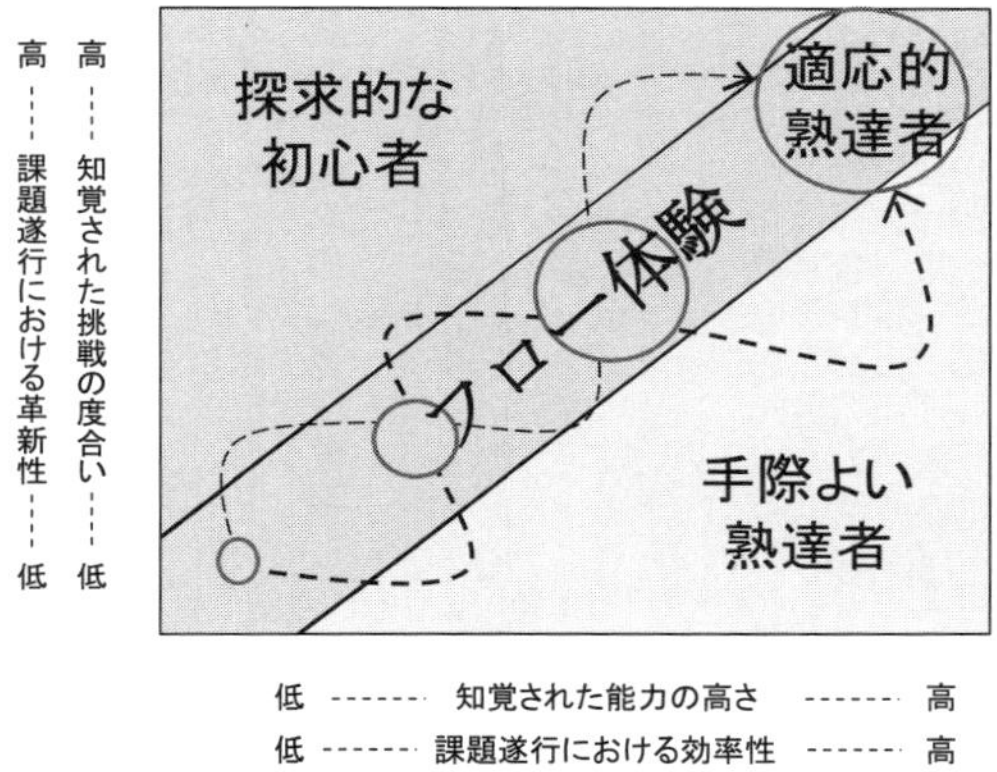

図２　適応的熟達化とフロー状態のモデル（チクセントミハイ，1996；ソーヤー・森他訳，2009，により一部改変）

効率性を高める課題遂行により手際よい熟達化が進み知覚された能力は高くなる。逆に、革新性の高い課題遂行により挑戦の知覚は高くなり、探究的な初心者として課題に取り組むことになる。フロー体験は両者のバランスの中で生起し、興味関心に応じて熟達化の深化が探求され、より高次なフロー体験に位置することにつながる（図中、４つの丸）。「わざ」の学びの中では、Achievement 状態としてのフロー体験は、探索と熟考という、学習者が適応的な熟達化に向かう上での必然的な状態と言える。

朝原氏は、北京オリンピックでの自身の体験について次のように語っている。

本来なら、結構わかります。気配とか、迫ってきているとか、どれくらい前にいるとか。しかし、北京オリンピックのときはわかりませんでした。本当にシャットアウトして走っていたので。ゴールして横見て、ブラジルがすぐ近くにいたので、もしかして負けているのかなと思ったぐらいです。〇・〇九秒の差がついているので、約九〇センチメートル差があったのです。それで、負けているか勝っているかわからないというのは、普通はまずあり得ないことです。それぐらい集中していたのです（本書、二九五頁）。

また、歌舞伎俳優の中村時蔵氏も対談の中で、「『役になりきった』と思うときには、何かその役にのめり込んでしまっていて、〔中略〕そのときにはお客さんは目に入らない、そういう状態なんだと思うんですよ」（本書、二二二頁）と語っている。

創作和太鼓の佐藤三昭氏も、「私がなくなるような感覚、打っている太鼓がメロディを弾き始めたような感覚に至るとき、世界が深まるのです」（本書、二五二頁）と語っている。

こうした、無我夢中で没頭して自分の最高の状態を体験する熟達者は多い。熟達者に限らず、幅広い人々に経験されるものであり、わざの教え学ぶ場で見られる現象である。こうした現象は、単なる心理的な一過性の現象としてではなく、まさに、「わざ言語」の作用が表出した状態として捉えることが重要である。なぜなら、「わざ言語」によるわざの伝承の一つの到達状態が、無我夢中で没入し全てがわかるこの状態であり、さらには「わざ言語」はその状態を表現しうるものであるからである。

Csikszentmihalyi（1993）は、こうした、人々が夢中で何事かに取り組んでいる時に感じる無我夢中の状態をフロー（flow）と名づけ、それを学びの核として位置づけている。彼はフローを次のように定義づけている。


フロー（flow）とは、人々が時間感覚を失い、疲労感を忘れ、対象活動以外の他の全てを忘れるに至るまで、完全に何かの活動に打ち込んでいるときに体験する、主観的な状態を指す。我々も、巧妙に練られた小説を読むときや、スカッシュでいい試合をしているとき、または刺激的な会話に加わっているときなどに感じるものである。打ち込む深さはどこか楽しいと感じるものであり、また本来的に報酬が得られる類いのものである。フロー体験は日常生活では比較的稀にしか味わえないものであるが、もし高い集中が得られるような条件ならば、遊び、仕事、勉強、宗教的な儀式といったほとんど全ての活動の中で体験しうるものである（Csikszentmihalyi, 1993, 14）。

ここで述べられているフローの定義を整理すると、まず第一に、フローは本人が感じ、体験する主観的な状態である点が注目される。それは、ある客観的な基準が定められ、それによってフロー状態か否かが測定されるといった類いのものではなく、自己目的的な経験である。したがって同じ現象を同時に体験した複数名の人がいたとしても、フローを体験する人とそうでない人が存在する。きわめて個人的、主観的、感覚的、知覚的な状態である。

第二に、フローの体験には非常に高い集中が求められる点である。それは、本人の中にある一定の準備状況としての行動体制があって初めて生起するものである。そのためには、明確な目標を志向する状態でなければならない。またフィードバックが直接的でなければならない。達成に長期間を要する目標であっても、目標とフィードバックは非常に重要である。また、目標が明確でない創造的活動、例えば絵画などにおいては、絵が途中まで完成してくるとこれが自分が達成しようとしているものかどうかがわかる。その時点で、内面化されている評価基準に照らし合わせ、一筆ごとに直接的なフィードバックを得るのである（チクセントミハイ、一九九六［邦訳］七一頁）。

第三に、フローはそうした体験を受け身で享受しているという感覚ではなく、「困難な状況の中で自ら統制を行っているという感覚」（前掲書、一九九六［邦訳］七七頁）として存在する点である。なりゆきに身を任せているのではなく、きわめて積極的な働きが存在している。音楽家は「耳に入る音や演奏の音符の一つ一つを分析的に、また包括的に理解しているとともに、自身の指の動き一つ一つを明瞭に意識」（前掲書、一九九六［邦訳］七七頁）できる。したがって、フロー体験には努力なしで出会うものでもなく、大きな身体的努力や高度に訓練された知的活動が要求される。その結果、発見の感覚、すなわち人を新しい現実へと移行させる創造的感情が生ずる。その人の能力をより高い水準へと押し上げ、それまでは夢にも思わなかった意識の状態へと導く。自己をより複雑なものにすることによって自己を変形する。

第四に、自意識の喪失である。また、対象や環境との一体感も得られる。そこでは、行為と意識が融合されている。自身の行為を意識してはいるが、その意識そのものをさらに意識することはない。意識が行為から分離し始めると、その活動を外から眺めることとなり、フローが妨害されるのである。それゆえ、フローを長時間継続することは難しい。また、行為と意識が融合するためには、活動が実行可能な範囲にあることが必要である。更には、行為と意識との融合に大きく関係し合うのは、時間の経過の感覚が変わることである。実際の時間と心理的な時間間隔が一致せず、時間が伸び縮みする。当事者は後から振り返って、自身が時間の外にいたように感じるのである。

以上、フロー体験の特徴について見てきた。対談で語る熟達者たちの体験の内容は、まさにフロー体験そのものである。いわば、学びの到達状態としての一つのあり様である。では、こうしたフロー体験が、「わざ言語」とどのような関わりをもつのか、次に見ていきたい。

(2) フロー体験と「わざ言語」

フロー体験を「わざ言語」との関係で考究する際、フロー体験に至るまでにどのような言葉がけが行われるか、そうした言葉がけによってどのように学びの様態が変化するのか、といった点に着目することが必要であろう。

チクセントミハイは、フロー体験とは全く逆の体験として、期待や押しつけによる強制的な指導による学びの体験をあげている。例えば、子どもが音楽を教えられている時、「どのように演奏するかが強調されすぎ、彼らが何を経験するかは無視されすぎている」ような状況である。この場合、「ヴァイオリンの上達を子どもに押しつけ、賞をとり、巧みに演奏することを望む」という音楽行動への親の期待が子どもに大きなストレスをもたらし、時には挫折を生むことにつながる（チクセントミハイ、一九九六［邦訳］一四一頁）。

ところで、前節において、「わざ言語」は、熟達化の過程で本人が「こういうことかな」、「いい感じだな」と気づくことができるような状態に導く手がかりを与えるものであることを確認した。また、「わざ言語」は、直接的に問題解決を導くのではなく、問題解決の核を導くものであった。この点からフロー体験の逆説的な体験を見てみたとき、この学びの過程には学習者本人の気づきが不在である点がまずもって問題として指摘される。それは、どのようにヴァイオリンを弾くか、というTaskの追求に終始し、どんな音楽表現に到達したいか、あるいはどのような演奏を奏でる自分で舞台に立っていたいか、というAchievementの追求がなされていないことに起因する。形としての演奏技法の修正を繰り返し、評価される演奏を目標とする押しつけの指導には、学習者が表現したい思いも、演奏を通してのフロー体験も、より深い演奏への探索も、自身の演奏を内省する能動的モニタリングも不在なのである。

また、チクセントミハイは、結果の報酬への期待や外から課された挑戦ではなく、その経験それ自体のために、可能性の探求に取り組むならば、フロー体験に至る機会が豊かになるとしている。逆に言えば、自らの探索的な行動なくしてフロー体験は得られない。すなわち、そうしなければならない、という理由ではなく、そうしたいという理由によって学びに取り組まれていなければならない。前節で見たように、「わざ言語」は必然性をもつ文脈の中で用いられるものであり、その文脈とは当人が求める感覚の状態によって規定されるものであった。こうした点から、本節の冒頭で引用させてもらった音楽指導の現場にいる指導者たちが、学習者の中のこういう音を出したいという気持ちを膨らませ、その感覚を共有し、音としての表現に結びつける関わりを大切にしていた、この関わり方こそ、「わざ言語」が作用する場面であったと言えよう。より具体的な例をあげてみよう。

あるピアノ指導者の指導場面を観察させてもらった際、指導者が、子どもの演奏指導の場面で、「ここは激しいところだね。どんな音が出したい」と問いかけ、子どもが「悪魔が出てくるような音」と答えたときに、「それじゃあ、悪魔を連れて来てみて」という言葉がけをしていた。「わざ言語」による関わりの一例である。そこには、単に技能を習得するだけでなく、学習者が表現したい思いがあり、より深い演奏への探索がなされており、自身の演奏を振り返る内省の機会もあり、この学習者の技能レベルに応じたフロー体験を感じる機会が保障されている。このように、フロー体験は、わざの学びにおいて目指す小さな到達状態であり、また最終的に目指す到達状態のひとつの現れでもあり、そこに至る上で不可欠な関係が「わざ言語」を用いた指導的関わりであると言えよう。

結語

本稿では、人が教え学ぶ場において、「わざ言語」がどのように作用しているのかについて熟達化の視点から考究し、感覚を通した学びのあり方について再検討を試みた。

「わざ言語」は、確かに情報を含んだ、教える作用を帯びた言葉である。しかしそこに含まれる情報は、明示的なシグナルとして扱われる情報ではなく、教える人、学ぶ人の信念や価値観といった意味性を帯びたものであり、さらには教え学ぶ両者を包む場で生起する文化や文脈の広義的で個別的な意味性を帯びたものであると言えよう。なぜなら、「わざ言語」は、教え学ぶ両者、あるいは場の感覚の共有を導く作用を帯びたものだからである。

こうした、「わざ言語」によって導かれる学びの状態は、行為に没入しているときに感ずる包括的感覚としてのフロー体験に向かうことが期待される。なぜなら、「わざ言語」は、自己充足的な目標をもつ自己を志向するものであり、それにより、人はわかってしまう状態に触れ、「個人と文化の双方をより複雑な存在に変えるよう動機づける」（チクセントミハイ、一九九六［邦訳］二六六頁）ことにつながるからである。学びの場のみならず、日々の出来事を教え学ぶ者にとって意味あるものにするためには、学び全体を一つのフロー体験に変換することが求められると言える。

また、熟達化過程を捉える際、何を獲得したか、どれだけ獲得したかを問うのではなく、学びを通してどのような状態になったか、について議論することが、「わざ言語」を通して学ぶさまをより端的に表現することにつながり、さらには、「わざ言語」が熟達化過程においてどのように作用するのかについて議論することを可能にすると考えられる。今後、さらなる議論が求められよう。

文献

ブランスフォードほか：北田佳子訳（二〇〇九）、「学際的学習科学の基礎と好機」、ソーヤー：森敏昭・秋田喜代美監訳、『学習科学ハンドブック』、培風館、一五～二九頁［Brransford, J.D. et.al.(2006) Foundations and Opportunities for an Interdisciplinary Science, in Sawyer, K.(ed.), *The Cambridge Handbook of Learning Science*, Cambridge University Press, New York.］

ブランスフォード・クッキング：森敏昭・秋田喜代美監訳、（二〇〇二）『授業を変える――認知心理学の挑戦』、北大路書房、［Brransford, J.D., Brown, A., & Cooking, R.(eds.), *How people learn*, National Academy Press, Washington.

Csikszentmihalyi M., Rathunde K., and Whalen S. (Eds.), *Talented teenagers*, Cambridge University Press, 1993.

チクセントミハイ：今村浩明訳（一九九六）『フロー体験　喜びの現象学』世界思想社。

ドレイファス：椋田直子訳（一九八七）『純粋人口知能批判――コンピューターは思考を獲得できるか』アスキー出版局［Dreyfus. Hubert.L., *Mind over Machine: The Power of Human Intuition and Expertise in the Era of the Computer*. New York: The Free Press.］

Ericsson, K.A., Krampe, R. T., & Tesch-Romer, C., “The role of deliberate practice in the acquisition of expert performance,” *Psychological Review*, 100(3), 363-406, 1993.

Ericsson, K.A., & Lehmann, A.C., “Expert and Exceptional performance: Evidence of maximal adaptation to task constraints,” *Annual Review od Psychology*, 47, 273-305, 1996.

樋口貴広（二〇〇八）「知覚の顕在性、潜在性と身体運動」『身体運動学――知覚・認知からのメッセージ』三輪書店、一七～七六頁。

一柳慧（一九九八）、『音楽という営み』、ＮＴＴ出版。

生田久美子（一九八七）、『「わざ」から知る』、東京大学出版会。

生田久美子（二〇〇七）『「わざ」から知る（新装版）』、東京大学出版会。

生田久美子（二〇〇一）「職人の「わざ」の伝承過程における『教える』と『学ぶ』、茂呂雄二編『実践のエスノグラフィ』、金子書房、二三〇～二四六。

北村勝朗（二〇〇三）スポーツ・音楽・芸術領域における「わざ」習得過程の定性的分析による「教育情報」の解釈、『教育情報学研究』第一号、七七～八七頁。

北村勝朗（二〇〇五）「優れた指導者はいかにして選手とチームのパフォーマンスを高めるのか？　質的分析によるエキスパート高等学校サッカー指導者のメンタルモデルの構築」『スポーツ心理学研究』第三二巻一号、一七～二八頁。

『広辞苑　第五版』（二〇〇二）岩波書店。

野家啓一（二〇〇三）「『情報内存在』としての人間」、伊藤守・西垣通・正村俊之編、『パラダイムとしての社会情報学』、早稲田大学出版部、六九～九八頁。

野家啓一（二〇〇二）「『情報内存在』としての人間：哲学的視点から見たコミュニケーション」、『第15回自律分散システム・シンポジウム　講演』。

日本教育工学会編（二〇〇〇）『教育工学事典』、三二五頁。

シュミット・リチャード・A：調枝孝治監訳（一九九四）、『運動学習とパフォーマンス――理論から実践へ』大修館書店、Shmidt A. R.(1991). *Motor Learning & Performance*. Champaign, IL.: Human Kinetics.

スロボダ：大串健吾訳（一九八八）、「音楽演奏―表現と演奏の上達」アイエロ・リタほか：大串健吾監訳『音楽の認知心理学』、誠信書房［Ailoe R. & Sloboda, J.A.(eds.), (1994) *Musical Perceptions*］

Tynjälä, P.(1999) "Towards expert knowledge? A comparison between a constructivist and a traditional learning environment in the university," *International Journal of Educational Research*, 31. 357-442.

梅本尭夫（一九六六）、『音楽心理学』、音楽之友社。

梅本尭夫（一九九九）、『子どもと音楽』、東京大学出版会、一八一～二〇七頁。

山口裕之（二〇〇九）『認知哲学――心と脳のエピステモロジー』、新曜社。

第三章

スポーツ領域における暗黙知習得過程に対する「わざ言語」の有効性
――動作のコツ習得過程において「わざ言語」はどのように作用しているのか

永山貴洋

1　スポーツ領域における暗黙知と指導言語

スポーツ領域において卓越した技能を身につけた選手たちはどのようにしてその技能を獲得してきたのだろうか。優れた実績を有する選手本人であってもこの疑問に対して適切な回答を用意することは簡単ではない。なぜならば、選手は動作が改善したことに気づくことはできるかもしれないが、たとえ選手本人であっても練習中に今まさに何をしているのかについて説明することはできないことが多いからである（Masters & Maxwell, 2004, p.223）。近年、「身体運動に利用されている知覚情報のほとんどは、意識にのぼらない潜在的情報である」（樋口、二〇〇八、一八頁）ことが指摘されるようになり、学習の非意識的な過程に焦点を当てた潜在学習は多くの研究者の注目を集めている。潜在学習とは、複雑な情報を努力せず（意識的な努力なしに）獲得できる状況のことであり、その結果得た知識は言語化しにくいと言われている（ブランスフォードら、二〇〇九、一六頁）。確かに、運動技能の中には言語化することが困難なものも多く、非意識的な過程で行われる潜在学習が運動学習に関連していることは否定できない。しかし、スポーツにおける様々な運動技能は、果たして非意識のうちに、意識的な努力をすることなく獲得できるものなのであろうか。この問いに対して全面的に肯定的な答えを口にする者は少ないであろう。意識的な過程の貢献がなくとも運動学習が進むことが明らかである一方で、意識的な過程が運動学習に影響を与えることも同様に確かであり、運動学習における言語教示は初学者が動作のメカニズムを理解するためという前提ではあるが、その有効性が認められている（Masters & Maxwell, 2004, p.223）。また、運動機能の回復を目的とした臨床場面からも、運動の意識化・イメージ化が潜在的な側面も含めて運動機能を回復させるという報告がなされている（樋口、二〇〇六、九三頁）。今後の運動学習研究では、非意識的な過程、意識的な過程のどちらかを否定するよりもむしろ、それぞれの過程が運動学習の成立にどのように寄与しているのかについて明らかにしていくことが望ましいと言えよう。

脳科学の発展により、言語が運動に与える影響についても様々なことが明らかにされてきている。例えば、今井（二〇一〇）は、人が歩いたり、走ったりしている場面の映像を見たときの実験協力者の脳の活動について機能的画像磁気共鳴法（fMRI）を用いて調査したところ、映像と組み合わされた言語の種類によって、脳の活動の仕方が異なることを報告している。副詞（「はやく」）、動詞（「歩く」）というテロップと一緒に映像を見たときには、脳の中でも言語を処理する部分に反応が見られたのに対し、擬音語（「ずんずん」）と一緒に映像を見たときには、運動の知覚に関係するMT野がより強く活動したという（同前、一九〇～一九一頁）。また、藤本（二〇〇九）は、近赤外光イメージング装置を用いた歩行運動イメージに関する実験で、比喩的な言語教示が運動シミュレーションに与える有効性について明らかにしている。「歩いているイメージをしてください」と言語教示されると対象者は、自分自身が歩いているのを見ているような視覚的なイメージを想起するのに対し、「踝が柔らかい砂浜に沈み込むのを意識しながら歩いているイメージをしてください」と言語教示された対象者は、左背側運動前野、両補足運動野、左一次運動野において脳血流量が増加し、自らの身体を主体とした運動イメージを想起することを報告している。これらの実験結果は、擬音語、比喩的な言語の運動学習に対する有効性を示唆するものとして興味深いものである。しかし、注意しなければならないのは、実験協力者は、実験中に提示される言語の種類によって自分の脳に異なる反応が生じていることに気づいていないという点である。使用する言語によって脳にどのような反応が生じるかについて明らかにすることは、運動学習における指導言語の有効性を検証する一つの方法ではあると言えよう。しかし、本稿では、スポーツ領域の実践の場における「わざ言語」の有効性について論じることが目的である。言語によって脳でどのような活動が生じるかという知見を実際の指導現場に適用することはかなり困難なのではないだろうか。実践の場で適用できるような知見を得るためには、非意識的な過程について明らかにするよりもむしろ、指導者から言語を伝えられることで、学習者が言語をどのように意味づけ、どのように自身の学習活動に結びつけているのかという本人の意識的な過程に焦点を当てて検討することが有用であろう。以上の理由から、本稿では学習者、指導者の主観的な意識に注目し、スポーツ領域における学びに対する「わざ言語」の有効性について検討する。

ところで、運動技能の指導について考究するにあたり、無視できない前提として「熟達者は、自分が専門とする分野について深く理解しているが、それを他者にうまく教えることができるとは限らない」（ブランスフォードら、二〇〇二、二九頁）ことがあげられる。例えば、「歩くこと」は、私たちにとって身近な動作の一つであるが、歩くことを正確に説明しようとするとこれがなかなか難しい。たとえ、自分では歩く動作について正確に説明できたと思っていても、その説明を聞いた他者に説明通りに歩いてもらうと不自然な動作になってしまわないだろうか。このように、深く理解している、あるいはできる動作であっても、自分で遂行するのではなく、他者に伝えるとなるとたちまち難解な課題へと姿を変える。スポーツで習得することが求められる動作の中には、歩く動作よりも説明が困難な動作が存在することは想像に難くないだろう。それでは、このように言葉で説明しにくい動作の感覚を他者に伝えるためにはどのようにすればよいのだろうか。

言語化が困難な知の学びを検討するにあたり、ポランニー（二〇〇三）による暗黙知の概念が有用な視座を与えるものとして注目される。ポランニー（二〇〇三）は、私たちが言葉にできるより多くのことを知ることができることを指摘し、そのような言語の背景にあって言語化されない知を「暗黙知」（tacit knowledge）と名づけた。そして、スポーツ領域における暗黙知としてあげられるものに動作のコツがある。杉原（二〇〇三）は動作のコツの暗黙知的な性質について、「経験的によく言われるコツというのは、うまくやったとき感じる、言葉ではうまく正確に言い表せない筋運動感覚を指していることが多い」（杉原、二〇〇三、九五頁）と指摘している。

暗黙知を提唱したポランニー自身も動作の暗黙性について言及している。すなわち、「私たちは技能の遂行に注意を払うために、一連の筋肉の動作を感知し、その感覚に依存している。私たちは、小さな個々の運動からそれらの共同目的の達成に向かって注意を払うのであり、それゆえ、たいていは個々の筋肉運動それ自体を明らかにすることはできない」（同前、二八頁）。ポランニーは、こうした認識の構造を暗黙的認識の現象的構造とし、次のように一般化している。「私たちは、暗黙的認識において、遠位にある条件の様相を見て、その中に近位の条件を感知する。」つまり、私たちは、A（＝近位項）からB（＝遠位項）に向かって注意を移し、Bの様相の中にAを感知する（同前、二九〜三〇頁）。この説明を動作に置き換えるとすれば、近位項が個々の筋肉運動であり、遠位項は動作を遂行するために意識を向ける対象といえる。こうしてみると、暗黙知である動作のコツの言語化は、個々の筋肉運動を感知するための遠位項を言語化することで達成されると考えてもよいように思える。事実、動作のコツの中には必ずしも言語化できないものばかりではないことを私たちは経験的に知っている。しかし、動作のコツを言語化する際に忘れていけないことは、たとえ誰かが遠位項を言語化し、他者がその言葉をたよりに動作を遂行したとしても感知する個々の筋肉運動は人によって異なるということである。さらに、私たちが暗黙知を通して認識するものは、近位項と遠位項の間に意味深長な関係を樹立するものであり、そうした二つの条件が相俟って構成する包括的存在（同前、三三頁）である。したがって、遠位項を言語化しても、伝えられた者がその言葉によって感知される個々の筋肉運動と遠位項の間で構成される包括的存在を理解できなければ動作のコツは伝わらない。前述したように、知識や技能を有している者が、他者にその知識や技能を必ずしも伝えることができるわけではない。言葉を通して暗黙知を伝えるには、受け手の存在を無視することはできないのである。野家（二〇〇三）は、情報の作用力と受け手の関係性について次のように述べている。すなわち、「情報の作用力は受け手の状態によって大きく左右される。あるいは、情報はそれ自体で意味や価値を担っているのではなく、その意味や価値は受け手との相互関係の中で生み出される」（同前、七三頁）。要するに、暗黙知的な性質をもつ動作のコツを他者に伝えるためには、動作のコツを言語化しようとする指導者の努力に加え、情報と積極的に関わりながら意味を獲得していくという学習者の努力がなされなければならないのである。ポランニー（二〇〇三）は、暗黙知の伝達における受け手の役割について、「私たちのメッセージは、言葉で伝えることのできないものを、あとに残す。そしてそれがきちんと伝わるかどうかは、受け手が、言葉として伝え得なかった内容を発見できるかにどうかにかかっている」（同前、二一頁）と言及している。暗黙知を学習するためには、学習者が自らの努力により指導者が言葉で伝えられなかった内容を発見しなければならないという主張である。暗黙知は、「教師の説明を理解しようとする生徒らの知的な協力が期待できて初めて言葉で伝えることができる」（同前、二一頁）ものなのである。それでは、暗黙知学習過程における学習者の知的な協力はいかにして引き起こされるのだろうか。生田（二〇〇七）による「比喩によって喚起されたイメージを頼りに、自分の知るべき『形』を身体全体で探っていこうとする」（同前、九九頁）というわざ習得過程における「わざ言語」の作用についての言及は、

「わざ言語」が学習者の知的な協力を引き起こす可能性を示唆していると言えよう。そこで本稿では、スポーツ領域における暗黙知である動作のコツ習得過程では、学習者はどのような知的な協力を行っているのか、また、暗黙知の学習過程で、学習者の知的協力に対して「わざ言語」がいかに作用しているのかについて明らかにすることを目的とする。

上記の目的を達成するために、まず第二節では、実践家に対するインタビューを通して、スポーツ領域における動作のコツ習得過程における選手の知的な協力ついて説明する。次に、第三節では、動作のコツ習得過程、わざを習得した状態に対する「わざ言語」の作用について検討する。そして、最後に第四節で、感覚の共有を通した暗黙知学習に対する「わざ言語」の有効性についてまとめていきたい。

2　スポーツ領域における暗黙知の学習過程
――エキスパート選手は動作のコツをいかにして習得し、指導しているのか

本節では、スポーツ領域の熟達者は動作のコツをどのようにして習得してきたのかについて、第二部の実践家に対する「わざ言語」に関するインタビューをもとに検討する。尚、本節では、スポーツ領域における動作のコツ、暗黙知の習得過程について明らかにすることを目的としているため、第二部の実践家に対するインタビューの中でも、朝原宣治氏（北京オリンピック陸上競技銅メダリスト）、結城匡啓氏（バンクーバーオリンピック・スピードスケートコーチ）に対するインタビューを分析対象とした。本節の分析対象である両名に対するインタビューは、朝原氏には主に選手時代の感覚体験について、結城氏には主に指導者として選手との感覚の共有についてお聞きしているものである。

分析の結果、スポーツ領域における動作のコツ習得過程は「動感への気づき」、「動感と指標の対応づけ」、及び「再構築の必要性の認知」の三つの過程で説明できることが明らかとなった。以下、発話データを引用しながら動作のコツ習得過程について説明していく。

(1) 動感への気づき

暗黙知である動作のコツを習得するためには、まず自身の身体を動かしている感覚である動感を感じ取ることができるようになる必要がある(永山・北村、二〇一〇)。動感を感じ取るためには、練習の中でも動作の結果だけではなく、動感に注目していかなければいけない。結城氏は、自身の選手時代を次のように振り返っている。

普通の子は、上手になって、おもしろくてということがモチベーションになると思うのですが、私の場合は、どうやったら滑れるのだろうということからスタートしていて、今もまったくそのまま、どうやったら速く滑れるのだろうということを、やり続けています(本書、三〇八頁)。

結城氏の話からは、小学生時代からスケートが上手くなるという結果だけではなく、どうすれば速く滑ることができるのかという学び方に注意が向けられていたことが読み取れる。こうした学習過程への注意が継続されるということは、自身の動作の感覚へ意識が向けられることにつながる。朝原氏は動作の感覚へ意識を向け続けることの重要性を次のように語っている。

わからなくても意識をして何か自分の足の変化を感じることは大事だと思います。そのためには、走るだけではなく、いろいろな感覚的なものを手に入れる、情報を体に入れることは大事なので、陸上競技に専念している選手でも球技をやったり、普段やらないこと、例えば、スケートリンクに行くとか、そんなことにチャレンジするのも、陸上競技そのものの練習ではないのですが、感覚的なもののトレーニングになると思います（本書、二九六〜二九七頁）。

このように感覚を感じ取ることができなくても意識を向け続けることが動作の不感状態を解消することにつながっていく。しかし、自分の身体を動かしている感覚について感じ取れるようになるためには、感覚へ意識を向け続けるとともに、朝原氏も指摘しているように様々な運動経験が必要とされる。結城氏は、専門競技以外の運動経験が、自身の動感を感じ取ることができるようになる基盤となることを指摘している。

スピードスケート以外でも運動の感覚、例えば先ほどのほうきで掃くという経験がないとその経験が伝わらない（本書、三三〇頁）。

この発話は、指導してもなかなか動作が変化しない学生の特徴について述べられたものである。感覚を指導しても伝わらない学生は、運動経験が不足していることが多く、そこで必要とされる運動経験は、「ほうきで掃く」という表現から推察されるように必ずしも専門的な練習の中で培われるわけではない。

以上、動作のコツ習得過程の第一段階である「動感への気づき」の段階についてみてきた。自身の身体を動かしている感覚を捉えることができるようになるためには、まず動作の結果だけではなく、動作が上達する過程における感覚の変化に意識が向けられなければならない。そうした感覚への意識の高まりと豊富な運動経験が蓄積していくことで、選手は自身の動感を感じ取ることができるようになる。こうした動感への気づきがうまれるような準備を選手が行っていくことが、動作のコツ習得過程で選手に求められる知的協力の一つであるといえよう。次に、こうした動感を感じ取ることができるようになった選手がこの動感をいかに動作のコツ習得に結びつけるのか説明していく。

(2) 動感と指標の対応づけ

動感を感じ取ることができるようになった選手は、自身の動感と動作遂行の指標となる感覚を対応づけながら動作のコツを習得していくことになる。朝原氏の場合、練習の中だけではなく試合の中でも動作の指標となる感覚と実際に走った後の動感を擦り合わせながら、最適な指標となる感覚を探していたことを次のように振り返っている。

一試合、一試合、いろいろなことを試みて、こういう感覚のときはこういうタイムが出る。感覚と結果を擦り合わせて考えていました（本書、二八二頁）。

こうした動感と指標となる感覚の対応づけは、選手が指標として利用する価値があると判断した指標を発見することで行われる。以下の選手の発話は、永山・北村（二〇一〇）からの引用である。

膝を、手だけじゃなくて、膝を使えば「ふわっ」といくなっていう感覚を今持っているんで、膝を「ふわっ」と、できなかったときはシュートが入らなかったって書くし。入るか、入らないか自分でわかってくるようになったので。自分で外したとわかったときは次の行動にうつれるようになってきているんですけど。

（高等学校バスケットボール選手の発話：「永山・北村、（二〇一〇、四〇頁）」より引用）

この発話は、ある高等学校バスケットボール選手がフリースローの練習に感覚をどのように利用しているのかについて述べているものである。フリースロー動作を遂行する際に、この選手は、手だけではなく膝を「ふわっ」と使うことを動作遂行の指標としている。「膝を『ふわっ』と使う」という表現は、膝の使い方の感覚を表現したものであり、「わざ言語」と考えられる。選手は、ボールがリングに入るかどうか見ることなく、指標に合った動感を感じることができたかどうかで、フリースローが成功したか否か判断している。動作のコツの習得は、選手自身が採用した指標をもとに練習を続けていく過程で、選手が指標となる感覚と動感を対応づけることで達成される。つまり、繰り返し練習していく中で、選手は指標と動作の関連性を理解し、動作のコツを習得することになるのである。朝原氏の発話からは、朝原氏がほかの選手に比べて、動感と指標となる感覚を対応づけるために必要とされる動感を思い出す能力が優れていたことが見てとれる。

普通は残らないと思うのです。試合では集中して本気で走っていますので。ただ、私が能力として高かったのは、そこかなと思うのです。〔中略〕レースを振り返って、自分が本番で走っていたときの感覚をもう一度よみがえらせる能力はあった方だと思います（本書、二八三頁）。

動感を感じ取るだけではなく、動作の指標となる感覚と対応させるために動感を振り返る能力を高めることで、選手は動作のコツを習得し、能力を向上させていく。

結城氏は、「動感と指標の対応づけ」について次のように説明している。

例えば「はりつけ」という言葉を私は使いますが、まずその「はりつけ」という言葉のイメージが湧いて、〔中略〕何となくわかることが第一段階です。それから、自分でやろうとしてもできなかったり、できたりということを繰り返します。私は「ひらめくためには、ひらめくための準備が必要だ」と、いつも学生に言うのですが、ひらめく準備が整ったときにポンと火がつくようなときがあるのです（本書、三一一～三一二頁）。

この結城氏の発話の中で、言葉のイメージがわかるという段階が、選手の中で動作を遂行するための指標ができ上がる段階だと言える。そして、その言葉のイメージを指標として利用して反復練習を行い、ポンと火がつくときが、指標と動感が結びついた瞬間、つまり動作のコツをつかんだ瞬間を言い表している。

以上、動作のコツ習得過程における「指標と動感の対応づけ」の過程について説明してきた。指標として利用する価値があると判断した感覚を指標として利用し、選手は動作のコツ習得に向けて動作の遂行を繰り返すことになる。この段階での「わざ言語」の作用は、すべての指標が「わざ言語」として言語化されるとは限らないが、「膝を『ふわっ』と使う」というような指標としての役割を果たすことと言えるだろう。そして、選手の中で指標となる感覚を示す「わざ言語」と動感が最適な形で関連づけられた状態、つまり動作のコツの習得を目指して練習を行っていくことが、この段階で選手に必要とされる知的協力である。ただし、絶対的な動作のコツというものはなく、選手は様々な要因で狂いの生じた動作を修正し、さらに動作の質を向上させるために動作のコツを再構築していくことになる。

(3) 再構築の必要性の認知

動作のコツは、一度習得したらそれで終わりということはない。なぜなら、適切な動作を遂行する指標となっていた動作のコツも、様々な理由でそれまで適用していた通りに動感を導くことができなくなることがあるからである。結城氏は、動作の狂いについて次のように述べている。

> 先ほど言ったようにわざが狂うのですね。怪我をしたというのはマイナスの狂いですが、身体が強くなったときも狂うのです。おかしなことに選手は毎年身体を強くしようとします。でも、これは当たり前のことなのです。ということは、わざがどんどん狂っていくのですね(本書、三一六頁)。

ときに動作の感覚は、筋力トレーニングなどの結果としても狂いが生じるほど繊細なものである。トレーニングだけではなく、フォームの変更、疲労の蓄積、そしてけがなどの理由から、選手は動作を再構築することが求められることがある。朝原氏は、骨折後に動作の感覚を再度感じ取り、新しい動作を習得した経験を次のように振り返る。

> ですから、骨折する前は一〇秒〇八が最高だったのですが、その後また一〇秒〇二の自己ベストを出すまでは、違う過程で強くなっていったわけです。〔中略〕やはり徐々に自分で開拓しながら、感覚は身につけていかなくてはならないものだと思います(本書、二八六頁)。

骨折前と骨折後に動作を構築する過程は異なったものであったという発言は、朝原氏がすぐに以前の感覚を取り戻したわけではなく、一度動感へ回帰した上で動作を習得したことを意味している。こうした動作の再構築は、競技生活を続けている過程で、場合によっては指導者になってからも続いていく。

感覚は大切にしていましたが、ただ、自分の感覚がすべて正しいとは限らないです。意外にも、いい記録が出たというとき、結果が出たときのほうが正しいに決まっていますので、それに従います（本書、三〇〇頁）。

朝原氏のこの発話からは、感覚として絶対的なものはないという信念が見てとれる。こうした常に新しい感覚を追い求めようとする感覚への志向が動作のコツ習得過程における学びの原動力となり、さらに繊細な動感への気づきを感じ取れるように選手を成長させることになる。

以上、動作のコツ習得過程について結城氏、朝原氏の発話をもとに検討してきた。分析の結果、動作のコツは、「動感への気づき」、「動感と指標の対応づけ」、及び「再構築の必要性の認知」の三つの過程を繰り返しながら動作のコツは習得され、洗練されていくことが明らかとなった。次頁の図1は、動作のコツ習得過程について図示したものである。図中の右斜めへ伸びる大きな矢印は、動作のコツ習得に向けての方向性を示すものである。各過程間の矢印上にある楕円図形は、各過程における選手の知的協力を示している。各過程において楕円図形で示した知的協力を選手が行うことで、次の過程へと進み、動作のコツを習得することを表している。

まず、動作に対して不感状態にある選手は、結果だけではなく学びの過程における感覚へ意識を向けることで「動感への気づき」を得られるようになる。次に、指導者によって提示された「わざ言語」を指標として採用し、

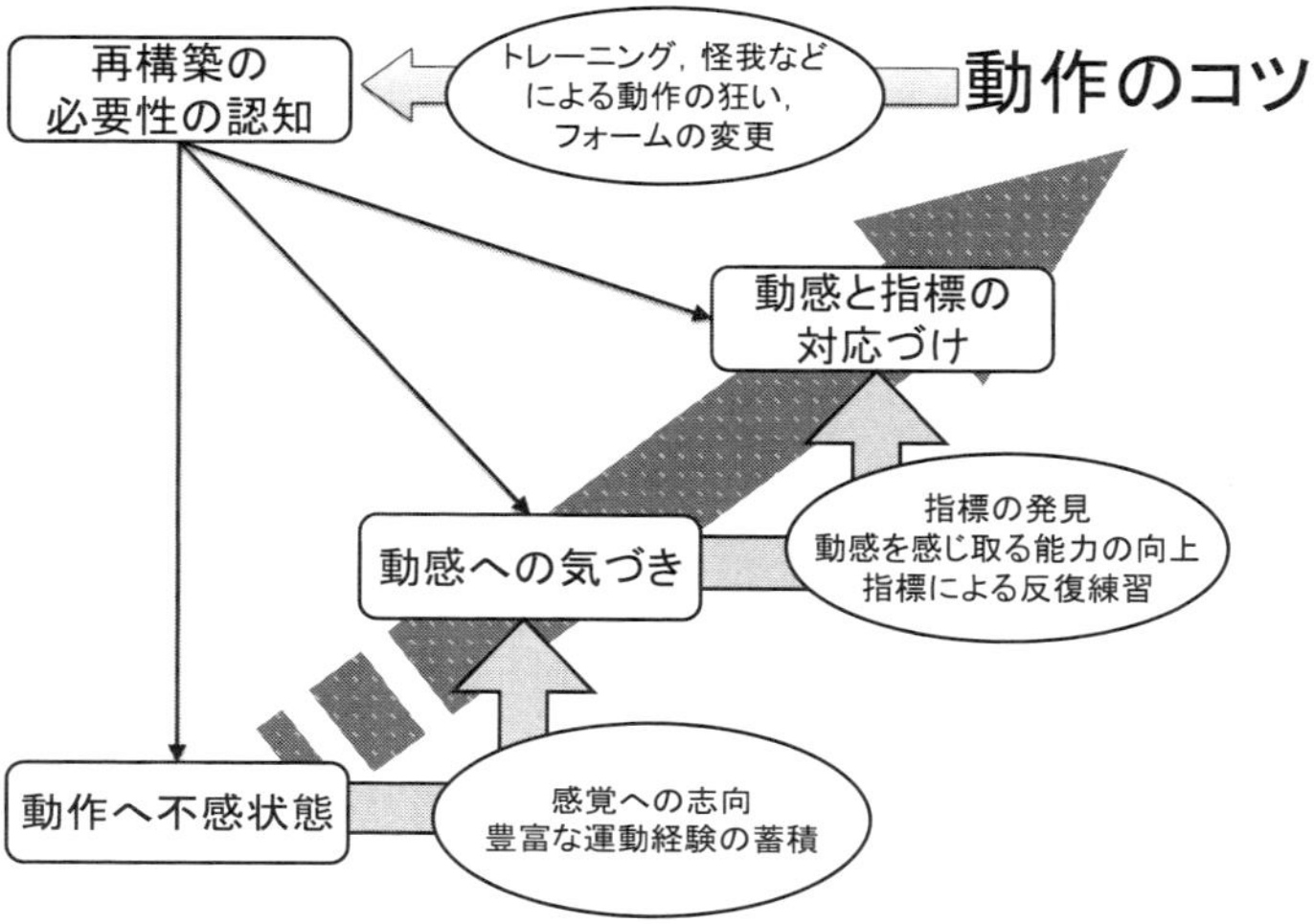

図１　動作のコツ習得過程における選手の知的協力（永山・北村、2010 を一部改変）

その指標と動感を対応づけて適切な動感を統合しながら探索することで選手は動作のコツを習得する。しかし、動作は一度動作のコツを習得して終わるものではない。けが、フォームの変更などの理由により、再度動感に意識を向けるところから、動作のコツを習得していくのである。本節では、動作のコツ習得過程における学習者の知的協力について明らかにしてきた。第一章で生田が説明している「わざ言語」を介した学びの到達状態である Achievement 状態、「なってしまう状態」について、本節では触れなかった。次節では、学習者の知的協力に加え、Achievement 状態に対する「わざ言語」の作用について触れていきたい。

3　スポーツ領域における暗黙知学習に対する「わざ言語」の作用

ここでは、前節で明らかにされた動作のコツ習得過程に対して、「わざ言語」がいかに作用するのか、暗黙知学習における「わざ言語」の有効性ついて検討していく。さらに、動作のコツの習得だけではなく、わざを習得した状態、つまり

図２　動作のコツ習得過程におけるわざ言語の作用

Achievementの状態に選手に達するときに、「わざ言語」が果たす役割とは何かについて明らかにしていきたい。図2は、スポーツ領域における動作のコツ習得過程における「わざ言語」の作用を示したものである。まず、左縦軸の熟達度の矢印は、選手の熟達度を示すものである。右縦軸の感覚の共有性は、選手と指導者間で感覚がどの程度直接的に、あるいは間接的に共有されているのかについて示している。矢印方向に進むにつれて熟達度が高く、直接的な感覚の共有がなされることを意味する。横軸の「わざ言語」が作用する感覚の幅は、「わざ言語」が作用する感覚の範囲を示したものであり、三角形の幅の広さが広いほどより多くの動作の感覚に作用することを意味する。以下、選手を初学者、熟達者に分けて、それぞれの動作のコツ習得過程、及びわざ習得に対する「わざ言語」の作用について論じていきたい。

（1）初学者の動作のコツ習得に対する「わざ言語」の作用

熟達度が低い選手の場合、指導者との間で使われる「わざ言語」の役割は、選手にいかに動感を感じ取らせるかということになる。この場合、「わざ言語」はポランニー（二〇〇三）

の言う遠位項としての役割を果たすことになる。前節で示した通り、動作のコツを習得するためには、まず選手が自身の動感を感じ取る「動感への気づき」が前提となる。しかし、初学者にとって動感を感じ取ることは容易ではない。例えば、器械体操競技における鉄棒で必要とされる「あふり動作」の感覚がわからない選手が、指導者から「あふり動作」の感覚を鉄棒の斜め上にサッカーボールをける感覚に喩えて指導されることで、「あふり動作」に必要とされる両足を揃えて振り上げる感覚とタイミングを身につけられるようになった事例が報告されている（永山ら、二〇〇九）。あふり動作とは、空中で体を反った状態から、その反動で両足を体が屈んだ状態になるまで同時に振り上げる動作である。「あふり動作」の指導についてこの事例の指導者は以下のように述べている。

鉄棒で順手後方車輪を行うためには、「あふる」感覚を身につけなくてはいけない。だが、両足をそろえた状態で「あふる」感覚を身につけるのは難しい。そのため、「あふる」ための「まち」のタイミングがサッカーボールを蹴る動作に似ているので、まずは片足ずつでも「あふり」の感覚を身につけさせるためにサッカーにたとえた。

（器械体操指導者の発話：永山ら、二〇〇九、三七頁より引用）

「あふり」動作の感覚をサッカーに喩えて伝えられた選手は、ボールがあることを意識することで、足を引いた状態から蹴り上げる位置の目標ができ、そのボールを蹴るためには、どの位置で体が反った状態から蹴り上げる動作に移行すればいいのかというタイミングを感じ取っていた。初学者の場合、このように指導者による「わざ言語」を遠位項として、近位項である個々の筋肉運動の動感を感じ取ることが動作のコツを習得していくことにつながる。「わざ言語」を動作遂行の指標として、動作を繰り返し遂行する中で、前節で示したように、選手の「動感と『わざ言語』が対応づけ」られる。そして、適正な動感と指標が結びついたとき、選手は個々の筋肉運動と遠位項の間で構成される包括的存在である動作のコツを習得するのである。結城氏は、この動感と指標を結びつける能力を自己観察力と表現している。

> やはり私は自己観察力が選手の競技力を決めると思います。感覚的事実をどのぐらい自分で作れるかわかるかということです。昨日と今日では感覚に違いがあっても、それが良いか悪いかわからない選手もいます。〔中略〕目標とする像に対して自分が照らし合わせて良いのか悪いのかを判断することも大事なのです（本書、三一七頁）。

また、七九頁の図2では、初学者に対して「わざ言語」が作用するとき、つまり動感への気づきを喚起する際は、「わざ言語」が広範囲の動作の感覚に作用することを示した。ただし、「わざ言語」を伝えられたすべての選手が動感を感じ取れるわけではない。前節で紹介したように、「わざ言語」が有効に作用するためには、選手が運動経験を有していることが必要である。

> 私が地域のクラブの子供たちを指導していたとき、ウォーミングアップは鬼ごっこでした。〔中略〕遊ぶ中で培われる材料が将来を広げて、それが近道〔なのです〕（本書、三三一頁）。

結城氏が指摘するように、「わざ言語」が作用する前提として、豊富な運動経験、場合によっては運動以外の経験を蓄積すること、そして自身の動作の感覚を感じ取ろうとする感覚への志向が必要となる。さらに、図2では、動感への気づきの段階では、選手と指導者の間で行われる感覚のやりとりが間接的になることを表している。これまでの運動学習研究で、初学者の場合は熟達者と比較して、動作を遂行する際に意識している内容とその結果として引き起こされた動作結果には「ずれ」が多いことが報告されている（麓、二〇〇〇、九三頁；北村ら、二〇〇五）。この段階の選手は、「わざ言語」を頼りに動作全体の感覚を統合的に感じ取るのであり、細部の動感までは必ずしも感じ取れるわけではない。したがって、初学者は指導者との間で「わざ言語」を通して間接的に感覚のやりとりをすることになる。この段階における「わざ言語」の有効性は、感覚を共有するために使われるよりも、指導者による「わざ言語」を通して選手の中で動感が一つのまとまりとして想起される点にある。図2で、初学者ほど「わざ言語」の作用する感覚の幅が広いのは、選手の個別の感覚について直接的に共有されているわけではないことも関係している。この点に関して、結城氏は次のように述べている。

〔感覚と動きに〕ずれがあってもいい。〔中略〕選手に「膝を曲げる」と言うと、面白いのですよ、相手が人間なので。膝が曲がっていない選手に、「膝曲げろ」と言うと膝が伸びる選手がいるのです。膝が伸びている選手に、「よし、膝が曲がっていていいぞ」と言うと、膝が曲がるのですよ（本書、三一八頁）。

結城氏のこの発話は、選手の動作と感覚のずれを端的に示しているものと言えよう。初学者の動作のコツ習得過程で「わざ言語」が有効に作用するかどうかは、指導者が選手の特徴を理解した上で、言葉を選択し、その言葉をたよりに動感を感じ取る知的な協力が選手に引き起こされるかどうかにかかっている。選手に運動経験が蓄積され、選手の経験に応じた「わざ言語」が伝えられたとき、選手は「動感への気づき」、「動感と指標の対応づけ」を行い動作のコツを習得していくのである。ところで、結城氏が指導する選手は、大学生が中心で、競技レベルが高い選手が多いにもかかわらず、選手の中で前述したような感覚と動きのずれが生じる。初学者だけではなく、熟達者にも感覚と動きのずれが生じるのだとすれば、初学者の学びと熟達者の学びに対する「わざ言語」の作用は同じものなのだろうか。次に、まず熟達者と初学者の学びに対する「わざ言語」の作用の差異について言及した上で、熟達者の学びに対する「わざ言語」の作用について説明する。

(2) 熟達者の動作のコツ習得に対する「わざ言語」の作用

スポーツ領域の熟達者は、特に動作の感覚に注意を向けることなく動作を遂行できる場合も多い。フィッツ(一九八一)は、認識の段階、定着の段階、そして自動化の段階の三段階に運動学習過程を分類している。この中でも自動化の段階に入った選手は特に意識して注意しなくても機械的・反射的に運動を遂行できるようになる(杉原、二〇〇三、四八頁)。指導者の中には、動作を自動化させることを最終目標として指導している指導者も多い。果たして動作が自動化した時点で、動作は完全に習得されたとみなすことができるのだろうか。動作が自動化することによって選手に生じる問題に関して結城氏の次の発話が注目される。

> でも、私は、ある意味でコーチは選手の中に生じる自動化との戦いだと思っています。というのは、自動化するからわざが狂うのですよ。
>
> 自動化して自分で意識しなくてもできることになるから、狂ったときに自分がどうやっていたのかわからない。そこをコーチはちゃんと筋道立ててもっていかなくてはいけない(本書、三二〇頁)。

前節で述べたように、動作のコツは一度つかんで終了ということはない。動作の自動化以外にも、けが、フォームの変更、そして疲労の蓄積などの要因が動作に狂いを生じさせる。動作の自動化によって動感を感じ取れなくなった場合、たとえ熟達者であったとしても、動作を再度構築していく必要がある。動作の感覚を再度感じ取ることから再構築していくという点では、熟達者も初学者と同様の学習過程を辿ると言える。しかし、熟達者と初学者とでは、感じ取る動感が異なり、熟練者の方がより繊細なものになっていく。そうして、習得された動作のコツは個人特有のものであり、限られた関係の中でのみ共有することが可能なものである。結城氏は、清水宏保選手との感覚についてのやりとりについて次のように述べている。

清水宏保選手には、「感覚を言葉にするな」と言っていました。「言葉にすると狂うから、感覚を言葉にするな」と。特に新聞記者、メディアに対して。「世界記録の感覚はどんな感覚でしたか」とか、「それは言葉にすれば、わからない人に、伝わるはずのない人に伝えようとすると、その言葉がおまえにとってうそだから、感覚は言葉にしようとするな」と(本書、三二三頁)。

清水選手の場合、オリンピックの金メダリストという競技実績から判断するのであれば、当時、世界で最も優れた選手であったと考えることができる。熟達の度合いが高まれば高まるほど、感覚は洗練されたものとなる一方で言語化することはよりいっそう困難になる。たとえ、他者にわかるように無理に言語化したとしても、自分にとって「うそ」の感覚であり、わざを狂わせてしまうことになりかねない。選手が熟達していく過程で、感覚を表現する言葉の選択は慎重なものになり、適切な言葉が見つかって初めて言葉として表現することが許される。選手の熟達度が高まると言語以外の方法で感覚を共有しようとすることも多くなる。しかし、熟達度が高まった中でも「わざ言語」は選手の学びに作用している。結城氏は、清水選手とのやりとりについて次のように述べている。

わざを習得していく中で、あるいはシリーズの前半では、清水選手との中でも、目指しているものを作り上げていく段階は必ずありました。〔中略〕その段階でいろいろやりとりをします。必要以上の言葉をしゃべらないで、会話になってないような会話というのでしょうか。「今日、ちょっと、……だよね」、「明日はちょっと、こうだね」と（本書、三二五頁）。

この発話に見られる結城氏と清水選手のやりとりは、両者の間に感覚の共有を保証する関係性があるからこそ成立するものである。この場合の関係性が成立するための条件は、選手の熟達度が高いこと、指導者が指導者として熟達していること、そして両者の間にわざ習得に向けた価値が一致していることが必要とされる。このような直接的な感覚のやりとりは、通常の動作のコツ習得過程のサイクルとは異なる経過を辿るものであり、一定の熟達レベルに達した学習者のみが達する過程である。図2に示したように直接的な感覚のやりとりが「わざ言語」によって行われ、感覚の共有が達成される。ここで言う感覚の共有とは、選手と指導者が直接的に相手の感覚を感じ取ることができる状態を意味する。いわば、より洗練された動作のコツ、あるいは暗黙知を習得するために、互いの感覚を感じ取りながらともに知的協力をしている状態である。この場合は、「わざ言語」は互いの感覚を感じ取るために利用され、両者以外には作用しない。仮に、他者に向けた言語化が行われるとそれは動作の感覚を狂わせることにつながる。その意味で、ここでの「わざ言語」は図2で示すように作用する感覚の幅は極めて狭いものになる。ここでの感覚の直接的なやりとりを通して、選手は、わざを習得した状態、つまりTask

の学びとは異なるAchievementの学びに至ることになる。初学者に対する「わざ言語」が幅広く動作の感覚に作用するのに対し、熟達者の場合、「わざ言語」を通した相互作用が非常に閉じた関係の中で行われるため、七九頁の図2では三角形の頂点に感覚の共有が置かれている。

以上、熟達者の学びに対する「わざ言語」の作用について説明してきた。熟達者が習得しようとする動作のコツは、個人特有の洗練された感覚への気づきに基づいている。「わざ言語」が、そうした熟達者の学びに作用するためには、指導者が熟達者の中の洗練された感覚を感じ取ることが必要とされる。それでは、優れた指導者はいかにして熟達者と感覚を共有しているのか。次に、選手と指導者の間で感覚が共有されるための前提となる関係構築について説明していくこととする。

(3)「わざ言語」の有効性を高める指導者と選手の関係構築

ここまで動作のコツ習得過程における「わざ言語」の作用には、選手の動感を喚起させること、動感を統合させる指標として作用すること、そして選手、指導者がともに一定の熟達レベルに達し、きわめて密接な関係性が構築された場合に限り、直接的に動感をやりとりする手段として機能することを説明してきた。それでは、こうした「わざ言語」のもつ作用力が発揮される背後にある選手と指導者の関係性はどのように構築されるのだろうか。

「わざ言語」は、言語である以上、そこになんらかの意味を帯びているわけであるが、その意味の受け取り方は、指導者と選手で必ずしも一致するとは限らない。「わざ言語」を指標として利用し、動作のコツを習得をするのは選手自身である。ただし、言語を通したやりとりを行う以上、「わざ言語」の使い方には一定の共通理解が必要である。お互いに同じ言語で全く異なる感覚を表現していては、「わざ言語」は当然のごとく選手の学びに作用せず、むしろ阻害することもありうる。

理論が先にあると言葉が一緒なので話し合いになります。残念なことなのですが、スポーツの世界では、例えば「膝を曲げる」と意識しても、その膝を曲げることの定義が最初にないので、話をしているようで、違うことを話していることがあります。そこには何も生まれないのです（本書、三一四頁）。

議論は、言葉の意味を共有するからこそ可能となる。結城氏は結城理論の勉強会を毎年行っている。そこでは、初めに共通で理解しておくべき、目指すべき感覚を表す言葉が確認される。共有する言葉の意味を示すことで、各選手の理解度を確認することができる。しかし、言葉の意味を共有したとしても、その言葉をもとに感覚を探索する過程は選手によって異なる。そこで、結城氏は、「技術討論会」や勉強会のほかに、「技術カルテ」という取り組みを選手との間で行っている。「技術カルテ」は、選手が練習の前に結城氏に提出するもので、そこには、日付、動きの留意点、練習で気をつけていること、及び自己評価・改善点が記録される。

その日の動きの留意点、練習で気をつけていることを、選手はまず書いてきて私に提出します。私は練習前に、選手が今日は何を意識するのかわかっています。練習が終わった後、私が「技術カルテ」に何か青で書いて返すときもあります。私が書いた内容を見た選手が、次の日はどんな感じで練習するのか、この自分の自己観察、自己評価、改善点を選手が赤で書いてきます。これを繰り返し、繰り返しやっていくのですね

（本書、三一四～三一五頁）。

この「技術カルテ」の中には、選手によって記述された動感を表現する感覚的な言葉が並んでいる。例えば、小平選手が二〇〇九年八月の合宿にて書いた「技術カルテ」（本書、三一五頁）には、「〝右の内踝に入る〟＝身体の真下で股関節がつぶれて、右の骨盤が効いているかんじ」というように練習の中で新しく発見した感覚についての記述が見られる。小平選手は「右の内踝に入る」感覚を「右内踝にスイッチが入る」と表現するようになり、二〇〇九年の九月の合宿の「技術カルテ」には、「右スイッチが決まりやすくなってきた。岡谷ショート、カルガリーの発見が継続した感覚の意識になっている」と書かれている。「右内踝にスイッチが入る」という表現はまさしく「わざ言語」であり、小平選手にとっては「右スイッチ」の感覚は、動感を感じ取る指標となっている。「技術カルテ」には、このように選手が動作のコツを習得するまでの過程が詳細に記述されている。結城氏は、選手がどのような意図をもって練習していて、動感をどのように感じ取っているのか、あるいは感じることができていないのか、そしてどのような感覚を指標として自身の感覚を観察しているのかについて確認した上で指導している。

熟達者だけではなく、動感を感じ取れない初学者に対する指導において使用される感覚的な言葉も、選手の意図、気づきを理解した上で、使用されて初めて有効に作用する。スポーツ領域における指導言語の研究では、場合によっては言語教示が学習を阻害することが報告されている。しかし、こうした指摘は指導者と選手の関係性が十分に構築されていないことによって引き起こされている可能性もあるのではないだろうか。このように言葉の意味、意図、そして気づきを共有していく過程で、選手と指導者はわざ習得に対する価値を同一化させることでさらに、関係性を密にしていく。

小平選手が滑っていると、彼女は今日どんなことを考えて、何をどういうふうにしようとしているのか、彼女との関係では今は手に取るようにわかります。どうしてかというと積み上がってきているからです。昨日までのことがあって、昨日話したことがこうで、彼女なら今日はここをこういうふうに意識しているということがまず前提にあって、それで彼女の姿を見て確認しています。彼女との間では、わざという目標達成に対して価値という意味ではまったく一致していると言いますか違和感はないのです（本書、三一〇〜三一一頁）。

言葉の意味、練習中の意図、そして感覚の捉え方を共有していく過程で、やがて指導者と選手は、わざ（動作）習得に向けての価値が一致していくことで、指導者は選手の思考を詳細に理解できるようになっていく。こうした関係が構築されることで、「わざ言語」の作用力は発揮され、選手と指導者間で感覚の共有が可能となる。選手との関係性が積み上げられ、感覚を共有している状態を結城氏は、「潜り込む」という独自の言葉で表現している。

私はよく選手の動きに「潜り込む」のです。見ていないですね。「潜り込む」のです。

「潜り込む」の私の中の定義は、私と選手の間の敷居を取り去り、自分でない選手を自分が動かそうとしながら見るのです。そうすると、自分で動かそうとするものには、彼女（小平選手）の感覚も入っている。例えば、今日は左の「はりつけ」はいいけれど、右の「はりつけ」は悪くなってきているから、右の「はりつけ」をしっかりやろうと彼女が思っているとします。そのときは右の「はりつけ」をしっかりしようと思いながら彼女を見るのです。そうすると、潜り込んでいて違和感があるときとないときとがあるのですよ。そこに生じる違和感が修正内容になるのです（本書、三二一頁）。

この「潜り込む」状態は、選手の意図を理解し、身体が動いているところを見るのではなく、今まさに身体をどのように動かしているのかという動感を感じ取ることができて初めて可能になるものである。そこには、どのような動作を目指し、その結果としてどのような状態になることを目指していくのかという、わざ習得に対する価値を同一化させることまでもが必要とされる。このように直接的な感覚の共有を実現するためには、指導者と学習者の間で動作（わざ）習得にむけての価値を共有することが求められるが、ここでは動作習得に対する価値に加えて、信念も共有されることが必要であることを指摘しておきたい。信念とは、「『……すべき、……するとよい』というように知識や行動を方向づける心理学的に価値づけられた認識」（秋田、二〇一〇、三三頁）である。信念の中でも、特に知識の性質、及び知識の獲得法に対する信念は、認識論的信念（epistemological beliefs）と呼ばれ、学習行動に影響を与えるものとして注目されている。学習者の認識論的信念を理解することは、その領域で学習者がどのように学習しているのか、またその領域の課題をどのように理解しているのかについて重要な視座を与えるとともに、学習を阻害する要因について明らかにし、指導の効果を高めることにつながる（Hofer, 2000, p.11）。暗黙知の学習では、むやみに暗黙知を形式知化するのではなく、学習者の認識論的信念を育成し、やがて共有できるようになることが学びを深めるのである。「わざ言語」は、指導者と学習者の間で価値と信念が共有されているかどうかによって、その役割が異なる。熟達者と指導者の間に見られる「わざ言語」を通した直接的な感覚の共有が成立するためには、選手と指導者が互いの動作習得に対する価値、信念を理解し、共有するような関係性を構築することが条件としてあげられると言えよう。選手との関係性がこのように密接になったとき、感覚は「わざ言語」を介して直接的に共有される。結城氏は、清水選手、小平選手との感覚の共有について次のように述べている。

私は彼の姿は他者観察するしかない。ですから彼の外から彼を見ています。ただ、そこで問題なのは、私の中にも自分の運動経験から培われた私固有の自己観察がある。清水選手には彼固有の自己観察がある。私の中にはさらにもう一つ、私の自己観察をベースにした清水選手の自己観察がどうかという想像があると思うのです。人にものを伝えたり、相手がどのくらいわかっているかを考えたりするのと一緒だと思うのです。小平選手を対象にしたときには、彼女の頭の中（自己観察）について、「技術カルテ」などのやりとりをヒントとして知ることはできる。清水選手とは会話や最小の身振りで知る程度でした。三つの自己観察を、どこかで擦り合わせるような作業を自己観察によって行っている（本書、三三二頁）。

感覚の共有は、ときに多分に非言語的な活動であり、通常の明示的な形式知としての言語を利用することはできないことも多い。それはときに言葉でないような言葉で表現される。この場合に用いられる言語も感覚的な言語という意味で「わざ言語」の一つと考えることができるであろう。七九頁の図2における暗黙知の共有化はこのような関係が築かれて初めて実現するものである。感覚を直接的にやりとりできることで指導者は表現すべき感覚を選手にとって一番適切な言葉で表現することができるようになる。

小平選手の自己観察と私の中にある想像の小平選手の自己観察が、かなりの部分で一致していると言えるかもしれません。ですから、彼女の動きが狂ったときも、彼女の言葉で伝えやすい。通訳できるような感じというのでしょうか（本書、三三二〜三三三頁）。

「彼女の言葉で伝えやすい」、「通訳できるような感じ」というのは、まさしく意図、言葉の意味、そして感覚を共有しているからこそ達成できる状態といえよう。こうした指導者との関わりを通して、選手は「自ずとそうなってしまう」状態に達する。

小平選手は、もうずっと三年も四年も「はりつけ」という言葉でピンときていたのですが、あるとき「はりつけじゃなくて先生、はりつかれですね」と言い出したのです。

「はりつけ」というと自分でやっているが、そうではなくて何かにスケートが力を受けてはりつけられる感じだという、受動的な感覚があると言ってきたのです（本書、三一九頁）。

この「はりつけ」と「はりつかれ」のやりとりは、第一章で生田が引用しているように、自ずとそうなってしまう表現である。「はりつかれ」はまさしく「わざ言語」であり、小平選手がAchievementの状態に達したときの感覚を指導者である結城氏に説明している場面といえよう。

本節では、「わざ言語」の動作のコツ習得過程に対する有効性について検討してきた。その結果、動作のコツ習得過程における「わざ言語」の作用には、一、動感への気づきを促すこと、二、動感を統合する際の指標となること、三、感覚を共有する際の媒体としての機能があることが明らかとなった。そして、そうした「わざ言語」の作用は、指導者と選手の間で、言葉の意味、選手の意図、動感の感じ方が共有されることで、動感への気づきを促す作用と指標としての機能が有効性を発揮し、動作（わざ）習得に対する価値、信念の同一化が行われることで感覚の直接的な共有するための表現手段として有効になることが明らかとなった。

本稿で明らかになった動作のコツ習得過程における選手の知的協力および「わざ言語」の作用は、これまでの暗黙知研究とは異なる視点を提供する。暗黙知の学習モデルの代表的なものとして、ノナカ・タケウチ（一九九六）が提唱したＳＥＣＩモデルがあげられる。ＳＥＣＩモデルでは、内面化、表出化、連結化、そして共同化の四つのサイクルを辿ることで知識創造が行われることが説明され、暗黙知の学習モデルとしてビジネスの領域を中心に幅広く支持されている。ＳＥＣＩモデルは暗黙知と形式知の相互作用を通して知識創造のあり方を説明したものである。ただし、組織の中での知識創造のあり方を説明したＳＥＣＩモデルは知識を創造するばかりでなく、組織の中で暗黙知をいかに共有するかという視点も含まれており、暗黙知の学習にも密接に関連するものである。

ここで、本稿の結果から明らかになった知見とこのＳＥＣＩモデルを比較しながら暗黙知の学習について考察していきたい。

まず、暗黙知から暗黙知への変換をはかる共同化の過程について見ていく。ノナカ・タケウチ（一九九六）では、この共同化の過程で鍵となるものとして共体験があげられている（同前、九三頁）。暗黙知の学習において体験を共有することの重要性は否定しない。ただし、そこには体験をどのように共有するのかという視点が抜けてはいけない。スポーツ領域の場合であれば、練習中の意図、新しい発見、感覚への気づき方、そして動作習得に対する価値、信念の同一化がはかれて初めて、暗黙知の共有が可能であった。ＳＥＣＩモデルにおける共同化の過程は、暗黙知を形式知化することなく、直接的にやりとりする段階である。スポーツ領域において、暗黙知を直接やりとりする学びを論じるのであれば、その文脈においていかなることを共体験することが求められるのかについて十分に検討していくことが今後求められるであろう。

表出化は、暗黙知を形式知に変換するプロセスであり、しばしばメタファーやアナロジーを使いながら行われる（同前、九六頁）。「わざ言語」にはメタファーとしての性質が含まれることから、「わざ言語」も暗黙知を表出化するための作用があると考えることができよう。本稿でこれまで検討してきたように、「わざ言語」を用いて言語化された暗黙知が学習者にとって意味あるものとして作用するためには、暗黙知を形式知として表出化するだけではなく、学習者の知的協力が不可欠である。動作のコツ習得過程における選手の知的協力には、幅広い運動経験を蓄積しその経験をもとに「わざ言語」を意味づけること、感覚への意識を高めること、そして、動感を感じ取る能力を高めることなどがある。こうした学習者の知的協力を無視して暗黙知の表出化を考えることはできない。学習者の知的協力を無視した暗黙知の表出化は、「背後にある暗黙知とは関係の薄い、大雑把な概略、精神的指針のようなもの」（福島、二〇一〇、二四頁）をうみ出すに過ぎない。ポランニーも、知的協力を無視した表出化の危険性について指摘している。すなわち、「暗黙的認識をことごとく排除して、すべての知識を形式化しようとも、そんな試みは自滅するしかない」（ポランニー、二〇〇三、四四頁）。今後の暗黙知の言語化、伝達に関する研究では、暗黙知をいかにして表出化するのかについて探るだけに留まらず、表出化された言葉を学習者がどのように意味づけているのか、どのように意味づけの過程を考慮して言葉を選択し伝えればよいのか、そして、言葉が学習者にとって意味のあるものとして作用するために学習者はどのような準備をする必要があるのかについて検討することが求められるといえよう。

最後に、連結化と内面化のプロセスを通して暗黙知の学習について検討したい。連結化とは、異なった形式知を組み合わせて新たな形式知をつくりだすプロセスである（ノナカ・タケウチ、一九九六、一〇〇頁）。連結化では、形式知を結合するだけではなく、前提としての分割、分析を含み、表出化された概念を操作的に再構成していく（野中・紺野、二〇〇三、五九頁）。この連結化をスポーツの場面で置き換えるとすれば、選手同士が動作について教え合う場面で、自身の感覚を表現し合う場面などが想定される。形式知を連結化させるためには、そもそもその形式知がどのような意味を有しているのか、換言すると、形式知の意味づけ方が共有されていなければならない。例えば、結城氏は、結城理論の勉強会、「技術討論会」、そして「技術カルテ」を通して意味の共有化をはかっていた。形式知を暗黙知へ体化する内面化（ノナカ・タケウチ、一九九六、一〇二頁）を通して選手が暗黙知を理解するためには、形式知である言葉の意味を共有する関係性が前提となる。従来、スポーツ領域における指導言語に関する研究では、指導者と選手の関係性が無視されることが多かった。ただし、実際の指導場面で言葉が選手にとって意味あるものとして作用する背後には、指導者と選手との密接な関係性が構築されていることを忘れてはならない。今後は指導者と選手の間にどのような関係性が築かれているときに、言語がどのように学びに作用するのかという視点から暗黙知の学習について検討する必要があるのではないだろうか。スポーツ以外の領域でも暗黙知の学習について検討する際は、指導者と学習者が相互作用の中で互いの経験や課題をどのように意識しているのかを確認する必要があるだろう。

本稿で明らかになった知見とSECIモデルを比較しながら暗黙知の学習について考察すると、暗黙知の学習において欠くことができない一つの前提が浮かび上がる。それは、暗黙知を共有するためには、共有を目指す者の間で非常に密接な関係性を構築するべきという点である。感覚を共有するために必要とされる関係性は、伝統芸能、スポーツ、そして看護の領域それぞれに固有なものかもしれない。この点を無視することなく学びの場をつくり上げていくことが暗黙知の学習では重要だといえる。

4　まとめと今後の課題

本稿では、スポーツ領域の実践家に対するインタビューを通して、一般的に暗黙知の一種と言われる動作のコツの習得過程及びわざの到達 Achievement 状態に対する「わざ言語」の作用について検討してきた。その結果、以下の点が明らかにされた。

① 暗黙知の一種である動作のコツ習得に必要とされる選手の知的協力には、「動感への気づき」、「動感と指標の対応づけ」、及び「再構築の必要性の認知」があること。

② 動作のコツ習得過程における「わざ言語」の作用は、動感への気づきを促進すること、動作遂行の指標となること、動感を統合させながらコツ習得へ向かわせること。

③ 「わざ言語」の作用が十分に発揮されるためには、学習者自身が感覚への意識を高めること、運動経験を蓄積させることが必要であること。

④ 学習者の意図、言葉の意味、そして感覚への気づきについて学習者と指導者が共有することを保証する関係性が「わざ言語」の有効性を高めること。

⑤ わざの到達状態に達するためには、指導者と学習者の間でわざ習得に対する価値、信念が同一化され、直接的な感覚のやりとりが行われる必要があること。

また、上記の「わざ言語」による感覚の共有を通した学びにおいて、初学者と熟達者では、ときに異なる性質の感覚の共有が行われる。そして、感覚の共有のあり様によって「わざ言語」の果たす役割が異なることが明らかとなった。まず初学者の場合、指導者と直接的に感覚を共有するのではなく、「わざ言語」を通して間接的に感覚を共有することによって学習が行われる。初学者は、個々の筋肉運動の動感を直接的に感じることができず、動作全体の感覚を漠然と感じ取りながら動作習得に向けて練習をする。こうした選手に対して指導する場合、指導者は個々の動感について選手に気づかせるよりも複数の動感を統合的に感じ取らせることを目的として「わざ言語」を利用する。選手は、「わざ言語」を指標として動作遂行を繰り返し、目的とする動作に必要な動感を従属的に感じ取ることができるようになっていく。選手が指導者の意図した動感を感じ取ることができるようになるという意味では感覚を共有していると言える。しかし、選手は個々の筋肉運動を感じ取ることができるわけではないという点では間接的な共有である。初学者の感覚の共有を通した学びにおける「わざ言語」の作用は、感覚を「わざ言語」に従属させる形で喚起させ、間接的な共有を可能にすることにある。それに対して、熟達者は初学者に比べて動感の感じ取り方が精緻化されていることから、指導者との間で直接的な感覚の共有を通した学びが行われるようになる。この直接的な感覚の共有は、動作（わざ）習得に対する価値、信念を共有することによって可能となる。熟達者は、指導者と直接的な感覚の共有を通して、それまでのTaskの学びとは異なるAchievementの学びに至る。熟達者の感覚の共有を通した学びにおいて「わざ言語」は、感覚を直接的にやりとりする際の媒体として機能する。ここで用いられる「わざ言語」は、非常に閉じられた関係性の中で初めて有効性を発揮するものであり、万人にとって有用なものではない。こうしてみると、私たちが暗黙知だと考えているものは、限られた関係性の中では暗黙知ではないこともあり得るのではないだろうか。わざ習得に対する価値、信念を共有すること、それがわざ世界へ潜入することであり、それによって言語化できないはずの暗黙知が「わざ言語」を通して共有できるようになるとは考えられないだろうか。暗黙知を無理に形式知化して幅広く共有するよりも密接な関係性が築かれた閉じられた関係の中で、「わざ言語」は暗黙知を伝え合う媒体となりうるのでである。

今後の課題としては、感覚を共有、つまり「わざ言語」で直接感覚をやりとりすることが、学習者がわざの到達状態に進むためにどのように作用しているのかについてさらなる検討が必要である。また、本稿では初学者、熟達者という便宜的な分類をした上で、「わざ言語」の作用について論じたが、熟達レベル、また指導者と学習者の関係性について様々な状況を想定した研究成果を蓄積する必要がある。

最後に、スポーツ心理学領域で「わざ言語」研究を行う意義について触れておきたい。「わざ言語」を通した学びには、前提として感覚の共有がある。スポーツ心理学領域における運動学習研究は、学習者のみに焦点が当てられることが多く、非常に閉じられた条件で学びについて検討されることが多い。しかし、私たちが学習する際に、他者との相互作用は無視できないものであり、相互作用を前提とする「わざ言語」を通して学びについて考究することは、運動学習研究に新たな視点をもたらす可能性がある。そして、学習者、指導者双方の主観的な意識から学びのあり様について研究成果を蓄積することが、現場へより多くの還元をもたらすことにつながるであろう。

引用文献

秋田喜代美（二〇一〇）、「学習過程と学習成果の質」、秋田喜代美・藤江康彦、『授業研究と学習過程』、二九～四〇頁、財団法人放送大学教育振興会。

ブランスフォードほか：北田佳子訳（二〇〇九）、「学際的学習科学の基礎と好機」、ソーヤー：森敏昭・秋田喜代美監訳、『学習科学ハンドブック』、培風館、一五〜二九頁。〔Bransford, J. D. et al. (2006) Foundations and Opportunities for an Interdisciplinary Science, in Sawyer, K.. (ed.), *The Cambridge Handbook of Learning Science*, Cambridge University Press, New York.〕

ブランスフォード・ブラウン・クッキング：森森敏昭・秋田喜代美監訳（二〇〇二）『授業を変える―認知心理学の挑戦―』、北大路書房、〔Bransford, J. D., Brown, A., & Cooking, R. (eds.) (2000) *How people learn*, National Academy Press, Washington.〕

フィッツ：関忠文訳（一九八一）、『作業と効率』、福村出版、〔Fitts, P. M., Posner, M. I. (1967) *Human Performance*. Cole Publishing, Brooks.〕

藤本昌央・信迫悟志・藤田浩之・山本悟・森岡周（二〇〇九）、「レトリック言語が歩行運動イメージに及ぼす影響―fNIRSによる検討―」、『理学療法科学』、二四号（四）、四九三〜四九八頁。

福島真人（二〇一〇）、『学習の生態学―リスク・実験・高信頼性―』、東京大学出版会。

麓信義（二〇〇〇）、『新しいスポーツ心理学入門―上達のための必要条件―』、春秋社。

樋口貴広（二〇〇八）、「知覚の顕在性、潜在性と身体運動」、『身体運動学―知覚・認知からのメッセージ―』一七〜七六頁、三輪書店。

樋口貴広・門馬博・渡辺基子・今中國泰（二〇〇六）、「身体状態の意識化・イメージ化―運動イメージの正しい理解に向けて―」、『認知運動療法研究』六号、八一〜九七頁。

Hofer, B. K. (2002) Personal epistemology as a psychological and educational construct-An introduction-, in Hofer, B. K. & Pintrich, P. R. (eds.) *Personal Epistemology-The Psychology of Beliefs about Knowledge and Knowing-*, Erlbaum, New Jersey. pp.3-14.

生田久美子（二〇〇七）、『「わざ」から知る　新装版』、東京大学出版会。

今井むつみ（二〇一〇）、『ことばと思考』、岩波新書。

北村勝朗・山内武巳・高戸仁郎・安田俊宏・奥津光晴・齊藤茂・永山貴洋（二〇〇五）、「スノーボードロングターンカービングを対象とした動作意識の定性的分析」『東北体育学研究』二三号、二三〜三〇頁。

永山貴洋・北村勝朗（二〇一〇）、「動作のコツ習得過程における身体知の働きの質的分析―高等学校女子バスケットボール選手を対象として―」、『教育情報学研究』、九号、三三～四四頁。

永山貴洋・北村勝朗・齊藤茂（二〇〇九）、「暗黙知習得過程における学習者の知的協力に対する教育情報の作用の質的分析―器械体操選手の動作のコツ習得過程を対象として―」、『教育情報学研究』、八号、三一～四〇頁。

野中郁次郎・紺野登（二〇〇三）、『知識創造の方法論―ナレッジワーカーの作法―』、東洋経済新報社。

ノナカ・タケウチ：梅本勝博訳（一九九六）、『知識創造企業』、東洋経済新聞社。〔Nonaka & Takeuchi. (1995) *The Knowledge-Creating Company*, Oxford University Press.〕

野家啓一（二〇〇三）、「「情報内在」としての人間」、伊藤守他編、『パラダイムとしての社会情報学』、早稲田大学出版部、六九～九八頁。

Masters, R. S. W. & Maxwell, J. P. (2004) Implicit motor learning, reinvestment and movement disruption, in Williams, A. M. & Hodges, N. J. (eds.) *Skill Acquisition in Sport*. Routledge, New York. pp.207-228.

ポランニー：高橋勇夫訳（二〇〇三）、『暗黙知の次元』、ちくま学芸文庫、〔Polanyi, M. (1966) *The Tacit Dimension*. Reprinted Peter Smith.〕

杉原隆（二〇〇三）、『運動指導の心理学―運動学習とモチベーションからの接近―』、大修館書店。

第四章

「文字知」と「わざ言語」——「言葉にできない知」を伝える世界の言葉

川口陽徳

はじめに

「わざ」の世界の師匠たちは、実践の場のなかに弟子を放り込み、徹底的な模倣や共同生活を通して、身体から身体へと「わざ」が伝わっていくことの重要性を強調する。

こういった強調は、しばしば、継承における言葉への拒否と併せてなされる。「わざ」は言葉にできない。だから体得するしかない。学びに書物は要らない。見習え。盗め。例えば、伝統芸能の芸談をひも解けば、このような語りを、そこここに見つけることができる。

しかし、実際のところ、「わざ」の継承の場面に言葉が登場しないわけではない。というよりもむしろ、様々な言葉が巧みに用いられ、学びにおいて重要な役割を果たしている。

例えば、口伝や伝書は、「わざ」の継承の終盤に与えられる重要な言葉である。外部には秘され、内部でも限られた者しか知ることが出来ないという形式でありながら、多くの世界がそれぞれの口伝や伝書を大切に受け継いできた。

あるいは、指導の場面でも、「天から舞い降りる雪を受けるように」（日本舞踊）や「目玉のウラから声を出しなさい」（声楽）といった独特の言葉かけがなされている。生田久美子が「わざ言語」と名づけたこういった特殊な比喩表現は、継承において、体現するイメージを効果的に伝える役割を果たしている。

本稿は、「わざ」の継承に登場するこういった言葉に着目し、なかでも、「文字知」と「わざ言語」に焦点をあてた考察を行う。体得を目的とする世界において、「文字知」や「わざ言語」がどのように位置づけられ、どういった役割を背負うのか。なぜ体得ばかりが強調され、言葉による指導が語られないのか。「言葉にできない知」を伝えるための言葉への工夫を読み解き、「わざ」と言葉の関係を探ってみたい。

具体的な考察は、宮大工の師弟関係を読み解くことから始まる。取り上げる西岡常一は、言語化の困難性ではなく言語化自体を問題視し、継承における「文字知」の使用を徹底的に拒否する態度を示した人物である。なぜ拒むのか。本稿の第一部では、この問いを出発点に、「わざ」の継承を妨げる「文字知」の陥穽を考察する。[1]

その考察を受けて、第二部では、スピードスケート、創作和太鼓、歌舞伎の指導実践を取り上げ、それぞれの師弟関係のうちに、陥穽を避ける言葉の可能性、指導の工夫、そして「わざ言語」の役割を読み解くことを試みる。

なお、「わざ」という概念は、いまだ明確な定義を得ないまま、多様な意味で用いられている。[2] 本稿では、西山松太郎に従い、「肉体を用いて、踊ったり、演じたり、画いたり、嗅いだり、味わったり、話したり、弾いたり、等々、体の全体または一部をはたらかすことによって、文化価値を創りだすとか、または再創造するとかをする、そのはたらき」（西山、一九七二、五八五〜五八六頁）[3] とゆるやかに定義しておく。

また、本稿で「文字知」と呼ぶものは、書物に書きとめられた「知」を意味している。それは、状況から切り離され、いつどこででも読み返し得る反復可能性を帯びたものであり、その性質を共有するという理由で、描かれた絵や図も、「文字知」と同等のものとして位置づけられる。

1　「文字知」の陥穽――「わざ」と「言葉」の困難な関係

（1）「思考」を妨げる「文字知」

まず、考察の対象となるのは宮大工西岡常一と、その内弟子小川三夫の師弟関係である。西岡は、「文字知」を用いない態度を一貫して示し、「文字知」への拒否感を繰り返し語っている。「技は数値ではあらわせません。文字で本にも書き残せませんな。それは言葉にできないからです」（西岡、二〇〇一、六頁）、「じいさんは本を読むことを非常にきらった。ものを書くのも好きではない」（西岡、二〇〇五、二六頁）。

では、なぜ「文字知」を拒むのか。問題視されるのは丸暗記である（西岡、一九九一、二三〇頁）。西岡が、そ

（1）陥穽をめぐる考察の一部は、拙稿「『文字知』の陥穽――宮大工の継承における書物」（川口陽徳、二〇一〇「人間形成における『超越性』の問題」、京都大学ＧＣＯＥ〈心が活きる教育のための国際拠点〉研究開発コロキアム論文集）と重なる。「文字知」の陥穽に関する先行研究はこちらを参照されたい。

（2）例えば、国際高等研究所のプロジェクト「わざ学」では、音楽学や生物学、哲学など幅広い分野の研究者が、各々の定義で「わざ」を扱っている（代表者山口修、報告書「わざ学」、国際高等研究所、二〇〇〇）。

（3）これは芸道の「芸」についての説明である。金子明友は「芸」を「わざ」と読み、西山の説明を「わざ」の意味として引用する。本稿はそれに従う［金子、二〇〇二『わざの伝承』、明和出版、四〇二頁）。本稿に登場する「わざ」は、さしあたりこの定義に沿って読まれてよいが、本稿を通じてこの定義に収まりきらないことが明らかになる。そもそも、「わざ」という言葉は、それ自体が明確な規定をもって用いられ始めたものではなく、その意味内容を問うことが「わざ」研究の課題である。

れでは分かったことにならないと言うのは、丸暗記が頭での理解を目指すからである。しかし、宮大工の「知」は体得すべきもので、「できるかどうか」が重要となる。「教科書に書いてあるような木はないんやから、もしかしたら真ん中は使えないかもしれない。外側の白太を外したら予定通りの寸法を取れないかもしれない」（小川、二〇〇一a、一四〇頁）。そう小川がいうように、その仕事は「一回性」を帯び、教科書を離れ、その場で考え、臨機応変に振舞うことが求められていた。

しかし、与えられた事実だけを丸暗記した者にはそれができない。それゆえ西岡は、「丸暗記した方が早く、世話はないんですが、なぜと考える人を育てる方が大工としてはいい」とし、応用の効かない丸暗記を、「後がない」、「新しいものに向っていけない」と評した（西岡、二〇〇一、一〇六頁）。

つまり、弟子を丸暗記に誘い込み、「思考」を停止させる危険性の回避のために「文字知」が拒まれたといえる。いかにして「考える人」を育てるか。「文字知」の拒否は、弟子に「思考」を促す工夫として理解できる。

『師匠の思考』の『思考』」と「痕跡を読み解く目」

しかし、書物という重要な伝達手段の放棄はただごとではない。そうまでして守る弟子の「思考」とは何か。ここで、思考の内実と併せて考察するのは、西岡が、「一切の我執（自分の考へ、自分の信ずる事）は一切捨てさり、心を空にして指導教示を受け入れる様に」（小川、二〇〇一b、五五頁、括弧内は原文）とする学ぶ者の心得である。一方で「思考」を重視し、一方で「心を空にせよ」というこの矛盾は、どう理解されるのか。

「直接、わかりやすくものをいうということはないんだな。簡潔だが、遠まわしだ」（同前、七二頁）。小川がこう述べるように、師匠は自分の考えを明確には伝えない。例えば、カンナのかけ方を伝える際も、一度だけカンナをかけて見せ、その一枚のカンナ屑を渡すことしかしない（小川、二〇〇八、三〇頁）。そうした場合、弟子は

「なぜこのような屑がでるのか」と考えることになる。「これも一つの教え方には違いないんだ。それだけやから自分で工夫しなくちゃなんないわな」（小川、二〇〇一b、一〇三頁）。このように、教えないことも「考える人」を育てるための「一つの教え方」なのである。

では、この「思考」を通して弟子は何を習得するのか。小川は、先の引用に続けて、「手取り足取り教えてくれたら、そこから先、感じるものが違う」と述べているが、この「感じるもの」とは何か。

カンナのかけ方を学ぶ弟子の「思考」は、小川が「それ（師匠の鉋屑《かんな》）を窓ガラスに貼っておいて、それと同じような鉋屑が出るまで自分で削って、研究しなければあかんのや」（同前、一〇二頁、括弧内は引用者補足）と言うように、自らの削り屑と師匠のそれを見比べながら進められる。角度や滑らす速さが問題なのか、力具合や立ち位置が悪いのか、カンナの台や刃の研ぎが甘いのか。それは、様々な「思考」と調整を繰り返し、自らの削り屑を手本である師匠の屑に近づけていく作業である。

この作業から体得されるのは、カンナ屑に隠されたメッセージを「読み解く目」である。「カンナくず見て、刃物が〇・〇一ミリぐらいカーブしとると言いましたやろ……あれぐらいの細かいことがわからんと、すぐカンナくずに表れるんですわ」（西岡、一九九一、六一頁）。西岡が言うように、カンナのかけ方の問題点もコツも、すべてカンナ屑の上に表れる。つまり、弟子のカンナ屑を「未熟なわざ」の結果と見るなら、師匠のそれは「わざの痕跡」であり、「カンナのかけ方」に関する「師匠の思考」の集大成と言える。

この解読作業における弟子の「思考」は、「自分なりの思考」ではない。いかにしてカンナ屑から師匠の身体運用や刃の具合を読み解くか。いかにして手本の背後にある「師匠の思考」を読み解くか。この「思考」は、『師匠の思考』を『思考』する」という営みである。西岡や小川の聞き書きを手掛けた塩野米松も、徒弟制度を論じるなかで「師匠から技を学ぶには、まず、自分勝手に考えることをやめなくてはならない」（塩野、二〇〇八、二三二頁）と指摘している。

「思考」をこう理解したとき、先に指摘した、「思考」と「心を空にすること」を同時に求める西岡の矛盾が解消される。「師匠の思考」の「思考」は、「自分なりに考えること」から離れることで可能となるからである。

さらに、「感じるものが違う」という小川の言葉も明確となる。教えられた場合は教えられたことしか理解できないが、「師匠の思考」を「思考」し、「読み解く目」を習得した弟子は、「わざの痕跡」から膨大な情報を読み取ることができる。すなわち、「感じるもの」とは、一枚のカンナ屑の雄弁な語り、そのメッセージなのである。

以上のことから、教えず、「文字知」も与えない西岡の狙いは、「わざの痕跡」を前にした「思考」と「読み解く目」の体得にあったと言える。それは小川が「そういう鉋屑を削れるようになるのは技術以前の話」（小川、二〇〇八、三〇頁）と言うように、継承の初期の段階に体得しなければならないものであった。

（2）「わざ」としての「思考」

「見るを見習う」という「わざ」

この「わざの痕跡」を前にした「思考」は、たんなる学びの方法にとどまらない。ここでは、「師匠の思考」の「思考」が、「わざ」そのものであることを指摘する。それは同時に、「文字知」による「思考」の停止が、いかに重大な問題であったかを確認する作業でもある。

例えば、西岡は、「クギは自分の位置によって、いろんな角度から打つ。法隆寺のクギ穴を調べていくと、体をよじりながら打ったと思われる穴も見つかる。ということは、建造中の足場がよくなかったのだろう」（西岡、二〇〇五、四九頁）と、クギの穴という「わざの痕跡」から先人の思考や状況を読み取ることについて語る。「かつての工人たちと、クギ穴を通して私は対話する」(同前、同頁)とも言う西岡が、ここで「わざ」として行っているのは、「先人の思考」の「思考」である。

そもそも、法隆寺大工の仕事は新たな建物の建立ではない。その役割は、修理と解体、すなわち法隆寺の維持(再現)にある。外見はもちろん、技法、構造、建築を支える思想を含め、建立当時の法隆寺にいかに近づくか。時代の制約もあるなかで、法隆寺大工にはその実現が求められていた。

とはいえ、参考になる図面や技法の記録はほとんど残されていない。(4) 現存する法隆寺に臨み、先人と対話をする以外に、古《いにしえ》の法隆寺を知る手がかりはない。そこで、西岡が「昔の人の技や考えを読み取れないような人がなんぼやったって、そんなのは破壊工事だ」(小川、二〇〇一a、一七四頁)と言うように、「先人の思考」を遡及的に読み取る「見る目」の体得が不可欠となる。

そして、「見る目」を体得した者の前では、法隆寺は雄弁に語りだす。一つのクギ穴が足場の悪さや身体のねじれを伝えるように、残された「痕跡」が背負うそれぞれの状況が見えてくる。「私にとって法隆寺は何をするにもお手本ですわ。わからんことが起きましたら、法隆寺の境内を見に歩きますわ」、「すべての基礎があすこにありますのや」(西岡、二〇〇一、三五頁)。西岡が述べるように、宮大工の仕事は、残された「痕跡」の背後にある「先人の思考」の「思考」によって行われていた。

つまり、「思考」は、たんなる学びの方法ではなく、それ自体が停止させるわけにはいかない「わざ」なのである。「西岡の痕跡」を前にしたときの小川と同様、西岡も「先人の痕跡」を前にして、先人の思考を読み解こ

(4) 法隆寺大工には口伝がある。また、西岡の家には、法隆寺に所属した江戸期の工匠平政隆による技術書『愚子見記』が伝わっていた(DVD「西岡常一社寺建築講座」第一巻第六章、株式会社アーキメディア)。

うとする。それができなければ、宮大工としての仕事を果たすことはできない。

そう考えたとき、「わざ」の継承における複雑な学びの構造が浮かびあがる。弟子が追い求める師匠の「思考」が、さらに先人の思考に向かっていること。この事態が示すのは西岡の弟子である小川が「先人を師匠、西岡を弟子とした師弟関係そのもの」を見習っているという、「三者関係の学び」の構造である(5)。つまり、弟子は、師弟という「二者関係」ではなく、「師匠と先人の関係」に関係していることになる。

この「関係に関係する学び」のなかでは、「師弟関係そのもの」が模倣の対象となっており、小川は、「西岡が先人から見習うその仕方」を見習っていることになる。そういう意味で、「見習う」とは、師匠が見ているものを見ようとすること、すなわち「見るという『わざ』」の模倣である。それは、「見て習う」と同時に「見るを習う」という意味も含み込む、いわば、「見るを見習う」活動であると言い換えられる。

それゆえ、「見るを見習う」ことができない弟子は、先人との対話ができない。学ぶこと自体が「わざ」であるため、師匠から学べない者は「わざ」を使えない。「文字知」が「思考」を停止させ、「見る目」が育たないという事態は、かくも致命的な出来事なのである。

(3) 宮大工としての思考様式

ここまで、あるべき弟子の「思考」が、「自分なりの思考」ではなく「師匠(先人)の思考」の「思考」であり、「わざ」そのものであることを指摘してきた。しかし、「自分なりの思考」の放棄や「空になること」を、意識的に目指すには、逆説的な困難性が伴う。ここでは、その困難性を乗り越える工夫を考察し、ふたたび「文字知」の陥穽を問う。

まず、「自分なりの思考」では理解できない師匠の言葉を、「師匠の思考」の「思考」によって理解していく場面から見ていく。

小川が、西岡は「納屋にある削り屑や道具を通して学ばせよう」という意図があっても、「納屋の掃除をしろ」という言い方にとどめてしまうと語り（小川、二〇〇一b、七二頁）、西岡自身も、「教えてやればいいのに、教えてやらん。……お前、それで苦労せいちゅうようなもんや。自分でおぼえていかなしようがないわな」（西岡、一九九一、六三頁）と述べるように、西岡の教えないという姿勢は徹底的である。しかしそれでも、いずれわかる時が来る。「また棟梁は何かいうんだが、俺にはしばらくわかんないのよ。それで、しばらくたって何かの拍子に、その意味がわかるんだ。『こうしろ』って思っていたんだなって。でもこの呼吸、慣れるまでは意地悪だって思ったで」（小川、二〇〇一b、一〇三頁）。

小川は、「師匠の呼吸」に慣れた「何かの拍子」に、師匠の言葉の真意がわかると言う。この呼吸の体得は、生田が徒弟制度の教育的意義の一つにあげるもので（生田、一九八七、七五頁）、師弟が生活を共にするなかで体得される。「俺は、師匠と一緒に飯を食って、いつも一緒にいて、同じ空気を吸って、何を感じ、それにどう反応して、どう考えているかを知らなくちゃならないと思っているんだ」（小川、二〇〇一b、一五九頁）。このように語る小川が、師匠との生活において行っているのも、やはり「師匠の思考」の「思考」である。こうした「思考」の仕方によって師弟間の相違が解消され、「弟子の思考様式」が「師匠のそれ」と一致したとき、「師匠の呼吸」が体得され、言葉の真意が理解されるのである。

この一致は、「宮大工のものではない思考様式」が解体され、「宮大工としての思考様式」が新たに構築された

（5）師弟関係を「三者関係」で捉えた「関係に関係する学び」についての考察は、漢方医道を事例とした拙稿がある（川口陽徳、二〇〇七『日本の「わざ」をデジタルで伝える』、渡部信一編著、大修館書店、九九〜一〇六頁）。

と言い換えることができる。しかし、それは容易なことではなく、解体を意識的に行う試みには逆説的な困難性が伴う。すなわち、意識的になればなるほど「思考様式」は強化され、手放すことができなくなるのである。

この事態は、西平直が「眠りに落ちる為の意識的な努力にも似た逆説」と言う問題と重ねて考えられる。世阿弥の稽古論を読み解く西平は「意識の滅却は、……意識を消そうとするその意識すら払拭するのでなければ成り立たない」とし、この問題を乗り越えるために世阿弥は「観客のまなざし」を利用したと指摘する。「『観客のまなざし』という具体的な意識の外側に入り込むことによって、意識の囚われから自分を引き剥がそうとする。観客のまなざしに成り切ることによって、自分自身の目から離れようとする」こと。「離見の見」を西平はこのように理解している（西平、二〇〇四、一七六～一七七頁）(6)。

この理解を宮大工の文脈に引き取るなら、「観客のまなざし」は「師匠（先人）のまなざし」である。「師匠の思考」を「思考」し、師匠が見ているものを見ようとすることで、弟子は「宮大工のものではない思考様式」から離れることができる。それゆえ、「思考様式」の解体は、まさに「何かの拍子」として、あくまで結果として訪れるものでなければならない。そこで、「気がつかんうちに師匠から自分に移されておる」（小川、二〇〇一b、一六〇頁）と語られるかたちでの伝達の方法が練られることになる。

それが、わかりやすく噛み砕く努力とは真逆の、むしろわかりにくくするような逆説的な「教え方」の意図であった。そこでは、教えることを徹底的に避け、弟子を一度「わからない」という状態に突き落とすことが狙われていた。あえて当惑させることによって我執を捨てさせ、心を空にしてしまうこと。宮大工の目ではない未熟な弟子の目で世界を見ることを諦めさせ、「師匠の思考」を「思考」させること。これらは思考様式の相違を修正するための一つの工夫であったと言える。

（4）経験の阻害と「確認作業」

ここでふたたび、「文字知」の陥穽に議論を戻したい。続いて考察するのは、「宮大工のものではない思考様式」で世界を捉えている弟子に「文字知」を与えた場合に生じる事態である。結論を先取りするなら、「文字知」は、手放さなければならない「自分なりの思考」を強化し、弟子の経験を阻害する危険性をもつ。

人がいいといった曲線なり反りを平安風だとか鎌倉のものだとかという、そういう頭でしかものを見なくなってしまうわけだ。修学旅行で法隆寺や薬師寺に来た生徒たちだってそうだ。自分の目で見ていないんだ。教わったとおり型にはまってしか見られない。それは本で読んだ言葉や先生から教わった知識だけでものを見てしまっているからや（小川、二〇〇一a、一三八頁）。

「生徒」とは、宮大工の世界の外部の人間である。入門直後の弟子も、いまだ「宮大工のものではない思考様式」で世界を捉えているという意味において彼らと同様で、「文字知」を先に与えられた場合、型にはまり、知識だけでものを見てしまう。これは、建物に臨みながらも、自らの目で建物を見ていない事態である。ここでは、書物の内容を疑うことなく建物の中に探そうとする一方的な「確認作業」がなされている。

この「確認作業」は、けっして経験とは言えない。そこでは実際の建物に臨みながらも、見る者自身の感覚が問題にされないからである。(7) もし、見る者の感覚が働いたとしても、書物の見解と異なる場合、書物が採用され

（6）これは「離見の見」の一つの理解である。西平は『世阿弥の稽古哲学』（西平、二〇〇九）において、「離見の見」の多層性をより詳細に考察している。

る危険性がある。自らの感覚を打ち消し、「文字知」を経験に優先してしまうのである。このような「確認作業」をどれだけ重ねても、「文字知」に実感が伴われることはない。

これが危険な事態なのは、宮大工の仕事の一回性からも明らかである。優先されるべきは、「見る目」による判断であり、それは、師匠の「見るを見習う」ことで、「先人の思考」を「思考」することで体得される。しかし、「確認作業」とは、「書物の著者の思考」に寄り添っている事態にほかならない。痕跡の解読が「わざ」である以上、「文字知」を絶対視し、建物を見ないという事態は致命的である。だからこそ、「文字知」は弟子の経験を阻害する警戒すべきものとして扱われることになる。

では、「文字知」を絶対視しなければよいのだが、それは容易ではない。ひとたび「宮大工のものではない思考様式」で「文字知」を理解してしまった場合、手放すことは難しくなる。

これが訓練校で少し教わってきたら違うんだよ。「こうやれば削れる」って説明してくれるだろ。だからその説明が頭から離れないんだな。できるだけそれに近づこうとする。そのことが頭からずっと離れないんだ。それに凝り固まっちゃうんだな。そのためにかえってわからなくなる（小川、二〇〇一b、一〇三頁）。

ここで小川が繰り返すのは、説明への囚われ、すなわち「文字知」を手放す困難性である。「こうやれば削れる」という説明から離れられない場合、弟子の「思考」は、「師匠の思考」の「思考」に向かわない。そうした場合、「宮大工のものではない思考様式」は強化され、その解体は叶わない。こういった陥穽を熟知していたからこそ、この世界は「文字知」を拒んだと言える。

（5）「文字知」の陥穽から可能性へ

言葉をめぐるねじれた振る舞い

さて、ここであらためて、宮大工の「わざ」の継承における言葉の位置づけを整理したい。西岡は「わざ」の体得を強調し、「文字知」の使用を拒む態度を徹底して示した。

それは、言語化の困難性ではなく言語化それ自体を問題視するためである。「丸暗記」に誘い込み、「思考」を停止させること。「見るを見習う」という「わざ」の模倣を放棄させてしまうこと。なすべき経験を妨げ、確認作業に貶めてしまうこと。そして、手放さなければならない「当の世界のものではない思考様式」を強固にすること。ここまでの考察で浮き彫りになったのは、こういった「文字知」の陥穽であった。それを避けるために、「文字知」が拒まれたのである。

そうした「文字知」の拒否によって、弟子を「師匠の思考」の「思考」に誘うことが狙われた。こういった「思考」の仕方は、たんなる学びの方法ではない。宮大工の仕事には、「わざの痕跡」の背後にある「先人の思考」を、遡及的に読み取る「見る目」の体得が不可欠である。それゆえ、「『先人という師匠の思考』の『思考』それ自体が「わざ」なのである。

では、「文字知」など無い方が良いのか。言葉はただ害あるものに過ぎないのか。実践の場で、ひたすら見習わせておけば「わざ」が伝わるのか。その答えは否である。話はそう単純ではない。

「文字知」を拒む態度を一貫して示す西岡が、実は相当な読書家であったことが分かっている。自身では語ら

（7）経験の定義は、さまざまな議論を呼ぶ。しかし、「経験概念を規定するうえで、必要な共通項を抽出するとなると、感覚をとおして実感されるという特質が浮かんでくる」（教育思想史学会編、『教育思想事典』、勁草書房、二〇〇〇、二三七頁）と説明されるように、少なくとも、経験は「感覚を通して実感すること」から切り離されるものではない。

ないものの、この事実は息子たちによって明らかにされており[8]、ここに、西岡の言葉に対するねじれた振る舞いを見て取ることができる。そしてこのようなねじれは、書物を拒んだ西岡が、聞き書きというかたちで何冊もの書物を残している謎のなかにも、言葉を拒む宮大工の世界が、口伝という言葉を受け継いできた謎のなかにも見受けられる。

ここから見えてくるのは、「方法としての言葉の拒否」という西岡の意図と、継承における「言葉」の可能性である。息子たちによれば、西岡は、読書について「いったんは頭にたたき込んで知る。で、それを捨ててしまえ」、「本に教えられたらあかん」と語り、これを師である常吉の教えとして重視していたという（西岡、二〇〇五、二二三頁、二二五頁）。

先に見たように、一度手に入れた「文字知」を手放すことは容易ではない。しかし、この語りを読む限り、西岡にはそれができたと考えられる。それは、どのようにして可能だったのか。西岡は語らないものの、小川三夫の語りに、その手がかりを見ることができる。

技術や心がまえがある程度までいったらば、本も読み、実際にやってきたことの裏づけができるぐらいの知識は持つべきだと思うんだ。最初から知識でやっちゃだめだぞ。はじめは全然教えない、教えないで工夫させておく。自分で考えさせる。それはたしかに一番いいことだ（小川、二〇〇一a、一三六頁）。

「言葉」と「経験」の順序

小川によるこの語りは、「わざ」の継承における「文字知」の可能性を示唆するものである。書物を拒み続けてきた世界における書物の有用性。見習うしかないとされてきた世界における「文字知」の意義。この言葉は、それを認めるという意味で、注目すべきものである。

しかし小川も、「文字知」を無条件に受け入れることはない。先の引用に続けて、「しかし、いつまでもそれではいけないいような気がするんだ。ある程度すすむと、そういう状態では、つぎの歩みが遅くなる。だから、うちでいえば七、八年いる引頭クラスになったら、そのへんで知識というものに目覚めさせることも必要だと思うんだ」(同前、同頁)と語り、ある程度の習熟に達した弟子(以下、高弟と表記)の学びにおいてのみ「文字知」が有効であると考えている。

この区別から窺えるのは、小川が「文字知」の陥穽を、「宮大工としての思考様式」を体得していない入門初期の弟子の問題と捉え、高弟はそれを避けることができると考えていたということである。では、どうすれば可能なのか。それを解く鍵は、「学びの順序」にある。小川は「最初から何もわからないのに一所懸命教える、覚えたがる。近道だと思うからだ。しかし、それは順序が逆や」(同前、一三七頁)と「学びの順序」の重要性を強調し、経験を積んだ後に「文字知」を与えることの意義を語る。

では、この順序に従った場合、「文字知」はどのような役割を果たすのか。結論を先に述べるなら、「文字知」は、経験によって見えてきたものを呼び分ける名前として機能する。弟子は、新しい知識を与えられるのではなく、すでに身体が知っていたものが名付けられるかたちで言葉と出会うことになる。

入門初期の弟子は「見る目」を持たず、建物を前にしても何もわからない。しかし、「見るを見習う」ことを

(8) 西岡の没後のインタビューにおいて、息子たちが、書架にはたくさんの書物が並んでおり、若い頃の西岡が大学の先生のところに通い詰めて本を読んでいたことを回想している(西岡、二〇〇五、二二三頁)。

経て、価値を含めた「見る目」が次第に定まってくる。「この軒の反りのほうがやはりきれいだとか、あれはもっと反っているほうがきれいだとか、そういうふうな見方が自然に身についてくるようになるやろ。それから勉強すれば、これが飛鳥の線だとか平安の線だとかというふうに見ていけるわけだ」（小川、二〇〇一a、一三七頁）。

小川は、「見る目」を体得し、建物の良さを分かるようになった後で、飛鳥の線や平安の線という言葉を知れば良いと考えている。これは、まず自らの感覚による区別が先にあり、身体で知っていたその区別が、事後的に名付けられるという事態である。言葉が意味するところを、先に生きてきたからこそ、この過程を経て理解に至った者の言葉には実感が伴っている。経験とそれを表す言葉が一致しているのである。

そうしたとき、「ある程度進んだ弟子に大きな木を渡すんだ。……それは高価な木や。絶対間違えられないし、木の取り方だって一所懸命考えなければならない。だから木をよく見るやろ。教科書に書いてあるような木はないんやから」（同前、一三九〜一四〇頁）と小川が言うように、経験と「文字知」が矛盾する場面においても、高弟は「文字知」を手放し、経験を優先することができる。

この「学びの順序」とは、「文字知」の陥穽を避けるための方法である。それはたんに、順序の規定ではなく、経験を優先し、言葉を手放すことができるようになるまでは言葉を与えてはいけないという、「わざ」の継承における言葉の与え方の工夫として理解することができる。こういった言葉の扱い方は、口伝においても同様である。口伝もやはり、入門初期の弟子には秘され、ある程度の習熟を果たした後に伝授するという構造を持つ。西岡の言葉をめぐるねじれた振る舞いは、こういった継承の工夫の表れとして捉えることができる。

では、宮大工以外の世界ではどうか。どのように「文字知」の陥穽を乗り越え、いかにして言葉を用いるのか。あるいは、いかなる言葉が、「わざ」の継承を支えるのか。ここまでの考察を受けて、第二部では、「わざ」の継承における言葉の可能性を探っていく。

宮大工、スピードスケート、創作和太鼓、歌舞伎。第二部で取り上げるこれらの世界は、「言葉にできない知」の継承という共通の課題を背負っている。個人の身体に滲みこんだ卓越した「わざ」を、いかにして次世代に伝えるか。それぞれの師弟関係には、それぞれの世界なりの工夫が隠されている。

まず見ていくのは、スピードスケートの結城匡啓氏である。結城氏の指導実践では、感覚の言語化や師弟間での言語の共有が重視され、言葉は学びにおいて不可欠なものとなっている。結城理論の勉強会や「技術討論会」でのレポート、資料作り、そして自らの感覚や様々な気づきを記録した「技術カルテ」。こうした「文字知」を用いる指導において、陥穽はいかにして避けられているのか。

2　言葉の可能性――陥穽を避ける様々な工夫

(6) 陥穽を避ける「文字知」の工夫

言語感覚の相違と一致

結城氏自身が、「文字知」の陥穽をどこまで自覚しているのかは定かではない。しかし、感覚と言葉の微妙な関係に意識的であるのは間違いない。それは、言葉が選手の感覚を狂わせるという事態に自覚的であるからである。例えば、長野五輪の金メダリスト清水宏保選手の指導においては、「言葉にすると狂うから、感覚を言葉にするな」（本書、三二三頁）と、メディアに感覚を語ることを禁じていた。

しかし、なぜ言葉が感覚を狂わせるのか。その原因を、「スケート選手の言語感覚」と「スケート選手のものではない言語感覚」の相違のなかに見てとることが出来る（次章で詳しく扱うが、言語感覚も思考様式と同様の区別がある）。清水選手が、自分自身のために感覚を言語化するとき、その言葉は「スケート選手の言語感覚」から紡ぎだされたものである。しかし、メディアに分かるように語ろうとしたとき、「スケート選手の言語感覚」から離れ、「メディアの言語感覚」に合わせた言葉を用いることになる。

こういった言葉の言い換えの間には、少なからずズレが生じている。また、一時的であっても、「スケート選手の言語感覚」から離れることには、感覚を狂わせてしまう危険性が伴う。スケートの刃の〇・〇一ミリメートルの違いを感じ取る清水選手にとって（吉井、二〇〇二、一一六頁）、わずかな感覚のズレも、見逃せない大きな問題であったといえる。

こういった言語感覚の相違の問題は、結城氏と弟子の間にも存在する。『膝を曲げる』と意識しても、その膝を曲げることの定義が最初にないので、話をしているようで、違うことを話していることがあります」（本書、三一四頁）と述べるように、師弟間の言語感覚の相違に自覚的である結城氏は、「理論が先にあると言葉が一緒なので話し合いになります」（本書、同前）とし、理論を教え、「はりつけ」（本書、三一一頁）や「ブレードをタテに使う」（本書、三二七頁）という「わざ言語」に込めたイメージを伝えることで、共通した言葉を用いた話し合いを可能にする準備を整えている。勉強会や技術カルテ、技術討論会は、「結城の言語感覚」と「弟子の言語感覚」の違いを確認し、弟子のそれを結城氏のものに一致させていくための方法でもある。

すでにある感覚を名付ける言葉、分類される言葉

結城氏の指導は理論を教えることから開始される。ただし、弟子たちは、スケートの初心者として理論に出会うのではない。清水選手やバンクーバー五輪の銀メダリストである小平奈緒選手がそうであったように、ある程度の習熟を果たした選手が結城氏の元に学びに来る。そういった意味で、結城氏の指導は、小川が重視した「学びの順序」、経験のあとに言葉を与えるという順序から外れるものではない。

例えば、理論の勉強会の後に結城氏に提出するレポートは、わかったことにビックリマーク、わからなかったことにクエスチョンマークを付けるシステムになっている（本書、三一二頁）。この時、弟子は、経験的に納得できる言葉にビックリマークをつける。「ひらめくためにはひらめくための準備が必要だ」（本書、同前）、『はりつけ』ができない人に特有というか共通の足りない運動経験がある」（本書、三三〇頁）。こういった結城氏の語りは、「わかる」前段階に何らかの経験があること、言葉が示す感覚をあらかじめ身体で知っていなければ納得はないことを示唆している。経験の蓄積のあとに言葉が機能すること。こういった言葉の役割は、小川による、経験を名付けるものとして言葉に出会わせる方法と重ねて理解できる。

では、納得できない言葉はどうか。クエスチョンマークを付けた言葉は、丸暗記の対象になるのではないか。おそらく、結城氏の方法は、その陥穽を避けるものである。クエスチョンマークとビックリマークをつけるシステムも、自分の感覚を黒、結城の言葉を青、新しく発見したことを赤で描く「技術カルテ」も、納得できた言葉と納得できていない言葉の区別や、自分の言葉と師匠の言葉の区別それ自体が目的となっている。

ここでは、区別さえ出来れば、さしあたり問題はない。わからないことは、わからないままにして置いてよいのである。そうした時、弟子が「文字知」を丸暗記することはない。納得できる言葉と納得できない言葉を区別したうえで、後はひらめく瞬間まで待てば良いからである。

また、すでに身体で知っているものを名付けるというかたちで言葉に出会う場合、「わかる」という納得は、身体的な感覚として到来する。例えば、「はりつけ」という言葉を「わかる」場合には、弟子はスケートの刃を斜めにして接地する感覚を身体で感じ、それゆえに「わかった」と納得するのである。言葉の意味をこういった仕方で「わかる」弟子たちは、「文字知」の陥穽に落ちにくいのではあるまいか。

例えば、「はりつけ」という言葉をわかり、一度はその感覚で滑っていた小平選手が、変化した自らの感覚に従い、「はりつかれ」という言葉を生み出すのも、一度手に入れた「文字知」を手放し、言葉よりも経験を優先するからである（本書、三一九頁）。

このような言葉の捉えなおしが容易になされるのは、身体経験として「わかる」者にとって、言葉は、すでにあった感覚の名前に過ぎないからである。感覚が変われば名前も変わる。名前を忘れても感覚はある。そういった場合においては、言葉はさほど重要なものにはならない。それゆえ、小平選手は、「結構忘れやすい」（本書、三一七頁）のである。

（7）二つの「わざ言語」と重層的なあり方

続いてみていくのは、「わざ言語」を多用する創作和太鼓の佐藤三昭氏の指導実践である。多様な「わざ」世界の師匠たちの語りを重ねながら、佐藤氏の指導の工夫を読み解き、「わざ言語」の捉えなおしを試みたい。

「太鼓打ちから太鼓弾きへ」、「へそを真下に落とすように打て」、「天井から吊るされている」（本書、二五〇、二六〇、二六七頁）。こういった佐藤氏の言葉はまさに「わざ言語」である。しかし佐藤氏のなかでは二つの区別がある。「あれこれ複雑に言葉を尽くすよりも、一つの言葉ですとんと直ってしまう」言葉、そして「何かの現象を直すのではなく、自らの対峙によって悩み納得し、そうせざるをえないという質的変化を引き出す言葉」という区別である（本書、二六三〜二六四頁）。本書の実践編からは割愛されたが、佐藤氏自身の命名に従って、以下、前者を「寄り添い型わざ言語」、後者を「誘《いざな》い型わざ言語」と呼ぶ。

この二つの「わざ言語」には、「思考の渦に巻き込まれるかどうか」（本書、二六三頁）という働きの違い、そして、言葉を選ぶ際の師弟の関係性の違いがある。まず、「寄り添い型わざ言語」は、弟子を思考に巻き込むのではなく、直接的に弟子の身体に入り込み、その場で身体の動きを変えることを狙って用いられる。この言葉は、その名が示すように、師匠が弟子に寄り添う関係性、「弟子になってみる」なかで選ばれる言葉である（本書、二六四頁）。

それに対して「誘い型わざ言語」は思考に巻き込む言葉である。巻き込まれるのは、それが弟子にとっては「奇妙な言葉」だからである（本書、二五一頁）。奇妙であるがゆえ、弟子は「未知の新たな感覚」に誘い出され、師匠の見ているイメージを自分も見ようとし始める（本書、二六五頁）。ある程度の習熟を果たした弟子への「演奏表現の技術」の指導で用いられるこの言葉は、師匠の「固有の言葉」（本書、同前）である。弟子は「指導者側の言葉の世界に入り込むような状態」（本書、二六一頁）にあるとされるように、「誘い型わざ言語」は「寄り添い型」とは逆に、弟子が師匠に合わせていく関係を生み出す。

さらに、二つの「わざ言語」には、与える時期の違いもある。「寄り添い型わざ言語」は入門初期の弟子の「基礎的な仕方」の指導で与えられ、「誘い型わざ言語」は、「感覚の移行期間」を経た後の「演奏表現の技術」の指導で与えられる（本書、二六〇頁）。

こういった言葉の使い分けは、個別の弟子と丁寧に向き合う工夫である。「指導者の弁舌だけでは何の意味もありません。受け手の理解が必要です。」（本書、二六四頁）というように、師弟の共感はこうした工夫によって成就するが、そこにはもう一つの工夫がある。「メッセージを重層的に見る」（本書、同前）という師匠のあり方である。

「指導者は自ら『相手になること』が大切だと思っています」（本書、同前）。佐藤氏が述べるように、「重層的」とは「師匠としての自分」と「弟子になってみた自分」の二重性として理解できる。この二重性においては、「師匠としての自分」が弟子に与えた言葉が、そのまま「弟子になってみた自分」によって受けとめられる。そうすることで、言葉と自分の間に距離が生じ、弟子が共感できる言葉なのか、自分自身も納得できるものかと問い直す契機が生まれている。この事態を、佐藤氏は「私の言葉が私の中に入り込んでくる」（本書、同前）という。例えば、定型の言い回しや嘘のように、なんの感覚や納得も伴わない言葉は、日常的にはよく使用される。「わざ言語」も、嘘と同様、納得がないままに用いることができる。あるいは、弟子に寄り添うことを怠り、習慣として「へそを真下に落とすように」と言い続けるような事態も起こり得る。

このような「空虚な言葉」を師匠が用いた場合、師弟の共感は起こりえない。共感すべき相手の感覚がそこにはないからである。佐藤氏の重層的なあり方は、こういった言葉の陥穽を避け、その都度、目の前の弟子に臨み、同時に自分自身の感覚や言葉を吟味する工夫である。佐藤氏は、この過程を経て与えられる言葉を「確かな言葉」（本書、二六五頁）と呼び、「送り手側の指し示す方向が確かである」（本書、二六四頁）ことの重要性を語る。

そう考えると、「わざ言語」は、奇妙でさえあれば、どのような言葉でもよいわけではない。「しむけるという役割はあるにせよ、それだけではなく意味もまた重要です」（本書、二五二頁）と言うように、弟子の目には奇妙に映りつつも、「空虚な言葉」ではなく「確かな言葉」でなければならない。スピードスケートの結城氏が、「ブレードをタテに使う」という「わざ言語」をめぐる、「そのタテが糸偏の『縦』か、それとも立てるの『立て』かがわからない」（本書、三二七頁）という試行錯誤について語っているが、この場面は、経験を何度も問い直し、「確かな言葉」としての「わざ言語」を生みそうとする師匠の苦心に触れる場面として理解できる。

この「確かな言葉」の考察をさらに続けるが、その前に、「外部からの弟子」と「世界への潜入」という二つの視点から、「わざ」の世界の言葉を捉えておきたい。

(8) 「わざ」の世界の内と外

「外部からの弟子」

佐藤氏の工夫の背景には、弟子の言語感覚、身体感覚への洞察がある。『演奏表現の技術』を身につけるために重要な言葉を受け入れる体質を作り、感受性を高め、イメージを身体に伝えるための訓練」(本書、二六一頁)というように、「寄り添い型わざ言語」を用いながら佐藤氏が待つのは、「誘い型わざ言語」を受けとめる土台の構築である。そこでは、「感覚の移行期間」が見定められ、「和太鼓奏者のものではない言語感覚、身体感覚」から「和太鼓奏者としての言語感覚、身体感覚」への移行が意識的に狙われている。

こういった工夫が必要なのは、弟子が和太鼓の世界の「外部」から到来するからである。それゆえ、入門初期の弟子は、外部の世界の言語感覚、身体感覚しか持ち合わせていない。それが、師匠や兄弟子との時間を共有するなかで、次第に「自然のさまざまな状態を見て、物語や背景を想像したり」する「和太鼓奏者としての日常生活」を過ごすようになり、それと共に「和太鼓奏者としての言語感覚、身体感覚」を体得していく(本書、二五七頁)。

スピードスケートの結城氏も自覚的であった言語感覚、身体感覚の相違は、和太鼓でも宮大工でも問題になる。第一部の考察では思考様式だけを扱ったが、宮大工の世界においても言語感覚や身体感覚の体得が不可欠である。「職人の家の音だとか言葉遣いだとか、歩き方だとか、身のこなし、雰囲気というのがある」(小川、二〇〇八、三二頁)、「野球が上手な体と、大工の鋸を長い間苦もなく使う体は違うんや。技を習得しつつ、体もその職業になっていくのや。だから体ができてしまってからだと、弟子に入ってから苦労することが多いな」(同前、三四頁)。

小川が「外部」に自覚的なのは、自身が銀行員の家庭に生まれた「外部からの弟子」であったからである。小川は、そういった弟子は「入門したときがゼロの地点ではなく、実はマイナスの位置にいる」（塩野、二〇〇八、二三二頁）と言う。このマイナスは、西平直が「初心者も既に型を持っている。しかしそれは稽古にとっての不要の型。むしろ身についた癖のような『有害な』型」という型の議論に重ねて考えられる。「わざ」の世界の稽古は「既存の型を克服する営み」であり、「身体に植えつけられた文化コードの脱条件化」から開始されるという西平の考察（西平、二〇〇九、一〇五〜一〇六頁）をふまえれば、「外部からの弟子」とは、「当の世界のものではない有害な型」を身に付けた、マイナスを背負った存在と言うことが出来る。

それに対して、当の世界に生まれた「内部の弟子」が継承する場合もある。その場合、外部の者を内部に入れる工夫は重視されない。同じく西平は、能の世界の子どもたちは生まれながらにして芸を受け継ぐ宿命を背負い、舞台の空気を吸い、日常的に謡を耳にし、道具の出し入れの響きに触れ、芸人たちの言葉のうちに舞台特有のリズムを感じ取っていたとし、それらが「稽古が開始される時点であらかじめ存在していた初期条件」（同前、七五頁）として自覚されずに共有されていたことを指摘している[9]。

「内部の弟子」は、この「初期条件」、すなわち「能楽師としての日常生活、言語感覚、身体感覚」を知らぬ間に体得している存在である。「外部からの弟子」の学びには、この「初期条件」の体得という壁がまずあり、それを果たした段階において始めて、スタートライン、ゼロの位置に立てるのである。

こういった内部と外部の弟子を同時に育てているのが歌舞伎役者の中村時蔵氏である。「うちの子どもに教えるのと、養成課の生徒に教えるのは違いますよ。養成課の生徒はどうしてもお弟子さんになるわけだから、役者としての心構え以外にお弟子さんとしての心構えを教えなければならないんです」（本書、二一七頁）。二人の息子を育てる時蔵氏は、国立劇場の養成課において、背景が多様な「外部からの弟子」の指導も受け持っている（本書、二三五〜二三六頁）[10]。

「〔研修生〕は『捨て台詞』はその場で絶対言えない」、「歌舞伎独特の言葉の意味を聞いてくることはありますね」（本書、二三九・二四〇頁）。このように、外部からの弟子の言語感覚や身体感覚は、まだ当の世界のものではない。それは「長い時間と環境とが整うことで、少しずつわかっていくしかない」（本書、二四〇頁）ものであり、小川三夫が「何かの拍子」に師匠の言葉が理解できたと述べていたのと同様、「歌舞伎漬けという環境」（本書、二三五頁）において、「『感覚』を共有していく中で、ふっと理解する」（本書、二四〇頁）ものである。

そういった意味で、「外部からの弟子」を受け入れる世界では、言語感覚や身体感覚の移行という課題を乗り越える工夫が必要となる。佐藤氏の二つの「わざ言語」の使い分けは、まさにその工夫である。とりわけ「寄り添い型わざ言語」は、いまだ当の世界の感覚を共有していない「外部からの弟子」への、感覚の移行を促すための働きかけとして理解することができる。

「世界への接触」と「世界への潜住」

生田は、師弟が生活を共にする学びの状況を、「世界への潜入」（生田、一九八七、第四章）と呼ぶ。「潜入」とは、「『わざ』を生産する場への潜入、具体的には師匠の生活への接近」（生田、一九九九、二二三頁）を意味しているが、「外部からの弟子」という視点を踏まえると、この「潜入」という状況は、当の世界の思考様式、言語感覚、身体感覚、日常生活を体得する、その以前と以降で区分することができる。本稿はそれぞれ「世界への接

（9）出自によって、特に初学者に対する指導が変わるように思われる。丁寧な考察は別稿に譲るが、塩野米松が、「師が父の場合」と「親方に入門する場合」を区別して職人の徒弟制度を語るのは示唆的である（塩野、二〇〇八、一八五～二一七頁）。

（10）例えば第一期生は、旅館業、茶商、製麺業など「外部」の生まれである（佐々木英之助、一九九三『日本一小さくて贅沢な学校　国立劇場歌舞伎俳優養成の記録』、四五頁）。

触」と「世界への潜住」と呼ぶ。

外部からの弟子は、新たな世界の勝手がわからずに困惑する。入門以降しばらくの間は、当の世界の際に身を置き、世界の内側に入ろうとして跳ね飛ばされ、「思考」し、模倣し続けるしかない。師匠の生活に接近していながらも、言葉や振る舞いの意味を理解できないこの段階が「世界への接触」である。

「世界への接触」段階において求められる「思考」は、第一部で見た「師匠(先人)の思考」の「思考」である。しかしそれが出来ず「自分なりの思考」に留まった者には先はなく、接触の段階を乗り越えられないままに去ることとなる。入門して一年足らずで、「『上位力士の奴隷』であることに飽き飽きした」という理由で辞めたカナダ人力士琴天山の例(生田、一九八七、七九頁)は、まさに思考様式の移行の失敗例として理解できる。

そして、「感覚の移行期」を経た弟子は、当の世界の言語感覚や身体感覚、日常生活を手に入れ、その世界の住人となる。佐藤氏が「指導者の『ものの見方』や『見ている先』と同質になる」(本書、二六一頁)というように、師匠と同じ思考様式や「見る目」を得た段階が、「世界への潜住」である。(11)

以上のように、入門以降の弟子の学びを、当の世界との距離によって捉え直したとき、「わざ」の世界の言葉は、「世界への潜住」を果たした者に与えられる傾向が強いと指摘できる。「寄り添い型わざ言語」はその限りではないが、「誘い型わざ言語」も口伝も伝書も、ある程度の習熟を果たした者にしか与えられない言葉であった。

(9)「確かな言葉」、そして「手放される言葉」

ここで、「確かな言葉」としての「わざ言語」の考察に戻る。すでに触れたように、「わざ言語」は、未熟な弟子には理解しえない「奇妙な言葉」でありながら、師匠においては「確かな言葉」であった。

「わざ言語」が奇妙に映るのは、弟子が当の世界の言語感覚や身体感覚を身につけていないからである。しかし、佐藤氏の弟子が「ある言葉の意味に日にちが経った後で気づく」、「『今、太鼓を弾いている』という感覚になるときがある」（本書、二六八頁）と語るように、感覚の移行を経た後の「わざ言語」は、弟子においても「確かな言葉」として受けとめられる。

こうしたとき、「わざ言語」とそれ以外の言葉の区別を、「曖昧性／明示性」という二分法で捉える理解は変更を迫られることになる。曖昧性、明示性は、「わざ言語」そのものの性質ではなく、あくまで受け手側が生み出す差異にすぎないからである。送り手側においては、「わざ言語」は「確かな言葉」として、明示的に使用されている。レトリックを論じる佐藤信夫が「私たちの認識をできるだけありのままに表現するためにこそレトリックの技術が必要だった」（佐藤、一九八六、二四頁）と言うように、「のように」として語られる修辞的な「わざ言語」は、師匠が体感している「まさにその感覚」を、きめ細かく表現した言葉と言える。

このような言葉の確度への言及は、中村時蔵氏の語りにも見受けられる。「わざ言語」ではないものの、役者の台詞に伴われる確からしさについてである。例えば、時蔵氏は、「世話物の舞台は町人の生活ですよね。そうした場面でどういうふうにこの時代の人たちは生活していただろうかとかがわかってくると、自然にそう大差ない動きができるはずなんですよ」（本書、二一八〜二一九頁）と述べるが、この動きは、表面的な形として決まっているものではない。それは「そういうふうにしか動けない」（本書、二二一頁）ものであり、世界が見えているならば自ずと決まってくる、いわば「確かな動き」なのである。

「確かな台詞」は「確かな動き」に伴われる。例えば、筆者が見学した養成課の稽古、ふざけていて尻餅をつ

（11）内部の弟子の「世界への潜入」には、「世界への接触」段階がない。「世界への潜住」段階が、「何が好まれ何は嫌われるのか。何が評価され何は拒否されるのか。その基準が身体に染み込んでいる」（西平、二〇〇九、七五頁）という内部の弟子の出発点である。ただし、内部の弟子が外部に出てしまう可能性はある。この問題には別稿を用意したい。

き、「あ痛たたた」と台詞を言う場面において、研修生は倒れる前に台詞を言ってしまう。すぐに芝居が止められ、「尻餅をつくから痛いんだろ」と指導が入るのだが、この研修生の台詞は「空虚な言葉」であって「確かな言葉」ではない。動きから切り離され、言葉に必然性も実感も伴っていない。

「確かな動き」が、「役者の側が役にのめり込んで、その世界に行かないとそうはならない」（本書、二一五〜二一六頁）ように、言葉も、役者が役になりきったときに確かなものとなる。歌舞伎役者が、「時代に言う」（本書、二二四頁）とするのはその言葉である。台本に書かれていない「捨て台詞」（本書、二三二頁）の正否も、こうした言葉の確度の問題として理解できる。

そう確認したうえで、この議論には続きがある。明示的に使用される「わざ言語」が、使用者においても「わからなさ」を伴うという逆説を背負っているからである。それは佐藤三昭氏が、自らが達した境地を言葉にしたものが道場訓や道場針であるとしながら、同時に、「私にも意味がわからない」と述べる事態に表れる逆説である（本書、二五二頁）。この逆説を理解する手がかりを、西岡常一による口伝についての語りに求めたい。

宮大工の口伝は、「神を崇めず、仏を拝せずして堂塔伽藍を口にすべからず」に始まる簡潔で短いものである。それを初めて聞いたとき、西岡は「どんな難しいもんやろかと思ってましたが、あほみたいなもんや。なんでもない当然のことやわ」（西岡、一九九一、二三二頁）と感じたという。

しかし西岡は、さらに経験を重ねた後で、口伝の本当の意味がわかったと述べる（西岡、二〇〇一、一六三頁）。このことが意味するのは、一度はわかった口伝の意味が、経験が深まるなかで問い直されたということである。この問い直しが可能になるのは、一度理解した意味を「手放すこと」が出来るからである。読んだ「文字知」を捨てることと同様、口伝においても、「手放すこと」が重要な意味をもっていたと言える。

宮大工に限らず、「わざ」の学びには終わりがない。それは、「わざ」が「先人から学ぶ仕方そのもの」だからである。そう考えると、「わざ」の学びが、言葉を手に入れては手放すというダイナミズムをもつことが見えてくる。岩壁を登るロッククライマーが、石をつかむことで前進し、次の前進のためにその石を手放すように、「わざ」の世界の弟子は、言葉を手がかりにして学びを進め、その言葉を手放すことでさらに学びを深めていく。手に入れて手放す、また手に入れて手放す。この学びのダイナミズムのなかで、弟子は当の世界により深く潜住していくのである。

そう考えたとき、「わざ言語」が「確かな言葉」であると同時に「わからない言葉」であるという矛盾が解きほぐされるように思える。そして、高弟にのみ言葉を与える小川の方法も、言葉の分類を繰り返し確認させる結城氏の方法も、佐藤氏の二つの「わざ言語」も、そして伝書や口伝という言葉の与え方も、学びのダイナミズムの停止を回避する工夫として理解できる。言葉を手放すことができる者に与えられ、いずれ手放される言葉であるからこそ、学びのダイナミズムが駆動され続けるのである。

まとめにかえて――「文字知」の陥穽を避ける「わざ言語」の役割

「文字知」の陥穽、言葉の可能性と実践家の工夫の考察を経て、あらためて「わざ言語」はどう理解されるのか。まとめにかえて、継承における「わざ言語」の役割を検討する。まずは、「わざ言語」が、「文字知」の陥穽を避ける言葉であることを確かめたい。

宮大工の事例で見たように、「文字知」は、弟子の「思考」の停止を回避するために拒まれた。その意味では、「思考」を促す言葉なら使用してよい。それゆえ、「ある事柄を正確に記述、説明することを目的とするのではなく、相手に関連ある感覚や、行動を生じさせたり、現に行われている活動の中身を改善する時に用いられる言語」（生田、一九八七、九六頁）と定義される「わざ言語」の使用は拒まれない。生田が「学習者は比喩によって推論活動に誘われる」（同前、九八頁）と言うように、あるいは「『わざ』言語の役割は実に、学習者のこうした内的な対話を活性化することにある」（同前、九九～一〇〇頁）と言うように、「わざ言語」は、弟子の「思考」を停止させず、むしろ活性化のために用いられる言葉なのである。

そして、生田によれば、この「思考」の活性化は、「わざ言語」が弟子にとって「異なる別の系統の表現」であり、「しばしば学習者を当惑の境地に追いやる」ことによって仕掛けられる（同前、九九頁）。そして、その当惑によって弟子は「師匠の価値を取り込んだ師匠の第一人称的な視点」を内在化させ、「世界全体の意味連関」を作り上げる（同前、八九～九〇頁）[12]。それは本稿が論じてきた、「師匠の思考」を「思考」をするなかで、思考様式が移行される過程と重ねて考えられる。「文字知」には、当の世界の外部の思考様式をより強固にする危険性があったが、「わざ言語」は、その解体を促すものとして機能するのである。

また、「文字知」の使用には、経験を阻害する危険性も含まれていたが、「わざ言語」は、すでに見たように、「関連ある感覚や、行動を生じさせたり、現に行われている活動の中身を改善する時に用いられる」ものであり、この危険性を回避する。「文字知」の優先によって感覚が否定されることはなく、むしろ、弟子は「わざ言語」を手がかりにして、言葉が指し示す意味を「身体全体で探っていこうとする」（生田、一九八七、九九頁）。結城氏の弟子たちが言葉の意味を身体で納得するように、あるいは佐藤氏の実践が示すように、「わざ言語」を与えられた弟子は自己対峙し、自身のなかに師匠の示すイメージが浮かぶまで「思考」し続けるのである。

また、「文字知」には、読者を「著者の思考」の「思考」へと誘う危険性があった。しかし、「わざ言語」は、言葉を発した「師匠の第一人称的な視点」の模索、すなわち「師匠の思考」の「思考」へと誘っていく働きをもっていることは、すでに述べた通りである。

以上のことから、「わざ言語」は「文字知」の陥穽を避ける言葉と考えてよい。ただし、いつでも、どの弟子の学びにおいても有効に機能する言葉ではない。それゆえ、「わざ言語」が書きとめられることはなく、あくまで特定の状況における特定の弟子のための、一回性を帯びた言葉として位置づけられる。以下、その理由を書き連ねておく。

それはまず、「わざ言語」が、特定の弟子と師匠の間に生起する言葉だからである。「寄り添い型わざ言語」が象徴するように、特定の弟子の言語感覚、身体感覚の観察から生まれた言葉は、その弟子のための言葉にすぎない。たとえ師匠の言葉に、ある傾向性が見られたとしても、その都度、目前の弟子との関係の中から選ばれた結果と考えた方がよい。

次いで、師匠の習熟度によって「わざ言語」も変化するからである。繰り返してきたように、師匠も、「先人の思考」を「思考」し、学びを続ける存在である。それゆえ、師匠の感覚に沿った「わざ言語」も常に同じものではない。佐藤氏の「重層的」なあり方が、自身の変化を自身の言葉のうちに問い直す態度であったように、師匠の感覚に沿った「わざ言語」も変化し続けると考えられる。

そして、言葉を与えるタイミングの問題である。小川や結城氏の指導が、ある程度の経験がある者に言葉を与えるという「学びの順序」に沿って行われていたように、佐藤氏が弟子の習熟度によって言葉を変えるように、言葉を与えるタイミングは弟子によって様々に異なる。「寄り添い型わざ言語」は別としても、「誘い型わざ言語」、口伝、伝書といった言葉は、「世界への潜住」を果たし、当の世界の言語感覚や身体感覚を体得した弟子の

(12) 生田はこの過程を、自分1(模倣という主観的活動をする段階)から自分2(自分1を師匠の第一人称的な視点から客観的に批判、吟味の対象として捉える段階)、そして自分3(世界全体の意味連関を作り上げ、自らの「形」の必然性の意味を実感する段階)に至る学習者の「わざ」習得の認知プロセスとして論じている(生田、一九八七、八九〜九〇頁)。

みに与えられるものである。

最後に、固定されたイメージに頼ることが「思考」を停止させ、逆に動きを限定する危険性である。思想家であり合気道の師匠でもある内田樹は「わざ言語」と重ねて考えられる身体運用のメタファーを「詩的なことば」と呼び、「身体運用の精密化は喚起力の強いことばを介在させずには果たすことができない」と肯定的に評価する。そのうえで「『定型的なイメージ』に頼ることがかえって身体運用を限定する危険はつねにある。……だから、武道の術技について語る言葉は、その言葉が指示する定型的イメージをそのつど打ち消さなくてはならないという背理を背負っている」と述べる（内田、二〇〇八、一五四～一五五頁）。用いた「わざ言語」を即座に打ち消す必要があるかどうかはともかくとしても、言葉が、弟子においていずれ忘れ去られるべきものであることは確かである。読んでも忘れることを西岡が説いたように、「文字知」も「わざ言語」も、一度手に入れた後に手放すことが肝要である。手に入れて手放すことを繰り返すダイナミズムの維持が、学びを深めるためには不可欠であった。

このような「わざ言語」は、当然、書きとめられることはない。書きとめて受け継いでいくのではなく、むしろ、個々の具体的な場面で用いられ、いずれ消えていくこと。それが「文字知」の陥穽を避けながら用いられる「わざ言語」の役割と言うことになる。

以上、本稿を通して明らかなように、「わざ」の世界の師匠たちは、言葉の陥穽を熟知し、言葉の活かし方を考えていた存在である。「わざ」の世界の師弟関係には、言葉の遣い手たちの様々な工夫が隠されている。

引用文献

生田久美子(一九八七/二〇〇七)『「わざ」から知る』、東京大学出版会。

生田久美子(一九九九)「茶道の「知」の発見――「教育学」からの接近」、『茶道学体系　第三巻　茶事・茶会』、淡交社。

内田樹(二〇〇八)「シリウスを見よ」『知に働けば蔵が建つ』、文春文庫。

小川三夫(二〇〇一a)『不揃いの木を組む』、草思社。

小川三夫(二〇〇一b)『木のいのち 木のこころ 地』、新潮OH!文庫。

小川三夫(二〇〇八)『棟梁――技を伝え、人を育てる』、文藝春秋。

佐藤信夫(一九八六)『レトリック感覚』、講談社文庫。

塩野米松(二〇〇八)『失われた手仕事の思想』、中央文庫。

西岡常一(一九九一)『木に学べ』、小学館ライブラリー。

西岡常一(二〇〇一)『木のいのち木のこころ 天』、新潮OH!文庫。

西岡常一(二〇〇五)『宮大工棟梁・西岡常一「口伝」の重み』、西岡常一棟梁の遺徳を語り継ぐ会監修、日本経済新聞社。

西平直(二〇〇四)「世阿弥の還相――還相における〈他者〉の問題」、『思想』九六〇号
西平直(二〇〇九)『世阿弥の稽古哲学』、東京大学出版会。

西山松之助(一九七二)「近世芸道思想の特質とその展開」、『近世芸道論』、岩波書店。

吉井妙子(二〇〇二)『神の肉体 清水宏保』、新潮社。

第五章　「わざ言語」が促す看護実践の感覚的世界

前川幸子

はじめに

ある意味において看護師は、自分の患者が何を欲しているのかのみならず、生命を保持し、健康を取り戻すために何を必要としているのかを知るために、彼の〝皮膚の内側〟に入り込まねばならない[1]（V.Henderson, 1960. 傍点は筆者）。

看護実践の本質を端的に表現したこの言葉は、今から約五〇年前、世界の看護師に向けて発信され、看護の先

（1）Henderson, V.（1960）湯槇ます・小玉香津子訳（一九六一／二〇〇六）『看護の基本となるもの』新装版、日本看護協会出版会、一三頁。

人たちを魅了してきた。そして現代に至っても、看護師そして看護学生の関心を惹きつけてやまないのは、この言葉に看護実践の感覚が潜んでいることを、そしてこれこそが看護の中核に位置する感覚であることを、どこかでわたしたちが「予感する」からである。

看護実践の現象として表された「彼の〝皮膚の内側〟に入り込む」という言葉は、看護を科学的に分析し、説明しているわけではない。しかし、だからこそこの言葉が、看護が生命観あふれる、生きて動く関わりとしてその輪郭を浮かび上がらせるのであり、看護の志向性、あるいは看護を行う感覚として看護師たちの身体に浸透していくのである。

看護実践は、患者という他者の経験世界に寄り添うこと、すなわち患者と看護師との相互主観的な関係を基盤とする、患者の「今、ここ」における哀しみや辛さといった生きられる経験の感覚の共有から始まる。そして看護的な関心とは、患者の身体のどの臓器が病んでいるのかにあるのではなく、それに伴う障害や治療によって、苦痛はないか、安寧をもたらすにはどうしたらよいのか、あるいは病気によってその人の生活や人生が、どのように変容し再構築されなければならないのか、という自立（自律）に向けた支援にある。看護は、疾病とその治療といった自然科学を基盤にした医学的知識や理論知を欠くことはできない。しかし、看護師がその知識をどれほど所有しようとも、患者の生きられた経験、その感覚を共有できない限り、看護実践と呼ぶことはできないのである。

そこで本稿では、「科学的知識を踏まえると同時に患者との相互主観的関係において看護を実践すること」を看護のわざ[2]（Nursing art）と呼ぶことにするが、この看護のわざを学ぶ上で、ヘンダーソンが表したような比喩的表現の世界が必要になる。生田[3]（一九八七／二〇〇七）に拠れば、学習者にとって比喩的な言語表現は、なぜそのような表現を用いるのかという疑問を出発点として、比喩によって喚起されたイメージを頼りに自分の知るべき形、すなわち「看護」を身体全体で探る契機となるものである。自然科学的な知識を踏まえると同時に患者との相互主観的関係のもとに成り立つ、看護のわざについての記述的な説明は、発展的思考を促すイメージが作りにくい。しかし、比喩的な表現はこうした抽象的な世界にイメージを持たせ、可能的な世界を切り開かせる役割をもつのである。看護の真髄を銜きながら、比喩的に表現した「彼の〝皮膚の内側〟に入り込む」という言葉、すなわち「わざ言語」は、わたしたちを看護実践へと誘ってくれる。そこで本稿では、看護の中核となる「実践の感覚」を伝えていくために、「わざ言語」の意義に迫りながら、看護教育における新たな地平を見出すことを目的に述べていくことにする。

1　看護における「わざ」

本稿における看護の「わざ」とは、「科学的知識を踏まえると同時に患者との相互主観的関係において看護を実践すること」なのであるが、わたしたちはその具体的な行為を、看護師が患者と向き合ったときに紡ぎ出す「看護技術」に見ている。そのため、看護のわざは、卓越した看護実践として'Nursing art'と呼ぶこともあれば、その具体的な行為である看護技術である'Nursing skill''Nursing technique'（看護の特殊な技能、看護の方法や手順）

（2）生田は、「わざ」の概念を、単なる身体技術あるいはそれを個人の能力として立体化した身体技能としての「技」に狭く限定するのではなく、そうした「技」を基本として成り立っているまとまりのある身体活動において目指すべき「対象」全体を指し示すこととしている。「わざ」が一義的技術あるいは技能として捉えられるのを避けるために、あえて「技」ではなく「わざ」という表記を用いているわけだが、本稿はそれに依拠し、「わざ」を用いている。

（3）生田久美子（一九八七／二〇〇七）『「わざ」から知る』東京大学出版会、一〇一頁。

と呼ぶことがある。

ここでは、看護のわざの中でも前者に位置する'Nursing art'に焦点を当てていくものであるが、その前に、後者の看護技術がどのような捉え方がされてきたのかを述べる。その後看護のわざ'Nursing art'へと分け入ることにする。

（1）看護の「わざ」——具体的行為としての看護技術

早坂[4]（一九七〇）は、アリストテレスを引きながら、技術について次のように述べている。「科学がもっぱら知性に基づくのに対し、技術はもともと情意の領域にかかわることがらであった。それは単なる知性の働きよりも、情意を含めた、精密ではないとしても全体的な心の働きを『人間的』とよぶことが許されるならば、技術は科学より人間的であった」。人間的行為である看護において、技術をこのような意味で捉えるとき、古《いにしえ》より看護は「科学」であるよりは、「技術」であり続けてきたと言える。もともと科学と技術とは、人間精神の異なる営みとしてあり、しかもこのように人間的であった技術が、現代では科学技術という言葉が示すとおり、科学の一部分になってしまっている。そして、科学技術が万能と言われる今日、看護における技術の意味が問われるのは、看護技術に内包される人間性においてである。わたしたちが看護における技術を語るとき、最も深い関心を払わなければならないことは、理論的に「技術」という言い表しが、生産技術すなわち物的生産活動における技術と限定して考えられがちであることにある。生産という物に対する働きかけの場において、技術が元来もっていた人間的特徴は失われ、技術は対象（材料）を量的に操作する機械的手続きとして、そのイメージを変えてしまったのである[5]。

看護技術論に多大な影響を及ぼした「人間実践における客観的法則性の意識的適用」[6]（武谷、一九七四）という技術の捉え方は、技術を生産の手段という概念から一転して「人間の実践」として捉えたことにおいて評価されている。しかし、看護技術が、「人間が人間に対して働きかける」という看護的状況の複雑性から、客観的法則性の適用をそのまま看護技術として捉えるには説明が困難になってくる。そのため野島[7]（一九七七）は、看護技術の基本を「人間関係論」として捉え、その人らしさを支えながら看護技術を行為化することを看護実践とした。看護師はあるひとつの技術を患者に適用しているのではなく、その技術を通してその人にかかわっている。看護技術とは「わたし」という看護師が、自己を用いることで行う目的的な実践であり、看護師は患者に対して、身体的にだけかかわったり、精神にだけにかかわることはできないのである。また池川も、看護技術を「人間の行為という実践的な直接的参与」として捉え、そこには客体化され物象化された対象は存在せず、看護師も患者も共に身体をもち、行為の主体となることを述べた。以上は、看護技術が、人間を心身二元論ではなく一元化してその人を捉えること、またその実践にあたっては唯一無二の個別的存在である患者に対して、同じように存在する看護師が自己を媒体にして看護を実践するというきわめて個別的な世界において成り立っている技術ということになる。

（2）看護の「わざ」——行為する芸術

既に触れたように、卓越した看護実践を総称する看護のわざ（Nursing art）とは、科学的知識という客観性を踏まえると同時に患者との相互主観的関係において看護を実践することである。看護師が、患者に突如として襲いかかる苦難としての疾病や治療の特徴といった科学的知識を踏まえていなければ、その人の身体にどのような異

（4）早坂泰次郎（一九七〇）『看護における人間学』医学書院。
（5）池川清子（一九八〇）「看護における技術の意味」『看護』第三二巻三号、日本看護協会出版会。
（6）武谷三男（一九七四）『弁証法の諸問題』勁草書房。
（7）野島良子（一九七七）「看護における技術と身体」『看護技術論』メジカルフレンド社、などに詳しい。

変が生じ、またどのような苦痛を感じているのかという、患者の生きられた経験という感覚の共有はできない。そして、その感覚の共有がなければ、その人は何によって安寧が得られるのか、という看護の手立てさえ探しえない。したがって看護のわざとは、科学的な客観的世界を含みつつ、患者との相互主観的で相互行為的な関係論的世界に生きる看護師が実現できることになる。

ところで'Nursing art'については、これまでさまざまな看護理論家が言及している。例えば、ウィーデンバック[8](Wiedenbach, 1964)は、'Nursing art'について、「看護師の熟慮された動作を意味するもの」とし、それが「臨床看護の真髄である」と述べた。看護師が熟慮すること、すなわち看護師自身が患者と向き合ったときに生じる、思考と感情を有効に用いることが、援助技術(helping art)になることを示唆した。またワトソン[9](Watson, 1988)は、'Nursing art'の成立基盤は、看護師の聴覚、視覚、その他の五感を通して得た自分の感動を、表現によって相手に伝えることができ、経験してもらえる事実にあると考えた。「看護者が患者の感情を把持し経験して、それらの存在を感知でき、確認でき、翻って、患者がそれを十分に経験でき、永らく表現したいと願っていたその感情を放出するというやり方で表現できる場合」なのである。また谷津[10](二〇〇二)は「温かくのびやかで、創造的で美的な印象を駆り立てる」ものであり、臨床での看護経験がいっそう豊かに鼓舞させるものであるからこそ、看護のアートの概念における豊かな内実へと研究者を促していると[11]言えるだろう。またカーパー[12](Carper, 1978)は、その学び方について、師弟関係のもとで学習され、獲得されていくと述べている。つまり、'Nursing art'が複雑な概念であり、一般化した原理のもとに還元できず、定型的な知の技法としていまだ成立することができないため、個人的な模倣によってでしか学べない知であることを指摘したのである。

さらにペイターソンとズデラド[13](Paterson&Zderad, 1976)は、看護を行為する芸術と称した。看護の芸術が目指すのは、人々の健康、安寧、成長といった豊かな存在としての人間のあり方にある。そのため、「芸術家としての看護師」は、個々人にとっての健康や安寧という看護の望ましい結果をどのように得られるのか、専門的知識と熟練した技能をもって、人々とかかわらねばならないのである。したがって看護の芸術の特徴は、看護師がその人にとっての健康や安寧へと向かうような「熟慮した行動」であることを主張した。さらに看護は、患者の心身の変容に関心を寄せることから、看護師は、患者との相互主観的で交流的な行為を欠くことはできない。なぜならば、患者は自分自身の心身の変容の可能性を実現するために、積極的な主体として参加しなければならないからである。そのため看護師は、患者と共に存在し（being with）、そして共に行為することが必要になってくるのである。このような文脈から両氏は、看護を「行為する芸術」と呼び、さらに「相互主観的な交流」を看護の芸術としたのである。

さらに踏み込んで、両氏は看護の芸術とは、患者と看護師の間には相互主観的世界のみならず、客観的世界をも同時に含んでいることについて述べている。看護を実践している看護師は、看護実践の中に、科学と芸術の二つの要素があることを知っているし、了解している。そしてそれはまったく同時に、双方が看護師の実践の中で

（8）Wiedenbach, E. (1964)／外口玉子・池田明子訳（一九六九）『臨床看護の本質――患者援助の技術』現代社。
（9）Watson, J. (1988)／稲岡文昭・稲岡光子訳（一九九二）『ワトソン看護論――人間科学とヒューマンケア』医学書院、九八頁。
（10）谷津裕子（二〇〇二）『看護のアートにおける表現――熟練助産婦のケア実践に基づいて』風間書房、四頁。
（11）わが国の文献としては、看護と芸術の関連性、看護者の感性と芸術の関連性、看護の技術と芸術の関連性などに大別できる。海外に目を向けると、その内容は多様で、看護のアートとサイエンスの関係、看護の人間的なかかわりにおけるアートの側面、看護におけるアートの美学、などがある。同前、一六～一七頁。
（12）Caper, B. (1978). *Fundamental Ptterns of Knowing. Advances in Nursing Science*, 1(1), 13-23.
（13）Paterson, G. & Zderad, L. (1976)／長谷川浩・川野雅資（一九八三）『ヒューマニスティック・ナーシング』医学書院、一三六～一五一頁。

統合されるのである。この統合とは、たんに二つの要素が接着するのではなく、互いが相乗効果となって看護の統合という、看護実践の姿として現われることになる。

以上は、本稿における看護のわざとするところの、科学的知識を踏まえると同時に患者との相互主観的関係において看護を実践する、という内容に相当するものである。さらに言えば、近代看護の祖と呼ばれるナイチンゲールが「看護はサイエンスであり、そしてアートである（Nursing is a science and art）」[14]と定義した内容においても共通すると言ってよいだろう。すなわち、看護のわざ（Nursing art）とは、看護実践をなす看護師が、患者との相互主観的世界と客観的世界において対話をしながら同時に生きることであり、それは科学と芸術の統合を体験することなのである。

それでは、看護のわざ（Nursing art）という「患者との相互主観的で交流的であると同時に客観的な世界」とは、看護師にとってどのような体験であるのだろうか。

2 看護の「わざ」に見る相互主観的世界と〈私離れ〉

日常的に自然的態度にさらされている医療の現場において、患者は観察される側、看護師は観察する側として立たされている。このことに疑問を投げかける池川は、自らの看護師体験をもとに、患者と看護師の関係について以下のように述べている。「われわれが看護の対象は人間である、というときですら、その人間の範疇に看護師である私自身が決して含まれていないという事実である。この事実は、看護師である私が観る患者はいたとしても、患者から観られる私の存在は少しも浮かび上がってこなかったのである。こういった関係においては、患者は一方的に眺められる存在として対象化（客体化）してとらえられ、主体である看護師とは切り離されたものとして対置され、その関係の仕方はきわめて操作的なものとなる」[15]（池川、二〇一〇）。池川は、看護師は、患者がその身にこうむっている病気や苦難の体験を、患者側の解決すべき問題として捉え、その問題解決を援助と考えて努力していることを指摘したのである。看護の目的や動機がどれほど善であったとしても、しょせん患者は、問題という物化《モノ》された実体であって、病める全体としての患者は突き放されたままであり、看護師とは異なる世界で沈黙せざるをえないことを述べた。

　つまり、人間的事象を対象とする看護学では、行為者である看護師が、自己を含めた人間（患者）理解を基盤にするため、一切の対象化を可能とする自然科学的な思考法とは区別された方法をとらねばならない。そのため看護では、主客分離の思考法ではなく、看護師が観る側であると同時に観られる側の関係、すなわち看護師が観ると同様に患者からも観られており、またお互いが相互に影響されていくという「相互主観的」で「相互交流的」な関係の中にしか、他者理解は生まれてこないのである。

　わたしたちは、この身体で感じ、思考し、生きている。その身体が語るとき、身体は言葉を利用するのではなく、身体はそれを生み落とす[16]。この生み落とす言葉の中に、病む人の経験も含まれるわけだが、その物語の証言とは、語り手の苦しむ身体そのものであり、その証言を受け取るためには、聴き手が潜在的にせよ苦しむことのできる身体としてそこにいなければならない[17]。看護師は、こうした人々と向き合いながら、語り手である患者の

（14）Nightingale, F.(1893)／薄井坦子・田村真・小玉香津子訳（一九七四）「病人の看護と健康を守る看護」『ナイチンゲール著作集』第二巻、現代社、八七頁。
（15）池川清子（二〇一〇）「看護学の方法論的反省――もう一つの看護論を求めて」「ケアの現象学の基礎と展開」研究会資料、五頁。
（16）Buber, M.(1923)／植田重雄訳（一九七九）『我と汝 対話』岩波文庫。
（17）Frank, A.W.(1995)／鈴木智之訳（二〇〇二）『傷ついた病いの語り手――身体・病い・倫理』ゆみる出版、二〇〇頁。

苦しみの証言（身体）を受け取ることのできる身体であることが求められているのである。

これまで見てきたように、看護のわざとは、患者との相互主観的な関係によって互いに理解をしていくことが浮き彫りになってきた。しかもその理解の仕方とは、あらかじめ看護師側の思惟によって、ある枠組みを患者に当てはめたり、適用するという方法ではなく、あるがままの相手の中に、その必要性を看護師の身体感覚で捉えると同時に見出していくということもわかった。それは、患者に対して科学的原理を巧みに用いたり、美的に応用することとは、別の仕方なのである。

看護のわざ的世界を表現する「患者との相互主観的で交流的であると同時に客観的な世界」において、後者に見るサイエンスとしての客観的世界は、普遍性と一般的法則の発見を目指すため、すべてを数量化する方法と再現性に厳格である。また前者のアートとしての相互主観的世界は、個人の独自性を明らかにしようとする。また後者（客観的世界）は、恒常的変化と刷新を基盤にするため看護師に常に新しい驚きを与えるし、前者（相互主観的世界）は、古典的な人間世界の中で、変わることなく永続しようとする看護師の感覚を助長する。こうして見てくると、両者は一見、対極に位置するようにも見える。しかし、サイエンスは看護判断の基礎を促し、アートは看護実践の基軸となる価値観が依拠していることから、これらは単に繋がったものではなく、一体化した状態、あるいは統合によって、看護実践がなされると言えよう。つまり看護のわざに見るサイエンスとアートは、看護の実践者である看護師の中で統合され、そして看護実践の中に表現されることになる。それは看護師が看護実践を通して身体でわかっていくことであり、看護師の身体感覚として残ることと言えるだろう。

では、看護師が「身体でわかる」とはどのようなことであるのか。それを説明するために、野島が述べている〈私離れ〉という概念を参考に見ていくことにしたい。野島は、看護師が〈私離れ〉ができている状態を、「一人の人間として、全体的な存在である自己のなかで、看護師として機能する〈私〉を自由に客体化できるということと」[18]とした。この「私を自由に客体化する」とは、「自己が全体的な存在」である限りにおいて、生きている自分を対象化して点検するということではない。看護師が相手の内に入りその悲しみや喜びを共有したとしても、自身の価値観に支配されている場合、受け止めたはずの患者の感覚が、逆に看護師自身の感情に振り回されてその感情の渦中へと埋もれていってしまう。そのため、〈私離れ〉を可能にする力とは、看護師自身の閉ざされた世界に埋もれてしまったかもしれない患者の主体性を回復させることにあると言える。したがって、自分自身が相手との関係の中で、その埋没した主観的世界を徹底して問い直し、自分自身に対して主体的にかかわろうというこ[19]ととして受け止めることができる。

以上は、看護のわざ的世界を表現する「患者との相互主観的で交流的であると同時に客観的な世界」についての看護師の体験に相応するものと判断できる。向き合うその人を客体視するのではなく、身勝手に看護師の主観で判断するのではなく、病んでいるその人の経験に添うためには自己を試金石にかける必要がある。それは、例えば看護師が、患者を客体化しその関係に境界線を引いてその人を観ていたときには、無秩序なノイズでしかなかった情景が、その内に入った途端、言い換えれば患者と感覚が共有できた途端、それらが初めて相互（患者―看護師）にとって意味あるものとして立ち現われてくるといった経験である。外界を網膜で結び、画像を映し出すレンズとしての眼では見ることはできない患者の内的世界は、患者との感覚の共有において、看護師の身体自体が患者を映し出す装置となるのである。そして、この装置としての看護師の身体は、患者との世界を共有している自己をそこに置きながらも、あえて自己を外側に置くことを試みる。それは、看護師が患者の現状を了解す

（18）野島良子（一九七六）『人間看護学序説』医学書院、一三八頁。
（19）池川清子（一九九一）『看護――生きられる世界の実践知』ゆみる出版、四一頁。

るのに、看護師自身の価値観に支配されず、自己の感情に拘泥せずに、患者と向き合っているのか、という自己言及的な視点である。わたしが感じていることは、わたしの身勝手な解釈や判断ではないのか。このような〈私離れ〉という省察（reflection）がなければ、患者は看護師を目の前にしながらも、ますます孤立してしまうのである。

このように、患者の生活を支えることで生きる営みを助ける看護実践において、看護師は患者と日常を共にしながら、相互の行為的連関の内にその人を了解していく。したがって看護実践は、患者の日常生活の中に織り込まれ、いつの間にか看護師の身体に馴染んでしまう、ということが少なくない。そのため患者と共に創り出すという看護のわざにおける実践感覚は、当然のことがらとして看護師の身体に埋め込まれていくのである。

3 「わざ言語」に導かれる看護実践

それでは看護のわざを看護学生に伝えていくためには、どうすればよいのだろうか。この議論に入る前に、もう一度、ヘンダーソンの言葉に立ち戻ってみたいと思う。そして「わざ言語」がもたらす力を確認したのちに、看護実践を看護学生に伝えていく手立てについて考えていくことにしたい。

ヘンダーソンは、わたしたちに「看護師は、自分の患者が何を欲しているのかのみならず、生命を保持し、健康を取り戻すために何を必要としているのかを知るために、彼の〝皮膚の内側〟に入り込まねばならない」というメッセージを残した。ヘンダーソンが著書の中で繰り返し用いるこの言葉の意味は、看護師が「彼の皮膚の内側に入り込む」ことによって、患者と一体感を感じることができるということ[20]、言い換えればこれまで見てきた看護のわざを意味するものである。筆者が初めてこの言葉に出会ったのは、まだ学生の頃だったと思うが、この言葉から漂ってくる看護の神秘性に惹かれていったことを記憶している。そして看護師になって、看護の経験を重ねていくうちに、その言葉が筆者の中で少しずつ動き始めた。看護の世界に身を置き、主体的に看護に従事し、先輩看護師の看護実践に憧れてその方法を行ってみる、といった繰り返しの中に、新たにヘンダーソンの言葉が息づき始めたのである。「もしかしたら……、こういうことなのかもしれない」。他者としての患者を理解することについてうまく言葉では説明できない、また今まではっきりとつかめていなかったことが、「〃皮膚の内側〃に入り込む」という言葉によって、「ああ、そうか」と「身体で思い当たる」ようになったのである[21]（生田、一九八七／二〇〇七）。

臨床の場でその言葉を身体で了解した筆者は、看護学を教えるようになった。そして大学に入学して間もない一年生が看護と出会う授業では、必ずこのヘンダーソンの言葉を贈ることにしている。すると学生は「〃皮膚の内側〃に入り込むって、どんな感じなんだろうね」、「それもそうだけれど、どうやって〃皮膚の内側〃に入るのかっていう問題もあるよね」など、その言葉に関心を持ち始めているであろう感想を口にする。筆者がこの言葉こそ「わざ言語」に値すると判断したのは、いつの間にかこの言葉が学生たちから離れなくなり、それを通して「看護」を学び始めるという学生の姿があるからである。例えば学生は、臨床実習の経験を通して、患者を理解していくことを学ぶ。その際、ヘンダーソンの「〃皮膚の内側〃に入るという、この感覚」を自分の体験に伴走させたり、志向していく方向性として掲げたりしながら、看護が何であるのかを自らに問いかける。さらに、仲間と共有しながら教師や看護師と共に話し合う、という場面に頻繁に遭遇する。

（20）前掲『看護の基本となるもの』、一九頁。
（21）前掲『「わざ」から知る』、一〇一頁。

看護のわざ的世界、すなわち本稿で言うところの「患者との相互主観的で交流的であると同時に客観的な世界」を、そのまま学生に提示しても、それは「看護」という高峰への道のりにためらうばかりか、雲海に埋もれてその姿さえ見えあぐねるかもしれない。しかし、「彼の〝皮膚の内側〟に入り込まねばならない」という比喩的な表現である「わざ言語」を介することで、学生の看護への関心が芽生え、看護への探究心が自ずと生じてくるのである。

つい先日のことである。初めての臨床実習を控えた二年生に、実習で学びたいことは何かと尋ねてみると、「看護の現場で『〝皮膚の内側〟に入り込む』という感覚を確認したいです」と語った学生がいた。学生は、ヘンダーソンに関するさまざまな解説書を目にしながら、ヘンダーソンが提示した世界に赴き、その場に浸ってみたいと思っているのである。それはヘンダーソンの意図する言葉の意味が説明によってわかることを意味しない。そうではなく、その世界に身を置き、その感覚を「わたしが、実感したい」、つまり「わたしなりに、看護をわかりたい」のである。

ヘンダーソンの書は、既に看護の古典と言う人もいる。しかし、本当にそうだろうか。ヘンダーソンが提示する比喩的表現、その「わざ言語」は、現代を生きる看護学生の感性を喚起するものとして生きており、看護の学びを指南する力を持っている。これは看護のわざを学ぶための誘いであると同時に、新たな看護の意味的世界へと導いてくれるものでもある。看護の先人たちに見る「わざ言葉」に耳を傾けることは、わたしたちが過去に学ぶのではなく、見過ごして自明化してしまった「今」から覚醒するために、先人の視点を「模倣」してみること、そこに「わざ言語」の意義がある。

4　看護学生に留まる「うずく傷」

もうひとつの「わざ言語」に値する言葉を紹介したいと思う。それは、看護実践を基盤に看護を追究したウィーデンバックの言葉である。ウィーデンバックは、看護とは、「患者の『その時』、『その場』における体験しているニーズを満たすこと（need-for-help）」とした。そのためには、患者とかかわる「看護師自身の感性を有効に活用すること」が必要であり、看護師は、患者が自分の置かれている状態やその時の状況をどのように知覚しているか、それを知ることから始めなければならないことを論じている。「しかし」、とウィーデンバックは言葉を加えていく。もし看護師が「自分の中に生じている反応を（看護として）とりあつかえない場合には、うずく傷のように、何日間も何カ月間もさらには何年間もの間、その看護師の中にとどまりつづけ、価値ある互いの関係を台なしにすることになるであろう[22]」。

臨床実習を終えたある学生（四年生）は、自己の実習体験を振り返りながら、ウィーデンバックの言葉に導かれるように、看護とは何かを追求していた。その学生は、脳梗塞による言語障害と半身麻痺のある六〇歳代の男性患者（A氏）を受け持った。A氏自身、言語障害が生じてしまった自己を認めるのに時間を要しており、また新たなコミュニケーション・ツールを見出さなければならない状況に若干の混乱があった。そのA氏を受け持った学生は、自分自身を「思ったことや感じたことを表現するのが不得手」とし、「実習中、なぜかAさんとの関係がしっくりしなかった」、「実習している最中は夢中で気づかなかったが、実習が終わったら重たいものがどっ

（22）Wiedenbach, E.（1964）／外口玉子、池田明子訳（二〇〇八）『臨床看護の本質――患者援助の技術』改訳第二版、現代社、六三頁。

と押し寄せてきた感じがしている」と語った。

学生は、Aさんとの「しっくりしなかった」という感覚をもとに、A氏との関係について振り返ることになった。筆者と共に複数回の振り返りを行った後、学生が記述した一部をここに抜粋したいと思う。

〔振り返りを経て〕実習期間中、私はAさん特有の気持ちの表し方を、把握することが出来ていなかったことがわかった。また、私はAさんの微妙な思いを、想像することさえ出来ていなかった。お互いの気持ちが重層的に重なり合うことなく、ただ平行線上に時間を過ごしていたように思える。また、Aさんから、直接思いを引き出せていないため、その後に続く看護において、信頼関係の形成が困難になっていった。つまり実習中の私のかかわりは、私自身、患者に気持ちを開くことが看護につながることなど思いもよらなかったため、援助者として十分にかかわれていなかったことがわかった。〔中略〕そこで思い浮かんだのはウィーデンバックの『看護師が自分の中に生じている反応をとりあつかえない場合には、うずく傷のように、何日間も何カ月間もさらには何年間もの間、その看護師の中にとどまりつづける』という言葉だった。〔中略〕私は確かに実習中に感じた様々な感情を、うまく言葉で表現できなかった。また逆に言えば、言葉では表現しづらい事柄に、私自身囲まれていたことも見えてきた。〔中略〕今回の振り返りによって〝自分の中に生じていた反応〟を一つ一つ解き明かし、自分自身に生じた反応を一つ一つ解釈し、自分の気持ちが取り扱えるようになった。これは、実習後に残った、何とも言えない精神的な疲労の原因や、判然としなかった思いといった、私の胸に引っかかっていたこと、つまりウィーデンバックが言うような〝うずく傷〟が見え始めたからに違いない。そして今ようやく癒され始めているように思う。

看護実践についての振り返り（reflection on action）を行うことは、「看護とは何か」を問いながら、その対軸として「わたしが行っていることは看護と言えるのか」と、自らに問うことである。そのため振り返りとは、看護実践への省察によって開かれる看護の世界であり、それは遡及的な性質を持っている。

今回、学生の振り返りを支えたのは、学生自身に生じた身体感覚、つまりA氏との関係によって生じた「しっくりしない」感覚だった。その振り返りを通して学生が気づいたことは、「私がA氏に気持ちを閉ざしていたために、A氏が自分の気持ちを表現することができなかった」ということだった。言い換えればそれは、相手に表現する場を与えることができなかったということである。学生は、看護において「自分の感情を用いるとは、どのようにすることなのかわからなかった」のだった。看護とは、患者が入浴できなければ、その代わりになる清拭を行い、食事がうまくできなければその手助けを、と考えてきた。それは確かに患者の不自由さを免れる一つの手段になるかもしれない。しかし、人間に対する癒しの援助になっていたのか、すなわち看護となっていたのか、と言えば答えは自ずと見えてくることだろう。

学生は、実習中、そして実習が終了したあと何日間も何週間も、何かが「引っかかっている」感じと「疲労感」として学生の身体感覚として残った。ウィーデンバックの述べる「うずく傷」は、実体としての傷ではない。そのため学生自身でさえもいったいどこにあるのかを確認できるものではない。しかし、A氏とのかかわりそのものとして、「うずく傷」となって学生の中に留まり続けたのである。

看護のわざを具体的に学ぶ臨床看護の現場において、学生は患者の人生に触れ、人間が受苦的存在であることを実感する。このことは、二〇歳前後の学生の気持ちを波立てる。しかし、看護を学ぶ目的は、学生の気持ちを波立たせることにあるわけではない。ウィーデンバックが言うように、患者との出会いによって動かされていく自らの感覚を、看護に活かすことが目的なのである。そのために、自分の感覚が世界に開かれつつ、他者を受け止めると同時にかかわっていくことが必要なのである。学生が看護の体験を振り返るのは、過去の出来事をなぞっていくことではない。今の〈私〉が、その時の〈私〉を捉え直すことで、〈私〉が未来に開かれていくのである。言い換えれば、それは時間を超えた〈私離れ〉という感覚に類似する。したがって、これらの省察は、看護のわざを学ぶ一つの装置と言える。さらにそれを導いたのは、ウィーデンバックの比喩的表現である「わざ言語」にほかならない。

時空を経ても揺らぐことのない看護の本質を追究した先人たちの「わざ言語」は、看護実践が、対人関係を基にしたダイナミックでありながら繊細に展開していく過程であること、また患者という他者理解を前提にした営みであることを、実践する感覚として言葉に載せてくれる。それは看護の現状を分析したり、説明したりするものではないだけに、強くわたしたちの関心を引き寄せていくのである。

このように見ていくと、「看護のわざを教える（学ぶ）」とは、学生の身体に留まるような「看護との出会い」にほかならない。それは、臨床実習の場に限定される患者との出会いばかりではなく、「わざ言語」によって看護が未経験の学生さえも、看護実践への関心が高まり、実践へと導かれていくことは、既に見てきたとおりである。そして、その出会いによって生じた学生の感覚を、教師はいかに看護の学びへと繋げることができるのだろうか。そのためには、学生と教師が主客二分のあり方ではなく、患者—看護師関係に見るような、学生—教師の相互主観的な関係が求められることになることは言うまでもない。

5　看護の「わざ」を教える・学ぶ

看護の「わざ」を教え、学ぶには、具体的にどのような仕方があるのだろうか。ここでは、第二部第五章村上明美氏のインタビューを参考に、その学び方について見ていくことにしたい。

(1) 看護の共同体への参画

村上氏が語る事例に、病院で勤務をしていた後進の助産師が、助産所の職員として働きながら、開業助産師の「わざ」を学ぶ、という場面がある。後進助産師は開業助産師と職場を共にしていることから、それを意識しようとしまいとにかかわらず、目の前にはいつも「その助産師の姿がある」。そのため後進助産師は、日常的な活動を含めて開業助産師の動きがわかり始め、わざを身体で「自然に憶えてしまう」のである。その過程で身につく知識は、「目の前で自分が意図的に探ろうとはしなくても展開」されていくことから、豊富な知の様相を成している。

村上氏が語る助産師の学びの特徴とは、一つは、学習者が実践の場に「身を置く」ことにある。後進助産師が、職員として働きながら開業助産師と行動を共にすることで育つ、つまり「わざ」を学ぶとは、助産所というハビトゥス(23)の場への参入を意味するものであり、社会的文化的な状況に影響されながら助産師としての身体技法を身につけていくという学びを示唆するものである。二つは、開業助産師が「わざ」を伝えるとき、後進助産師に「この動作に注意をする」とか、「ここを見るように」という指示を与えていないことである。後進助産師は、既に助産師の国家資格を有しており、病院と助産所という場所は違っても助産師の経験があることから、自分の経

(23) 生田はモースを引きながら、ハビトゥスについて述べている。ハビトゥスとは、最初は文脈が見えなくとも、その場にいることで形(外面に表された可視的な形態)の意味や目的についての解釈が生まれ、それが一つの型(形の意味するところのもの)へとまとまっていくことである。そのため、「わざ」を生み出す活動、その世界をハビトゥスと呼んだ(前掲『「わざ」から知る』)。

験をもとに助産師の「わざ」を見て取ることができる。言い換えれば後進助産師は、現場で、見て、聞いて、触れて、感じながら学ぶ力を既に持っているということである。助産師ひいては看護職が、感官を用いて学ぶ力が養われるのは、看護という職業が、たとえその人が何も言わなくても、苦しみを抱えてはいないか、痛みは緩和されたのかと、その身体のありようからその人をわかろうとする、理解しようとする実践的な知を会得しているからである。その「わかり」とは、その人の病いの状態、その向き合い方、価値観や、立ち居振る舞いといったその人を作りあげるモチーフが、看護師がその人と出会った場面において、一瞬のうちに繋がり、その人の「生きられる文脈」として現出するである。

臨床現場に身を置いて学ぶ(24)ことは、人間関係を培いつつその場の風土に馴染んでいくことから、効果があることは確かである。そして、それは学習を命題的知識の獲得と定義するのではなく、学習を特定のタイプの社会的共同的参加という状況の中に置き、学習にどのような認知過程と概念的構造が含まれるかを問う代わりに、どのような社会的かかわり合いが学習の生起する適切な文脈を提供するのかを問うものである(25)(Lave and Wenger, 1991)。その能力とはその人個人に内在するという考え方ではなく、臨床という場における関係性、文化や風土、雰囲気という特徴に関連づけられる力として経験される。またその知は、臨床における「一回性」という特性を有しつつも、伝達することが可能である。それは、知の「所有」を意味するものではなく、相互主観的で相互行為的な交流そのもの、ないしはそのメッセージの理解とも言えるのである。

これまでは実践経験のある助産師の現場での学びについて述べてきたが、では、臨床看護の現場に初めて赴く学生はどのように学んでいるのだろうか。また臨床実習前の学生たちは、学内でどのような学習をしているのだろうか。

（2）学生の感覚を基盤にした学び

臨床看護の現場に赴いて学習することを臨床実習と呼ぶが、多くの学生たちはこの臨床実習前、学内で患者に対する具体的な援助「看護技術」を学ぶ。学び方としては、看護技術の根拠（evidence）を重視しながら、行動主義的に学ぶ場合が多い[26]。その理由は、これまで看護学が、実証主義的諸科学の方法論に重点を置いてきたからであり、看護教育においても分析的で立証できる明示的な知が重視されてきたためである。しかし看護技術は、「人とかかわる」という科学知で説明することが困難な「相互の関係性」を基盤にするため、実証主義的諸科学の視点のみでは看護にはならないし、また関係論的視点だけに偏っても看護として成立しえない。そのため教師は、たとえ学内演習であっても、臨床場面のような雰囲気を醸し出す状況を整えていく。では、学生は、大学でどのように看護技術を学んでいるのか、授業の一端を垣間見てみよう。

学生と看護技術との出会いは、教師が行う看護技術のデモンストレーション（顕示）から始まる。教師が行う看護技術を見て、学生はそれを模倣するのである。教師は、架空ではあるが、患者が今どのような状態にあり、

（24）詳細については、第一部第六章原田論考を参照。

（25）Hanks, W.「序文」。Lave, J., Wenger, E.(1991)／佐伯胖（一九九三）『状況に埋め込まれた学習――正統的周辺参加』産業図書、五～二〇頁。

（26）学生は日常生活における援助を、「清潔」、「食事」、「排泄」の援助など項目化し、さらに援助を行うための行動や手順を細目化し、その活動を成り立たせている要素的動作を言語化した教材（チェックリスト）を用いて学習することが多い。そのメリットは、看護技術の学習状況が学生の行動として可視化されるため、自己・他者評価がしやすいことにある。他方で、学生の関心は手順や手続きに行くため、その過程で出現する学習者の判断や迷いなどが取りこぼされやすい。また、援助項目の単位でマスターできても、臨床看護の場では、それらを並行して用いたり、他の援助と組み合わせてなされることがあるため、援助の繋がりが見えにくい。そのため、「学内演習」という場に限定して、その有効性が確認できる。

どのような看護を必要としているのか、という状況設定をすることでデモンストレーションに臨場感を持たせ、学生に看護技術のイメージを膨らませていく。教師のデモンストレーションは、看護の初学者である学生に対する教授効果を意図して、看護技術の「コツ」や「押さえ」を、あえて強調して指し示し（showing）たり、説明する（account for）。それを見ることで学生は、学内において、シミュレーションの患者という静的で動きがない、しかしだからこそ初学者が繰り返し学習しやすい「形」としての看護技術を学ぶことになる。

学生の学び方が熟成していくと、ロールプレーイング（role playing）という学習方法へと移行する。学生が、患者役割や看護師役割になることで、他者にかかわられるということ、あるいは他者にかかわることが、身体感覚でわかるようになるため、これらの感覚を生かして、練習を行うのである。「看護技術」という他者に対する援助技術は、わたしたちの「日常生活」に焦点が当てられている。それは、その人にとっての日常生活の安寧が、健康回復へと導かれるからである。その人にとって何が心地良いことであり、また何が不快であるのか。学生にとっては、原初的感覚に基づく学習となる。そのため、ロールプレーイングを用いて看護技術を学ぶ際には、患者・看護師役割となった学生同士が、自分に生じた感覚を学友に伝えていくこと、その感覚を共有しながら看護技術を試行していくことが、看護のわざを学ぶ基盤となる。

（3）看護師と学生との感覚の共有

さらに学生は、学内で学んだ看護技術を携えて、看護現場に臨床実習生という立場で参加をすることになる。患者やその家族、看護師、医師など、多様な関係が交差する看護現場では、患者の状態に伴って関係が変化するため、その関係を軸にしてなされる看護技術は、常に流動的になる。学生は、これまで学んできた看護技術を成り立たせる基本的用件、すなわち、患者の安全性、安楽性、自立（自律）、個別性を基盤にすることは変わらないことを実感する。他方で学生は、看護師が患者のそのつどの状況に合わせて援助方法を変えていくという看護のわざを目にすることで、「これまでの学習だけでは太刀打ちできない」という現実にも直面することになる。臨床現場で出会う個々の患者のその人らしさを踏まえた看護技術を考えたとき、その方法は、患者の状況によって、また看護師の看護技術の力量によって、患者―看護師関係によって、自ずと異なってくることを実感するのである。では学生は、どのような学習方法で、これらを感得するのだろうか。

学生は、看護師と共に患者の看護実践に参加をする。この経験を通して、自分がこれまで学んだ専門的な知識や技術を、そのまま目の前の患者に適用しようとしても自分が思い描いたとおりにはいかないということを身体感覚でわかってくる。それは学生が、看護師と共に行動することで学生の立つ位置が看護師と同じになり、学生は、看護師が患者をまなざす世界やかかわりが、看護師と同じように感じ取れるようになるからである。看護師と立つ位置を同じくすることの意味は、看護師が患者を含めた看護的状況を知覚しているその世界が、学生にもわかることにある。看護師が、今、何を見、患者の何を受け止めて看護を実践しているのか、学生もその立場に立って実際に感じてみるのである。その感覚を基に、看護師の感じていたことや気がかりを看護師に説明してもらうことによって、あるいは学生の気づきによって、患者を中心とした「看護師と学生との感覚の共有」が生じてくるのである。

以上は、先に見た臨床経験のある助産師の学びとは異なる点である。看護経験者は、看護場面を見るとき、何をどのように見ればよいのかという方法を知りえている。しかし看護の初学者の場合、その状況を眺めることはできても、自ら「見て取る」ことが難しい。そのため、学生はまず物理的に看護師に寄り添い、同じ位置に立ってみて、その世界を感受してみるのである。すると、これまで自分の見えていた世界との相違がわかり始める。それだけでなく、患者の看護を実践するには、患者の世界に自分がどのように参加すればよいのか、どのように参加するのかが具体的にわかるようになってくる。

学生と共にある看護師は、刻々と変化する臨床看護の場にありながらも、「今、ここ」における患者の感覚を共有すると同時に、患者にとって何が大事なのかを察知し判断することにより、これまでの形式的な知や明示化している「形」としての看護技術から、いまだ行ったことのない看護技術の方法を探ろうと試みる。それは、固定化された「形」としての看護技術を内破しつつ「型」へと推移していこうとする志向性と言えるかもしれない。このような看護実践ができる看護師によって、看護のわざは磨かれ、また学生は、このような看護のわざが身についている看護師の姿を見ることで、看護技術を学ぶ意味を探求できるのである。

学生が、看護師と共に患者の看護実践に参加することで、学んだ内容について耳を傾けてみると、「患者の、その時その場にあわせた看護が必要」であり、それが「臨機応変な看護」であること、だからこそ「看護技術の基本が大事」であり、「学内で繰り返し行ってきた看護技術の練習の意味がわかるようになった」など、自分が学んできたことの意味づけを始める。それは、学生が看護現場に参画し、看護技術の重要性を身体で実感するからこそ、主体的に看護の探究へと動こうとするものであり、これまで要素的で断片的だった「形」の必然性の部分と偶然の部分を自ら解釈の努力をしながら捉えていくことができるようになることである[27]。このような往来の学習が、看護のわざを学ぶ意味づけとなり、看護の体験自体が要となっていくのである。

6　非言語的な「わざ」言語

「われわれは言えないことでも知っていることがある[28]」と述べたM・ポランニーは、それを暗黙知（tacit knowledge）として論じた。暗黙知は、経験にもとづく身体上、あるいは勘のような感覚上の知識であり、「わかったのだが、どうしてわかったのかうまく言えない」あるいは「説明できない」といった、言えないけれども知っているという知であり、明示的知識（explicit knowledge）と対照的であると言われている。特に、言語化が難しいと言われる技能や芸は、「言葉では言い表しえないもの」と言われながらも、実際にはある言葉で語られ、伝えられており、この「言葉」こそ、わたしたちがこれまで見てきた「わざ言語」を意味するものである。多くの場合、そうした言葉は伝統的な芸についての一種のことわざや、ジャーゴン（隠語）のような、わかる人には通じる「通の言葉」から成っているだけではなく、言語だけで単独に用いられるより、他の手段と並行して用いられることが多いと言われている。[29]

例えば教師が学生に教えるとき、教師は身ぶりや、手振り、そのイメージや造語などの入り混じった言葉、図、道具などを活用、および教師が自分の身体で示したり、看護学生の身体を動かしたりなどをして、いろいろな形でその場に応じて非言語的に身体で「説明する（account for）」。非言語的な身体を伴う「わざ言語」は、それを言語化すること以上のことがらとして、つまりある行為を差し向ける言語として機能することになると言えるだろう。

つい最近の出来事である。学生（一年生）が数名集まって看護技術の授業の復習を行っていた。その内容は、ベッド上で寝ている患者に対する「起き上がり」の援助であった。学生たちは教材用のビデオを見、授業で配布された資料を見て、お互いに練習をしているのだがなかなかうまくいかない。看護師役の学生が、患者役の学生に起き上がりの援助をした後に「なんか、違うよね～」と言うと、患者役の学生も「そうねぇ、なんかちょっと

（27）前掲『「わざ」から知る』、三八頁。
（28）Polanyi, M. (1996) "We know more than we can say", *The Tacit Demension*, p.4.
（29）塚本明子（一九八九）「芸と術の間 その1」『比較文化研究』二八号、東京大学教養学部。

違う。だって私、腹筋使わないと起き上がれなかったし……」と返した。学生たちが困っていたとき、そこに教師が参加することになった。

教師は、何も告げず、「もう一度、(ベッドに)寝てもらっていい?」と患者役の学生に、ベッドに横になるよう促した。教師はあたかも患者に向かうように、患者役の学生に言葉をかけると、そのベッドの周囲だけが臨床の場のような雰囲気になった。そして、患者を起き上がらせるという援助を学生に見せたのだった。その援助が終了するやいなや、患者役の学生は、「魔法みたい……」と言葉を漏らした。またその援助を見ていた学生たちも、「何か、〝ふっ〟っていうより、むしろ〝ひゅーん〟っていう感じだね」、「力が入っていなかった、先生は力で起こそうとしていないよね」、「一瞬だった、流れがすごい!」等々の感想がでてきた。

その中で、何かひらめいたように手を叩いた学生がいた。「ちょっと待って、わたし、やってみていいですか?」と言い、教師や学生たちの前で、同じように実施してみせた。すると、患者役の学生が「あ、なんか、力が入ってるよ」と言い、またその援助を見ていた学生も、「足の位置が先生と違った」。すると看護師役の学生は、「やっぱり違うんだなぁ、もう一度やってもいい?」などと学生同士で学ぶ体勢に入り始めたのだった。

この時の教師のかかわりは、学生の何がどうできないのかを聞き出して、言葉で説明しようとはしていない。むしろ、自分の身体を用いて、学生に非言語的にわざを示していく(showing)方法を用いている。かつてヴィトゲンシュタインが言語で語れないことについては示すと述べたように、語ることが、示すことにその役割を委ねるのである。しかし、それはただ「示す」のではなく、「今」とか「タイミング」という時空間的な概念が重要になってくる。つまり臨床現場における「その時、その場」に応じて行うことに隣接するものであり、文脈依存性に迫ることを意味する。そのため、示す(見せる)空間、雰囲気作りが重要になってくるのである。

ところで、看護のわざを学ぶにあたって、言葉よりも非言語的にわざを示すことが効果的であるのはなぜだろうか。それは看護という実践が、看護師自身の身体を介して、患者の安寧に向けてその人の身体にかかわっていくことを基本とするからである。そのため看護を学ぶには、いかに詳細に分析された看護援助の解説書よりも、学生自身がそのかかわりの実感を得ること、その実際を見て、感じることが、看護の学びへと学生を向かわせる。

身体的な実感を伴う学びが重要になるのは、学生は、自分に生じた感覚を頼りにしながら、他者へのかかわりを慮《おもんぱか》るからである。先に見た学生たちからも、「何かが（感覚が）違う」のではないかと、自分が経験したある感覚へと向かうように、辿るように、試行錯誤を繰り返す様子が見て取れた。さらにその感覚を個人で閉じるのではなく、学生同士で伝え合うことで、感覚の共有がなされていった。このような学習の連鎖が、看護のわざを学ぶ基礎となるのである。

他者にかかわる感覚を自身の身体で学ぶ、あるいは落とし込んでいく学びは、いずれ出会って間もない患者に対しても、相互主観的なかかわりの中で、その人に合った看護実践を編み出すことができるようになることを意味する。その時、看護のわざは看護師の身体的な知として深く埋もれていく。それは言い換えれば、看護のわざが身体化されることであり、新たに身体知として無意識的にその状況に合わせた看護実践ができるようになっていくと言えるだろう。その基盤を培うのは、学生と向き合う教師との客観的な世界であると同時に相互主観的であるという関係性、すなわち看護のわざ的世界にほかならない。

おわりに

本稿では、看護のわざ（Nursing art）を、科学的知識を踏まえると同時に患者との相互主観的関係において看護を実践することとして論じてきた。その看護のわざを学生に伝えるためには、これまでの科学的で分析的な視線だけでなく、それを比喩的に表現していく「わざ」言語の有用性を見出すことができた。すなわち学生は、看護の「わざ言語」によって、抽象的な看護のわざ的世界にイメージを抱くことができ、自ら看護の探究者として学んでいくという可能性に開かれていたのである。

冒頭で示したヘンダーソンの「彼の〝皮膚の内側〟に入り込まねばならない」という言葉がわたしたちを魅了していくのは、その言葉が科学的な説明ではないからこそ、それが含み持つ本質的な意味に近づこうと学習者の探求心を掻き立てるのである。そして、その探求がもたらす看護実践の感覚とは、個々の看護実践の感覚の共有の内にありながらも、ヘンダーソンが呈した言葉以上のことがらとして、独自の感覚として新たに生成されていく。看護における「わざ言語」は、単なる言葉の解釈にとどまらず、その中核となる看護実践の感覚へとわたしたちを招き入れるのである。

第六章

看護領域における「わざ言語」が機能する「感覚の共有」の実際

原田千鶴

はじめに

看護は、あらゆる年代の個人、家族、集団、地域社会を対象とし、対象が本来持つ自然治癒力を発揮しやすい環境を整え、健康の保持増進、疾病の予防、健康の回復、苦痛の緩和を行い、生涯を通して、その人らしく生を全うすることができるよう身体的・精神的・社会的側面からの世話や支援を言う。また、看護職が対象に働きかける行為を看護実践と言い、その中核部分を「看護ケア」、「ケア」、あるいは「ケアリング[1]」と言う。

（1）「ケア（care）」は、「療養上の生活の世話や支援」を意味し、身体的な世話や対象者との相互作用による対象者の心身の安楽のための世話や支援を含み、看護の独自性や特徴を表わそうとする際に「キュア（cure）」対する構図で用いられることが多い。一方、「ケアリング（caring）」は、対象者との相互的な関係性や関わり、対象者の尊厳を守り大切にしようとする看護職の理想・理念・倫理的態度や気遣いによる、安らかさ、癒し、内省の促し、成長発達、危険の回避、健康状態の改善というときに用いられる。

この「看護ケア」は、対象者のニーズに応じて行う行為である。そのために看護職は、対象者に対して看護職自身の五感を働かせて関心を寄せることにより、気がかり、苦痛や苦悩などの対象者のニーズに気づき、身体とその延長物である道具を用い、また、看護職自身の人格を生かし、対象者に直接働きかけたり、環境を調整したりすることにより、人間的な配慮と尊厳を守る個別性のある看護ケアを行っている。この看護ケアは、前章の前川が言うところの「科学的知識を踏まえながら患者との相互主観的関係において看護を実践すること」を指している。

本稿では、この「看護のわざ」が、臨床においてどのように「伝え」られ、「学習」されていくのかに注目するのであるが、その前に臨床に注目する理由を考えてみよう。

看護基礎教育における主要な学習方法の一つに臨床看護学実習（以下、臨床実習）がある。臨床実習で学生は、看護職者が行う医療や保健活動の実践の中に身を置き、看護職者の立場で、看護の対象者に看護ケアを実際に行う。そこで学生は、指導者とともに看護を必要とする人々に直接あるいは間接的に看護行為を行い、学内で学んだ知識・技術・態度を実践し検証しながら看護の方法を習得していく。しかし臨床実習の魅力はなんといっても、現場の活動に指導者と共に看護実践に加わること、参加することにより「本物」の看護実践が学習できることにある。学生は看護実践の場である臨床で看護を必要とする人々に出会い、「何とかしたい」、「何かできないだろうか」というケアの衝動に駆られて看護実践に誘われる体験をする。また、看護の役割を担う者として看護の現場に入り込んでいくことで、看護師等と看護する喜びや難しさを実感したり、看護を必要とする人々に対する責任を認識したりする。つまり、臨床という文化の中に入り込み、そこで実際に体験することによって学ぶことというのは、けっして教室では学ぶことができないのである。

一方、すでに看護職として仕事に従事している新人は、どうやって一人前あるいは熟練者になっていくのであろうか。つまり看護継続教育[2]において看護のわざはどう「伝え」られ、「学習」されているのであろうか。私たちは、昨日できなかったことが今日できるようになる、昨日わからなかったことが今日わかるようになる、また逆もある。こうした行動や認知の変化が起こりうるのが現場である。私たちは日々、「仕事」に従事しながら、新たな知識や技術、問題の対処の仕方を獲得し、共有し続けているのである。こういった意味において、新人だけでなくすべての看護職にとっても「仕事の現場」である「臨床」は「学習の現場」であると言える[3]。

　前章で前川は、看護師は、「自分の患者が何を欲しているのかのみならず、生命を保持し、健康を取り戻すために何を必要としているのかを知るために、彼の〝皮膚の内側〟に入り込まねばならない」というV・ヘンダーソン[4]の言葉を引用して、看護中核にある「看護のわざ」として紹介している。そして、そもそも看護とは、患者の「その時」、「その場」における体験していることのニーズを満たすことであり、そしてそのニーズは、患者とかかわる看護師自身の感性を有効に活用することなのであると言う。そのため看護師は、患者が自分の置かれている状態やその時の状況をどのように知覚しているか、それを知ることから始めなければならないと言う。そして、心身ともに予備力の少ない患者にとっての「その時、その場」の状態は、刻々と変化し、それにより求められる看護は異なる。したがって定型化された看護は許されず、むしろそれでは対応しきれない豊饒な現実から、看護が編み出されるというE・ウィーデンバック[5]の看護実践におけるわざを照会して、いずれも古典的であるが、

（2）看護継続教育は看護基礎教育課程を卒業後、看護職として資質向上や能力開発のためにプログラムされた教育であり、生涯教育の一環である。ＯＪＴ（On the job training）や職場研修などがある

（3）Billet, S., "Workplace participatory practice: Conceptualizing workplace as learning environment," *Journal of Workplace Learning*, Vol.16, No.6, 2004, pp.312-324.

（4）V・ヘンダーソン『看護の基本となるもの』湯槇ます・小玉香津子訳、新装版、日本看護協会出版会、一九六一／二〇〇六年、一三頁。

現在においても患者のニーズに応じた個別の看護を実践していくうえでもっとも重要な看護のわざであるとしている。この他者理解は相互主観性、交流などによって成り立っていると言う。このことからも、看護の現場である臨床に「参加」することなしに、看護のわざを学ぶことは難しいということが示唆される。

そこで本稿では、この「看護のわざ」が、「臨床」においてどのように「伝え」られ、「学習」されていくのかに注目し、看護領域における基礎教育での臨床実習の実際や第二部第五章で示されている助産所における後進の助産師の現場での学びの実際を通じて、「わざ言語」が機能する「感覚の共有」についての実際を検討してみる。

1 「わざ言語」に導かれる「感覚の共有」

(1)「例示(illustrate)」の提示による「感覚の共有」

臨床は医療を必要とする人たちにとって治療の場であり療養の場である。一般的に臨床実習では、学生の学習段階を考慮して計画を立てるものの、学習とは直接関係のない世界であることから、教室や実習室での学習のように、看護の知識や技術を単元としたカリキュラムを組み、学習の易しいものから難しいものへという順に配列され段階を追って学習を進めていけるような学習環境を整えることは難しい。そういった意味で臨床実習は、日本古来の「わざ」の習得における「非段階的」学習の特徴を持っていると言える。この非段階性について生田は、学習が易から難へと段階を追って進むものではなく、むしろ困難を入門者に経験させたり、あえて段階を設定しないで、学習者自らがその段階や目標を作り出すように促したりするものであり、そこに積極的な教育的意義の実践があるという[6]。また、臨床での学びは出会った課題、患者、そして指導者との関係性の中での偶然性を生かした学習であるといえ、これは偶然からキャリアを作ることを強調するクラボルツの「計画された偶然(planned happenstance)」[7]という意味において学習的意義があると言える。臨床実習では、そういった積極的な意図性はないまでも、複雑な看護現象や問題の難易にかかわらず、また、すでに学習しているとか、していないとかにかかわらず、臨床で偶然に出会うさまざまな「状況」の中で学んでいくという現実があると言える。

それでは、どのようなことが、臨地実習における非段階的学習や計画された偶然として関与しているのだろうか、看護基礎教育における臨床実習事例を紹介しながら検討してみる。

学生が初めて入院患者の看護ケアを直接実施する臨床実習での事例を紹介する。学生は、がんによる痛みを薬物による緩和治療を受けている老人男性を受け持つこととなった[8]。学生は、学内で基本的な日常生活の世話の知識と技術を学習していたが、痛みのある患者の看護やがん患者の看護についてまったく学んでいなかったので、痛みをどうやって緩和することができるのか、がん患者の看護でどのような看護が求められるのかなどについて、何の知識や技術も持っていなかった。患者の痛みは、学生が受け持ち始めた頃から強さが増していた。学生は、指導者と一緒であるときは、患者の看護ケアを実践していたが、それ以外は、学生は痛みに耐える患者に「今は痛みがあるようなのでゆっくりと休んでください」と言い、ベッドサイドでの会話も少なく、血圧と脈拍と体温だけを測るためだけに部屋を訪問していて、その他の時間は、ナースステーションで患者のカルテを閲覧してい

（5）E・ウィーデンバック『臨床看護の本質——患者援助の技術』外口玉子、池田明子訳、改訳第二版、現代社、一九六四／一九八〇年、六三頁。
（6）生田久美子『「わざ」から知る』東京大学出版会、一九八七年、一三～一七頁。
（7）Mitchell, K.E., Levin,Als., Krumboltz,J.D., "Planned Happenstance: Constructing Unexpected Career Opportunities," *Journal of Counseling & Development*. spring, Vol.77, p.005, pp.115-124.
（8）看護の基礎教育の臨床実習では、特定の患者に対し、学生が看護師と共に看護ケアの実践に参加すること説明し承諾を得ている。その承諾を得ている患者のことを学生の受け持ち患者と呼んでいる。

た。ただ、学生は、毎日、指導者と共に、温かいタオルを用いて患者の体を拭くという看護ケアは実施していた。そのときのことを学生は実習の振り返りの中で、「いつも患者の痛みが増強しないかびくびくしていました」、「とにかく、看護師はどうやって患者が痛がらないようにケアをしているのだろうかと思いながらやり方を見ていたり真似てみたりしていました」と述べていた。患者のベッドサイドになかなか行くことができない日が続いた。ある日、学生は勇気をもって一緒に看護ケアを行った指導者に、「なぜあのタイミングで患者の体を拭く必要があるのか」、「痛みのある患者なのに痛みを与えて体を拭く必要はあるのでしょうか」と尋ねてみた。その日の指導者は学生の問いに対し「あの患者の痛みはどんなときに強くなるのだろうね」、「どこがどういうふうに痛むのだろうね」、「あなたは患者の痛みについてはどんなことを知っていますか」と逆に学生に「問い」かけていた。さらに、「患者のあの痛みは、安静に横になっていて緩和される痛みなのだろうか」、「彼は、助けを求めていないだろうか」とか「体を拭き終わったときの患者の表情は穏やかだったね」などと「問い」かけていた。学生はこの指導者との対話を通じて、指導者と共に看護ケアを行っていた数日間、患者が痛みに耐えている姿を見ることがつらかったので、指導者のように患者の反応や行動や訴えに関心を寄せていなかった。そして、看護師の責務である患者の痛みの緩和から回避していたことに気づいた。この気づきを経た学生の看護実践は変化を見せ始めた。少しずつ患者との会話が増え、ベッドサイドに出向いていた。その後の患者との対話の内容にも変化が見られていた。学生は、実は、患者の痛みが痛み止めを始めてからも変わらず常に存在していたことや、痛みがだんだん食欲や良眠にまで影響を及ぼしていることなど、観察するだけではわからなかった痛みの姿がわかっていった。また、患者が痛みを訴えないで我慢していることには理由があり、それは「痛みを、昔自分が家族に迷惑をかけた罰」と意味づけして耐えていることを知っていった。そして、がんの痛みが単に病態による痛みではなく、患者が「霊的な痛み」と捉えていることをわかっていった。そもそも、がん患者の痛みは、家族であっても対峙できないことがある。ましてや初学者の学生が、がんの痛みに苦しむ患者に対峙することは簡単なことではない。さらに、患者の全人的な苦痛に共感することは簡単ではない。何が学生の行動や認識の変化に影響を与えたのだろうか。

指導者が学生に問い掛けた言葉に注目してみると、この問い掛けは、学生の理解の程度を追及するものではない。指導者の問い掛けは、指導者自身の痛みのある患者のケアの看護実践者としてケアを追求する過程における「実践者の問い」を声に出したに過ぎないと言える。つまり、指導者は学生に「問い」かけられることで、自らの患者への接近のしかたを「例示」として話し、学生はその「例示」を自分に向けられた「問い」として受け取り、指導者の接近を模倣していくことになったと言える。また、学生が指導者の接近を模倣することは、指導者の見ている世界を「共に」見ようとしていることであり[9]、看護師が痛みのある患者のニーズと対峙しているのか、痛みのある患者の何に注目しているのか、どんなことに責任を引き受けているのか共感していくことにつながったと言えないだろうか。したがって、行為をなさしめる言葉と言う意味において、この指導者自身の接近の仕方の話である、学生にとっての「問い」は、「例示」[10]という意味での「わざ言語」であると考えられる。また、生田は、「わざ言語」の有効性は、学習者が自らをわざ世界に潜入させ、主観的活動に従事している場合であると言い、わざ世界に潜入させ、主観的活動をしていた学習者であるからこそ、今まではっきりとつかめなかったものがその言葉をかけられることによって、身体全体で納得するのであると言う（前掲『「わざ」から知る』、一〇四頁）。このことから学生は回避していたと言っているが、その心底には常に患者へのケア的関心があったことが

（9）佐伯胖編『共感　育ちあう保育の中で』ミネルヴァ書房、二〇〇七年、一七～三二頁。
（10）塚本明子『動く知フロネーシス――経験にひらかれた実践知』ゆみる出版、二〇〇八年、一八八頁。

窺え、学生のケアリングの萌芽を実感させられる。

また、学生の学びは、看護実践に正統的に「参加」しているということが大きいと言える。「参加」により、「ケアする学生」を「ケアを受ける患者」があるいは「共にケアに取り組む指導者」がその正統性を認めること、つまり病と共にある援助者＝「仲間」として患者に認めることが、学生の「何が自分にできるのだろうか」という、ケアの主体としての態度の学びにつながっていったと言える。佐伯は、学習者が動機づけられるのは、本人の自己決定の問題以上に、「実践の共同体が当人らしい参加を受け入れてくれること、当人の参加を、より正統的なものにしてくれるという実感」[11]だと述べる。学生は、日々の日常生活のケアを指導者と一緒に行う中で、患者あるいは指導者をはじめとする看護師から参加を受け入れられることが、単なる学習者から、看護実践者の自覚をもった学生に成長し、患者の共感的理解を深めていく理由になったと考えられる。

（2）「提示（Showing）」により導かれる「感覚の共有」

臨床実習における学生と指導者との対話において、自分のやり方を「例示」として示す指導者と、それを学生への「問い」と受け取る学生がおり、学生が自分の文脈の中で「わざ言語」を理解していることが示されたが、助産師としての経験を持つ、助産所の後進の助産師はどのような「わざ言語」を「伝え」、「学ぶ」のであろうか。

村上明美氏は熟練助産師の助産の「わざ」の伝承における本書、実践編の中で、助産所の熟練助産師は助産師のわざはHow toで教えることはできない、また、書くこともできないと言い、黙して語らない様子が語られている。多くの熟練助産師は、あれこれ指導をすることはないと語る。しかし、熟練助産師は、後進の助産師に対し「自分の分娩のわざを全部見ていい」、「盗めるものがあるなら何でも盗んでいい」と言い、惜しみなく熟練助産師の分娩のわざを見せるという。なぜ熟練助産師が、卓越した「わざ」を直接的に伝えられないかという理由として考えられることは、技能は技能者が体得したものであり文書化することが困難[12]であること、技能は人から人へと経験を通して継承されていくと言われるように技能が暗黙知によって伝承されていくことが関係している[13]と言える。しかし、V・A・ハワードは、わざの説明において独特な言語の使用や「提示（showing）[14]」という方法を通して「わざ」を語ることが可能であるとしている。つまり、熟練助産師の多くが後進の助産師に対して言う「自分の分娩のわざを全部見ていい」、「盗めるものがあるなら何でも盗んでいい」ということは、「知っている（know）」自分の分娩のわざを「説明する（account for）」場面で差し出して見せる「提示」という非言語的な「わざ言語」を使用しようとしていると言えないだろうか。

では、どのように熟練助産師の分娩のわざは「提示」され、その「提示」により後進助産師はどう学んでいくのであろうか。

この「提示」は、熟練助産師と後進の助産師が共に仕事をする「場」や「状況」で行われているもので、特別「提示」の場が準備されているわけではない。つまり、助産師にとっての「仕事」そのものである。後進の助産師は、分娩の際に熟練助産師と共にお産の仕事を担っている。例えば、陣痛と陣痛の合間に、胎児の心音を聴いて赤ちゃんの状態が良いことを確かめたり、お母さんと一緒に呼吸を行ったりしているのである。どの仕事もお母さんの産む力と赤ちゃんの生まれようとする力を助け、安全で満足のいくお産になるためには重要不可欠な仕事である。したがってここでの熟練助産師の分娩のわざの「提示」は、後進の助産師に特別に見せようとしてい

（11）佐伯胖ほか編『学びあう共同体』学びと文化 六、東京大学出版会、一九九六年。
（12）野中郁次郎『知的創造的企業』東洋経済新報社、一九九六年、二一～五〇頁。
（13）M・ポランニー『暗黙知の次元』高橋勇夫訳、ちくま学芸文庫、二〇〇三年。
（14）V.A.Haward Artistry; *The Work of Artists*, Hackett Publishing Company, 1982, p.70

る「顕示（demonstration）」ではない。また、後進の助産師にとっても、見せられるのではなく見ていなければ分娩時の役割を果たすことができない「状況」なのである。しかし、村上氏によると、後進の助産師は仕事をしながらでも、熟練助産師のお産の介助のわざを見ながら、「ああ、こうすればいいんだ」、「次は自分もこうしてみよう」と熟練者の分娩のわざをモデルにしながら、だんだん自分のHow toをイメージしながら学んでいると言う（本書、三四二頁）。また、これは、コリンら[15]の認知的徒弟制におけるモデリングの段階であると言うことができるが、それに先立って、この「提示」は、熟練助産師の分娩のわざの習得過程において、まずは「形」を模倣してみたい、そして、「形」の意味を自ら納得したいという衝動を学習者に覚えさせるという働きをもつと考えられはしないだろうか。

さらに、後進の助産師は、分娩の技術だけでなく、熟練助産師の母子との関わりや他の助産師のケア、つまり分娩の「場」全体に関心を向けており、そこから助産師としての価値観や責任観、信念を知ろうとし、わかってくると言う。そういった意味では、後進の助産師は「型」の意味の再解釈[16]が行われていると言える。

このように、分娩の介助の技術や価値観や責任観、信念を含めた熟練助産師のわざを習得していく過程においてもまた、分娩という活動に「参加」することが重要な要素であると言える。「わざ」は仕事の中で「提示」されるのであり、またわざを「模倣」したいという感覚もまた、「参加」なしには始まらない。「提示」や「参加」は、学び手に学習の衝動を覚えさせると考えられる。また、分娩という活動への「参加」では、二つの命に対しての責任を抱えた「緊張」と、生命の誕生を「喜ぶ」感覚が生まれる。熟練助産師と後進の助産師は、分娩という活動を共にする中で、この緊張と喜びという感覚を常に共有していると言える。「提示」という非言語的な「わざ言語」にもう一度注目すると、言語では伝えることのできない、時空的な「リズム」、「タイミング」、「雰囲気」を状況依存的に示していくことで、感覚の共有への働きをもつと言えないだろうか。

さらに、熟練助産師と後進の助産師は、分娩の活動への「参加」を通して、分娩へのお互いの参加のリズムを作っていく。佐伯は、一つのリズムを作るということは、ある活動の文脈の全体に対する、その人の「参加の有様」（ハビトゥス）を決めることであると言う。どういう「姿勢」で入っていけばよいのか、どんな調子で活動に加わっていけばよいのかを決める。「私」がいつか「私たち」になる。リズムに「のって」いるとき、私たちはもはや「動き」（「形」）をしているのではない。一つの統一された「有様に」自分の姿勢、構えを「同化」させているのである。つまり、感覚を共有できる「共同体」となると言える。だからこそ、同じ感覚を持つようになっていくと言える。[17] そうすることで、熟練助産師と後進の助産師は「共同体」としての意識が高まり、「私たち」という意識を持つようになることで、自分の共同体におけるアイデンティティを高めたり主観的な学びを促されていくことになると言える。また、これはまさに、レイヴとウェンガー[18]におけるユカタンの産婆の徒弟制の事例と類似していることがわかる。後進の助産師は、お産の共同体に重要な役割を担うという「正統性」を与えられ、共同体の一部の役割を「周辺的」に担うことで、やがては共同体の仕事全体の活動を知り、共同体のメンバーとなっていく徒弟制における学びの様相をもつものである。

（15）Allan Collins, *Cognitive Apprenticeship*, The Cambridge Handbook of The Learning Science, pp.47-60, 2006.
（16）前掲『「わざ」から知る』、三七頁。
（17）前掲『「わざ」から知る』、一四五～一六三頁。
（18）J・レイヴ&E・ウェンガー『状況に埋め込まれた学習——正統的周辺参加』佐伯胖訳、産業図書、一九九三年。

2　価値を共有する学び

（1）看護師の身体に「なってみる」

学生が臨床実習での学びを表現するとき、「本物の看護」とか「本物の看護師」という表現を使う。学生は、学内で学ぶ看護の知識と臨床での実践を通して自分で知った「知る知識」[19]を使い分けている。彼らの言う「本物の看護」や「本物の看護師」というのはいったいどのようにして「伝え」られ「学ばれて」いるのであろうか。

看護基礎教育では、臨床実習の始まったばかりの時期に、学生に看護師の看護実践に同行するという看護実践活動への「参加」の機会を設けることがある。教育側の意図は、学生の臨床実習初期の緊張感を緩和させ、心理的適応を助けることである。学生が同行する看護師には、この「参加」の目的、いつもの看護実践のとおりでよいこと、患者が拒否しない限りどこにでも同行させてほしいこと、そして学生の質問には可能な限り答えてほしいことを依頼しているのみのまさしく状況依存的な学習である。

学生は、看護師に同行し始めたばかりの時点から、看護師の「時間感覚」に驚くという。看護師と学生は、動きあるいは歩く速さがかなり違うのである。学生が気づくと、看護師はずっと先を歩いていたり、病室のどこかに入り込んでしまって看護師の姿を見失うことで、時間感覚の違いを何度も体験する。そうかと思えば、看護実践の場面では、患者の訴えにじっくり時間を費やしていることにも気づいていく。学生は、看護師にただついていく中で、自分たちとは異なる時間感覚の体験を繰り返し体験しながら看護実践に「参加」しているのである。

学生たちはこの実習での体験を通じて、看護師が看護実践を計画通りに、つまり機械的に行わず、熟考して看護活動[20]を行っていることを知る。それは、そのときに看護師が、患者という人間一人ひとりの固有の物語（ナラティヴ）を持っているという考えや、患者やクライアントの体や心には変化が起こることを踏まえた上で、一人ひとりの患者の訴えを聞き、その時、その状況のニーズを確かめながら看護を実践しているという看護ケアの本質を学んでいた。

ここでの学生の学びは、学生が看護師の看護実践に同行するという「参加」において、看護師に「なってみる（模倣）」ことから始まっていると考えられる。ここでの「なってみる」とは、看護師の「時間感覚」での歩きや動きを示す。学生は看護師としては日常であるこの時間感覚での「歩き、動き」を突きつけられていると言える。これは、生田の言う「わざ言語」の三つ目の「わざ言語」の役割を示すと言える。それは、「教える者」が「学ぶ者」に対して、自らが到達した状態（Achievement）を「わざ言語」を通して「突きつける」という役割を示す。それは、「教える者」としての卓越者の到達状態についての感覚を学習者自らが探っていくことを目指す役割である。卓越者がもう一人の卓越性を探りつつある人に、自らが演じている状態におけるある種の感覚に自分自身で気づいてもらいたいという、いわば状態についての感覚の共有を促すことにその意図はあり、その点においてTaskつまり方法的な活動を指示する「わざ言語」とは異なる目的をもっていると言えよう。それは、「感覚の共有」よりむしろ高次の「傾向性」の発現を目指すための開かれた「状態感覚の共有」が意図されていると言える（生田、本書、第一部第一章）。看護師のように歩き、動き、看護師に「なってみる」ことで、患者の話を聞き、看護師のケアに参加する中で、「看護師の時間感覚」を実感し、理解していく。「なってみる」ことで学生は看護師が見ているものを「共に」見ることで、看護師の世界に気づき、患者や看護を捉え直すという学びに結びついた

(19) 生田久美子「職人の『わざ』の伝承過程における『教える』と『学ぶ』」『実践のエスノグラフィ』金子書房、二〇〇一年、二三〇〜二四六頁。
(20) I・J・オーランド『看護の探求　ダイナミックな人間関係を基にした方法』稲田八重子訳、メヂカルフレンド社、一九六〇／一九八〇年。

と言える。つまり、「看護師になってみる」という模倣は、視線を「共に」することで身体感覚を「共に」することとなり、単に看護師の動きや歩きという表面的な「形」を真似ることではなく、看護師のやっていることの「意図」を推察し、その意図を取り込んでいこうということが看護師の思い、考えに共感することとなったと考えられる。

なりきってわかったからこそ、そうやって学んだからこそ、「その時、その状況のニーズを確かめながら熟考した看護活動を行うという看護観[21]」、「患者は固有の存在でそれぞれが物語（ナラティヴ）を持っているという人間観」を示す看護ケアの価値を、学生は「本物の患者」、「本物の看護」と表現しながら学んでいると考えられる。

（２）感覚を「共有」する身体

身体を通じた「感覚」を共有した上での実践は、第二部第五章の村上氏の対談にも見られる。それは、熟練助産師が分娩時に「危険と思う兆候」を発見したとき、後進の助産師と「注意しなければならない」と目配せをし合う例に見て取れる。とっさに行う合図は、「気をつけなくてはならないという危険」や「この陣痛の痛みは大丈夫」という感覚を伝えていると考えられる。では、熟練助産師と後進の助産師はどうしてこのように「感覚」を共有するようになるのだろうか。

まず、「場」との関係で考えてみる。感覚とは個人に起こる刺激の反応であり、その個人に起きている感覚そのものを伝えることは難しい。このような感覚を伝えることができる可能性は、「感覚を共有する身体」がある前に「感覚を共有する場」があるからなのではないだろうか。同じ刺激や情報があることを前提としながら何かをもって、感覚を共有するにあたり、この環境と切り離して考えることはできないであろう。塩瀬は、伝統的徒弟制度は、生活を通じた価値観を共有する装置としての役割をもつとし[22]、寝食を共にする生活の場のもつ意味について述べている。助産所は徒弟制ではないものの生活の場と仕事場が一体化しており、この中で日常の空間や分娩の空間を熟練助産師と後進の助産師は共有している。助産所における助産は、助産師のわざだけで医療介入のないお産に臨み、母子の命の責任を引き受けている実践共同体である。熟練助産師と後進の助産師はここでの日々の実践の中で助産師同士が、喜び、危険、苦痛、悲しみの同じ場で「出会い」、「感じ」、「考え」ている。このように「共に」あることや「対話」が、感覚を共有する身体をもつようになっていくと考えられ、後進の助産師が、熟練助産師の価値観や責任観そして信条を理解するようになるのである。

（3）「美しさ」という価値の共有

村上氏の対談の中で、助産師たちの「美しさ」へのこだわりとその感覚の共有についての語りがある。一般的に分娩は「痛々しさ」、「生々しさ」の感覚をもつが、「美しさ」という感覚をもつということはユニークである。そして、村上氏によると、熟練助産師たちは、その「美しさ」の感覚を大事にしていると強調している。

この、熟練助産師の「美しさ」は、お産の「わざ」とどのような関係があるのだろうか。

村上氏は、熟練助産師が分娩のときに真っ白いシーツを汚さないこと、汚れてもわからないようにすぐに処理すること、また、助産所にいつもきれいに花が飾られていること、椅子がきれいに整えられていることなど、助産所の分娩の場から日常の生活の場における熟練助産師の行為の中に、「美しさ」へのこだわりを見ることができると言う。また、そのこだわりは、熟練助産師によって語られる「美しい所作には無駄がない」ということか

（21）同前。
（22）塩瀬隆之『分類子学習に基づく対話型技能継承支援システムに関する研究』京都大学、博士学位論文、二〇〇三年。（京都大学学術情報リポジトリ）

らも理解することができると言う。

これらのことから推測するに、熟練助産師の「美しさ」の感覚は、分娩のわざの「形」に見る場の清潔さ、分娩の際の母親の無理のない姿勢、介助する助産師の無理のない姿勢、分娩を介助する際の所作、助産師として価値観や責任観、信念のすべて包含している調和のとれた分娩のわざを意味していると言えないだろうか。さらに、分娩のわざが「善い」ということを表しているのではないだろうか。佐伯は、活動の場には必ず「共にいる他者」がいる。その他者と「善い」という判断や評価を「共にする（共感する）」営みがなければ、文化的価値の創造も、再生産も、発展・維持されないであろうと言っている。[23] 分娩のわざを文化的価値の生産物と置き換えてみたときにその「善さ」は、「美しさ」という評価に置き換えられると言える。塩瀬は、ものの形容が類型化してくる中で言葉が伝わる関係は共同作業の中にあると言い、[24]「美しさ」が伝わることにおける共同体の存在の重要性を示している。そういった意味で、熟練助産師の「美しさ」のこだわりは助産所のあらゆるところにちりばめられていると言える。後進の助産師は、助産の活動の実践共同体における仲間として日々、熟練助産師の「美しさ」という判断や価値の感覚を共有することになり、分娩のわざの価値の創造、再生産、わざの維持や発展に関連していくと考えられる。

3　仲間と学び合う

(1) 家族との学び合い

学び合うのは、単に看護師―学生間だけでない。ウェンガーは、共同の取り組みに対する専門性と情熱を共有することでインフォーマルに結びついた人の集まりを、学習者のコミュニティの「実践共同体[25]」と呼んでいる。

病院であれば、その中には家族も含まれるであろう。共同体における学びは、メンバー間での関係や対話による相互関係により生まれると言われる。それは、もちろん専門性の有無に関わらない。

ここでは、日常ケアを契機にした家族との関わり、対話により、死に向かう患者とその家族の看護について考えていった学生の事例を紹介しよう。

学生は、状態が少しずつ悪化していくがん末期の患者を担当していた。日々、状態が悪い方向へ変化していく患者に対し、学生は、「何をすればよいのか」、「何ができるのか」ということに悩んでいた。学生は、その日の指導者から、患者のひげが伸びているという情報を聞き、ひげを剃ろうと考えた。学生は、シェイバーでひげを剃り、温かいタオルで顔を拭いた。患者は、もうほとんど反応も見られなかったが、小ざっぱりした顔はきれいに見えたという。ちょうどそのとき、面会に訪れた息子が「よかったなあ。やっと父さんらしくなったよ」とひげが剃られた顔を見て言ったという。学生は家族に、「ひげがない方が素敵だなと思って剃りました」と話すと、「父はひげが濃かったから、ひげが伸びるのをいつも気にしていたのです。ああ、父らしくなりました」と繰り返し喜んだという。そして、「ひげぐらいだったら私たちもできますね。最期は自分もできることをしてやりたいんです。父はどんな感じでひげを剃っていたのかなあなんて考えながら」という家族の声を学生は聞き洩らしていなかった。

学生はこの実践を通じて、家族から患者の看護を学んだと言う。それは、「ひげ剃り」という行為の中に、死

(23) 前掲『「わざ」から知る』一五三頁。
(24) 前掲『分類子学習に基づく対話型技能継承支援システムに関する研究』。
(25) E・ウェンガー「コミュニティ・オブ・プラクティス」『ナレッジ社会の新たな知識形態の実践』野村恭彦監訳、翔遊社、二〇〇七年。

にゆく患者に対してのケア、さらに、看取り家族に対してのケアの意味があることを知ったというのだ。それまで「ひげ剃り」は、伸びたひげを剃ることで身づくろいを整えるという行為であると思っていた。しかし、その患者にとっての「ひげ剃り」は、その人の生き方につながる行為であることが実践を通して理解できたという。また、自分の看護ケアが患者を父親の姿に変えていくことになり、家族へのケアにもなっていったことがわかったという。自分も、このことを知ったことで、この患者が元気だった頃に、濃いひげを気にしながら毎日ひげを剃っていたんだなあとその人の姿が浮かんできたという。その人の人生に触れた感じがしたと語った。学生の取り組んでいたそれまでの看護は、「意識が朦朧としているから血圧が下がっているのではないか、測ってみよう」というような、身体の変化を発見するにすぎないものであった。だから、終焉を迎える患者にもかかわらず血圧、脈、体温を欠かさず測定していた。しかし、この「ひげ剃り」を機に行われた家族との対話を通じて、「家族がどう患者との最期を過ごしたいと願っているのか、家族はどんな患者の様子を見て患者が苦しんでいる、あるいは安らいでいると思うのか」などを考えるようになっていった。これまでとは異なる視線で看護を考えるようになった。また、病室に足を運ぶ学生の歩きぶりもしっかりとしていた。学生は、平和な死に向かうべく患者の看護のあり方を考える看護者の姿になっていた。まさしく、「ある意味において看護師は、自分の患者が何を欲しているのかのみならず、生命を保持し、健康を取り戻すために何を必要としているのかを知るために、彼の〝皮膚の内側〟に入り込まねばならない」という看護のわざを経験したわけである。

また、これを介した家族と学生の対話を通じて、共に患者を見る「まなざし」を共感し、互いの立場から「患者の人生」を、「父親としての患者」を、「あるいは残された時間をどう過ごすことがよいのか」ということを考えるに至ったと考えられる。そもそも死に向かう時間は、家族にとっても重要な意味をもつ。それにもかかわらず、未熟な周辺者である学生を看取りのケアへ「参加」することを排除せず、「ひげ剃り」という看護ケアを

「してみる」ことが許されたことが学生の学びに影響を与えていると考えられる。

(2) 看護学の臨床実習カンファレンスにおける学び合い

臨床実習では、生身の患者やクライアントと生身の学生が関わり合うわけであるから、さまざまなことが起こる。そのような学生の直接的経験を振り返り、直接経験を表出したり、経験の意味を探求したりする臨床実習の一形態として看護学臨床実習カンファレンスがある。この看護学の臨床実習カンファレンスは、学生と教員あるいは現場の指導者がメンバーとなり開かれるグループでの話し合いの場である。それは、実習の終わりに定期的に開催したり、問題や課題が起きたときに即応して開催したりされるものであり、テーマに対して、各自が自由に感想を述べたり意見交換をするなど対話を通じた学習を行っている。その意義は、理論と実践を結びつけたり、現象や物事を多面的に考える場となったり、実践者としての責任や自信、効力感を得る態度育成の場となることであり、リフレクションと同様の効果が得られることである。

ここでは、臨床実習カンファレンスに「参加」することで、学生が看護の専門家である看護師長から「看護職として学び続けると言うこと(わざを学び続ける)」について学んだことを紹介しよう。

その日、学生らは、看護師達が開催する話し合いに参加することができた。その話し合いでは、ある看護師が、自分が担当している末期患者とその家族の看護ケアについて悩んでいることを相談していた。それは、治療の効果が期待できなくなった患者が残された時間を苦痛なく平和に過ごせることを大切にするため、家族と医師と看護師の話し合いで治療や看護の方針を終末期緩和ケアに移行することを決めたが、決定後も家族から「医療者はデータをもとでしか説明をしないが、家族からみれば患者は昨日と比べて良い兆しがあるように思う」など、決定した方針に対する家族の心の揺らぎが聞かれているという内容であった。そして看護師は、わずかにある患者の生命力に対して希望を持ちたいという気持ちがよく分かる一方で、これ以上の積極的治療は患者の苦痛にしかならないだろうという考えもあり、そのディレンマが辛いということを相談していたのである。

学生たちはその日の実習終了前の実習カンファレンスで、自分たち自身でその話題について話し合ってみることになった。カンファレンスでは、看護師が何を話題にしていたかを整理しながら、この看護師の看護実践や思いを知ろうとしていた。看護師の看護実践に同行していた学生は、「この看護師は、話題に上がった患者のことを本当によく考えていて、頻繁にベッドサイドに出向いていたり、時間を作って家族と話をしたりしている。このことについて看護師は医師とも話をしていて、とにかくすごく考えていることが伝わってくる」と発言した。別の学生は、看護師が「家族や医師のそれぞれの考えや思いを聞いているけれど、自分の中でどのように看護師として関わっていったらよいのかまだ考えがまとまっていないから悩んでいる」とどのような看護ケアを行うことが望ましいのか悩んでいることを話してくれたと語った。結局、この事例を通じて学生たちが何かを解決していくわけではなかったが、この看護師の話し合いという活動への参加や自分たちのカンファレンスの場を設けたことにより、看護師が患者や家族のことを深く考えながら実践しようとしていること、そういう看護の重要性が理解できるからこそ、一人で複数の患者のニーズに応えることが難しい課題であること、何より経験のある看護師が実践において自分たちと同じようにいろいろな思いや悩みを持ちながら解決しようとしていることなどが話し合われていた。その結果、「人一人を大切にする看護は、一〇人の患者がいたら一〇の力を発揮することであり、一〇分の一の力で看護することではない」、「看護はスムーズにいくものではない、悩まないと進まない。なぜならそれは、他者のことを思うからであり、解決したいという思いがあるから悩みが生まれるからである」だとしたら、「看護の第一歩は悩むことである」と自分たちの言葉によって、看護実践の中核にあるケアやケアリングにおける価値観や態度が表現されたのである。さらに加えると、そのとき黙って参加していた病棟看護師長が涙ぐみながら、学生たちに語りかけてきて、学生がその看護師の悩んでいることを知ろうとしていること、それを通じて看護とは何か、看護師とは何かについて考えようとしていることに感動したことを伝える場面があった。また、話題を投じた看護師の思いを看護師長自身の言葉で置き換えながら、「話題は問題解決したわけではないけれど、あの話し合いでは、担当看護師の思いを理解し、看護師チームの仲間で支え合ってケアをすることを確認する場としての意味があった」ことなどの説明が加えられた。そして学生の実習カンファレンスに参加できたことが看護師長にとっても有意義な話し合いであったことが述べられたのであった。

実習カンファレンスでの教員や指導者の関わり方はさまざまであるが、この病棟の看護師が看護師の話し合いに学生の参加を許したこと、話題を提供した看護師が学生指導の場で看護実践における看護師としての悩みや困難を学生に話し解決しようとする態度を示したこと、実習カンファレンスに参加した看護師長が学生の学びや成長を学生への感謝や感動という言葉でフィードバックしたことなど、同じ目線で学生と関わっていたこの態度そのものが、看護師としての態度や価値観の学びを導いた非言語的「わざ言語」の意味をもっていたと考えられる。

4　異質の共同体との出会いにおける看護の再発見

助産師の「わざ」の伝承事例にもあったように、現代の医療は医療の高度化、利用者の意識の変化、医療安全を最優先させることなどにより、看護の本来の機能である患者の自然治癒力を引き出す、あるいは生命力を引き出すという看護独自の働きかけが後方に追いやられた中で医療活動や学習活動が行われる現実がある。このような中で学ぶことは、看護職のアイデンティティの成長にも影響を及ぼすこととなる。

筆者の大学は、東南アジアにある国立病院と学術協定を結んでおり、その医療施設で臨床実習を行っている。

この実習は、国内での実習と異なり、異なる文化背景をもつ指導者や学生と共に現地の患者の看護実践を行うという方法で取り組まれている。実習先の病院の機能を踏まえた実習目的は、熱帯感染症患者の理解と看護ケアの実践である。

この実習の開始当初、日本と異なる看護実践に「参加」することで、必ずと言ってよいほど学生からの驚きの声が挙がる。それは、「野戦病院みたいだ」、「薬剤が数種類しか見当たらない」、「製氷機がないので発熱患者に何もできなかった」というさまざまな驚きや反応である。これは、日本と異なる医療現場での看護実践に「参加」することによって現れてきた、それまで学生が学んできた知識や技術や態度、価値観を反映したものである。学生はこれまでの生活や学習を通じて、特定の（日本）文化における看護実践に「参加」し、価値観、考え、精神を学んできている。それゆえに起こる反応であり、状況性と切り離されたものであると言える。そして、現地の文化を背景にした看護実践に「参加」することで現れた否定的な評価や感想は、省察や批判的思考が伴わなければ自文化中心の学びを強化してしまうだけとなってしまう危険性がある。

もう一つ学生が驚くことは、現地の患者の回復力に関してである。学生は日本よりずっと限られた薬剤で治療を受けていて、ただベッドに横たわっているように見える患者が日々どんどんと回復していくことを不思議に思うことがある。日本では高熱が続くとすぐ点滴が開始され短時間で回復するような治療を行うのに対して、現地の看護実践では、経口から発熱により奪われる水分の摂取を助けたり、体の電解質バランスを崩さないように、水と食塩と砂糖で経口補水液を作って飲ませたりするなど、プライマリーなケアが行われているのである。抗生物質や解熱剤が普及している日本の学生にとっては、これらのケアで熱が下がるという実感がないのである。つまり、人間の自然治癒力や生命力を引き出すことが看護の独自の機能としながらも、その自然治癒力や生命力について日本の医療現場での実習では理解することができていないのである。しかし、現地の看護学生と一緒に高熱のある患者の解熱のための気化熱を応用したスポンジ・バスを行った学生は、半信半疑で教えられたように実施してみて、原理を同じにする援助方法が日本にもあることを思い出し、自分が道具に囚われていたことに気づいていた。また、自然治癒力による患者の病気の回復過程を目前で見ることで、患者には自然治癒力や生命力があることを実感としてわかっていた。この実習に参加した学生のほとんどが、ナイチンゲールの「病気は回復過程であり、患者が自然治癒力を発揮できるよういたずらな体力の消耗を防ぐようにすることが看護である」ということがわかってきたと述べている。この実感を伴う気づきは、看護の独自の看護のわざを伝承し創り上げていく上で、意味深い出会いであると言える。ここでは、異なる文化における看護実践への「参加」そのものが、自然治癒力を引き出すという「看護のわざ」の本質の理解に働きかけたと言えよう。

異なる文化における看護実践への「参加」は、同じ目的をもつ現地の学生との対話を通じ、普遍的な価値観を確認し合うことになった。異なる文化の間で、その差異を理解し認め合うということは、看護における他者理解と共通している。

おわりに

本稿では、学習や仕事の場である臨床における看護実践に学生あるいは後進の助産師を例とする新人の看護職が「参加」する中でどのような「わざ言語」が用いられ、機能しているのかを検討してみた。

ここでの「看護師のわざ」は、「看護の一人ひとりを固有の意味ある存在としての尊重する価値観」、「個々人のニーズに応じる看護実践における態度」、「看護機能の独自性に関係する人間の自然治癒力や生命力の実感」であった。また「熟練助産師のわざ」は、「母親の産む力、赤ちゃんの生まれようとする力を最大限に発揮するわざに関わる価値観や責任観」であった。

これらの看護や助産のわざを伝えるにあたって用いられていた「わざ言語」には、明示的な「わざ言語」より行為を示すための「例示（illustration）」や「提示（showing）」が用いられていた。これらの「わざ言語」は、学習者に、「どうしてだろう」、「考えてみよう」、「やってみよう」、「なってみよう」という、「模倣」への動きを与えていると考えられる。

しかし、佐伯はわざの模倣を初心者が「参加」しようとする意向の表出にすぎないとし、わざを模倣することは「参加への引き込み」ではないか、あるいは「演じようとする活動意図全体への『共感』の呼びかけ」ではないかと言い、わざを学ぶということは、何かを身につけるという以前に、その実践に「参加」することが前提であり、そして実践に「参加」し続けることによって上達してくると言う。また、わざの上達とは多くの「声」を聞き分けることとであり、「相手」の身になるという「対話」の上達にほかならないとしている。[26]

わざを学ぶ場では、指導者や熟達者からの呼びかけと学生や初心者がそれに応えることのやりとりが行われる。そこに介するのが「わざ言語」である。つまり、「例示」や「提示」を通じた対話が重要であり、その意味において、感覚の共有が重要となるのである。この感覚の共有についても、また、実践の「参加」が共同体との感覚の共有につながると言える。それは、「異なる他者との出会い」における「アイデンティティ」の確立の促進でもある。

看護基礎教育では今、社会への看護専門職として位置づけを明示することと同時に、卒業時の看護学生の看護実践能力や達成レベル、成果を明文化しようという取り組みが続いている。これは、社会的問題である医療事故や新人の離職などへの取り組みである。このような中で危惧されるのは、「できる」実践能力が列挙されることにより、その知識獲得のための臨床実習となってしまうことである。また一方で、知識獲得の学習では、物質的な豊かさの中で育った学生たちは、現実感に乏しく、現状の厳しさに直面するという経験も限られる。そもそも、こうした状況の中で、看護のわざを伝えても、伝えたものをイメージし共感することさえ難しくなっている現実もある。こういう点においても、看護実践に「参加」することで、ケアの衝動を共有することから学び合うことが求められる現実がある。

本稿は、看護のわざが埋もれている臨床での実習のあり方を、「専門職の知識や技術観の見直し」という課題の下で論じた。

(26) 前掲『「わざ」から知る』、一四五〜一六三頁。

第七章
人が「わざキン」に感染するとき

佐伯　胖

1　「風邪ひかせのヤブ医者」物語

ある、とんでもない医者が、ひとりの全く健康な人に「風邪をひかせてやろう」と思った。

彼はこう考えた。「風邪」というのは、①熱があり、②頭痛がし、③からだがだるい、という三つの特徴がある。したがって、この三つの特徴をもたせれば、この「風邪ひかせ」という人類の最大のねがい、前人未踏の偉業をなしとげられるものであろう、と考えた。

そこでまず、医者はその患者（となるべき人物）に「熱」をもたせるために、あらゆることを試みたが、くりかえし失敗した末、ついに発見したのは、インド直輸入の純粋なカレー粉に、日本古来の伝統的「ワサビ」をまぜあわせ、それを患者（となるべき人）の全身にぬりたくることであり、これによって「四十度の熱」を発生させることに成功した。

頭痛をもたせるのにはそれほどの苦労はなかった。彼は「自分の豊富な経験」に照らし、これならばまちがいない、と確信した一つの方法、頭を一パツ、ガンとぶちかますこと、を実行したにすぎない。「だるさ」の問題も簡単にかたづいた。からだじゅうにナマリの板をしばりつけて一万メートルほど走らせればよかった。

医者は患者(となったハズの人)に「感想」を求めた。「熱はありますか。」「ハイ、あります。」「頭は痛くないですか。」「たまらなく痛いです。」「からだはだるくないですか。」「とても立っていられないほどだるいです。」

ついに医者は「風邪ひかせ」に成功したのである。

(佐伯胖『「学び」の構造』東洋館、一九七五年、九八〜九九頁)

右に挙げた寓話は筆者が一九七五年に出した『「学び」の構造』の中で、当初、道徳教育における「徳目」主義を批判するために作り出したものだが、同書では、のちに、ティーチング・マシンやプログラム学習で、教育目標を「目標行動」のリストで表現し、それをスモール・ステップで順次獲得させることを教育だとみなす考え方を批判するときにも用いている。行動主義的心理学に基づくプログラム学習では、教育目標は「学習者の行動の言葉」(学習者はどういう行動が「できるようになる」か)で表現し、それが確実に発現されるかを検証していくことで教育が行われるとしたことに対し、そういう「のぞましい学習者の行動」というのは、病気にかかったときに表れる症状(兆候)のようなものであり、それ自体を「目標」とすべきものではない、ということを説明するときにも、この「風邪ひかせのヤブ医者」物語を引用しているのである(同書、一四九〜一五三頁)。

この寓話は、わが恩師でもある村井実氏の目にとまり、たいへん「おもしろがって」くださった。さらに、数年後に発表された同氏の『新・教育学のすすめ』（小学館、一九七八年）の中で、この寓話に若干の脚色を加え、それをもとに同氏の「善さ」論を展開されている。村井氏がこの寓話を用いて批判しているのは、「症状主義」である。ヤブ医者が陥っているのは、もともと風邪キンに冒された患者が示す「症状」を、風邪キンによらず、外から「身につかせよう」とする愚であるとしているのである。村井氏は、そこで、「善さキン」なる概念を提唱する。

人間が善い人になるのは、いわゆる善さ症状によってではなく、むしろ善さキンともいうべきものによってなのです〔中略〕。善さキンというのは奇妙な表現ですが、要するに、すべての人間の内部には、善くなろうとする働きが生まれついて備わっているということです。その働きによって善き症状も表れ、人は善い人になりもするのです。

（村井実『新・教育学のすすめ』村井実著作集五、小学館、一九八八年、四六頁。原著は「一〇〇万人の創造選書22」小学館、一九七八年）

2 「わざ」は「わざキン」病の症状か

本書第一部第一章で、生田は「わざ」を、ギルバート・ライルのいう「傾向性（disposition）」であるという。「傾向性（disposition）」（以後「傾向性」と表記）とは、「ある特定の条件が実現されればある特定の状態にならざるをえない」という人間の性向を意味するとし、それは「『……ができる』ということを含意するものの、その逆は必ずしも成立しない」としている（本書、六頁）。ただし、それは反射行為や習慣のような単一的な傾向性（single-track disposition）とは異なる、無限に多様な表れ方をする高次の傾向性（multiple-track disposition）であると言う。その上で、生田は「わざ」をTask（課題活動）とAchievement（達成状態）に分ける。

Taskの学びは、いかにしたらある種の行為ができるかという「方法（やり方）の学び」（Learning "how to do"）として言い換えることができるのに対して、Achievementの学びはある種の行為が生起してしまう状態の「学び」（Learning "to do" あるいは "to be"）の違いとして解釈することができる。ライルによって提示された「傾向性」という概念は、まさしく二番目の「生起してしまう（"to do"）」あるいは「なってしまう（"to be"）」の事態を表す概念であり、それはAchievementの学びのあり方を適切に描写している。

（本書、一二頁）

「わざ」をAchievementのある種の行為が「生起してしまう」という行為の「傾向性」と見なすという捉え方は、風邪を風邪キンによる症状と見なしたり、人間の「善さ」を善さキンによると見なすという捉え方と、本質的にはほとんど変わりないであろう。ここまでのところは、ごく自然に対応づけられる。しかし、これが「わざ言語」という、本書の中心的テーマに迫ろうとすると、単純に「わざ」は「わざキンの症状」とは言い難い問題が生じてくる。

「わざ言語」というのは、生田（本書「はじめに」）によれば、「科学言語のようにある事柄を正確に記述、説明することを目的とするのではなく、相手に関連ある感覚や、行動を生じさせたり、現に行われている活動の中身を改善したりするときに用いられる言語」であり、教授プロセスの中で「教える者」の身体の中に生じている感覚のありのままに表現することによって、「学ぶ者」の身体の中にそれと同じ感覚を生じさせることを目的とした言語とされている。例としては、民俗芸能の伝承場面において、扇を広げる動作を指導する場合、「天から舞い降りてくる雪を受けるように」というような表現である。

生田は、さらに、「わざ言語」の役割を三つに分類する。一つ目は、「わざ」の伝承をTaskの問題として捉える文脈で生起するものであり、具体的な「動き」や「行為」を指示するもの、二つ目は、「わざ」の伝承におけるTaskとAchievementの二つの段階の橋渡しをする役割であり、直接的な「動き」や「行為」の指示を超えて、「教える者」の身体感覚と「学ぶ者」の身体感覚の協調・共有を促す役割をもつ。三つ目は、「わざ」の伝承がめざすものをAchievementとして捉え、二つ目で挙げた身体感覚の共有を超えて、むしろ、「意図的な指示の不可能性」を認識した上で、なおかつ伝えることをあきらめずに発するものであり、「教える者」としての卓越者のAchievementについての感覚を、それを「教わる」学習者が自ら探ることを「誘う」役割である。

このように見てくると、「わざ言語」が注目されるのは、わざの熟達者である「師」とそのわざの習得をめざしている「弟子」の師弟関係、さらに、そこでの「教える―教わる」関係が想定されているということである。しかし、わざを「傾向性」と見なす立場に立つと、そこでは風邪の「症状」を外から「与える」ことができないのと同様、「傾向性」としてのわざもまた、外から「与える」ことは本来不可能なはずである。当然、直接的に「伝達」もできないはずである。したがって、そのような師弟関係の中でわざの伝承を行うということは、「伝えられないことを伝えようとすること」であり、「語りえぬことを語ること」にならざるをえない。さもなければ、まさに、風邪ひかせのヤブ医者になって、わざを習得した状態の「症状」を学習者に無理矢理に「植えつけよう」とする愚に陥る。

実際、本書の各章は、そのような「わざ」の伝達不可能性を前提にした中で、苦渋の中から絞り出される「わざ言語」なるもの取り出し、それがどのように機能しているかを見ようとするわけであり、「無理を承知で無理を通す」試みといってよいだろう。

そこで、本稿では、このような「無理を通す」道を、ひとまず避けるため、わざの伝承における「教える―教わる」関係をいったん切り離して考えることにする。

幸い、本書には、助産師の村上明美氏からの聞き取り記録（第二部第五章『生命誕生の場』における感覚の共有」）があるが、そこには明示的な師弟関係の記述はない。また、日本舞踊で扇を広げる動作を指導する際の「天から舞い降りてくる雪を受けるように」というような、明確な「わざ言語」が使われたという記述もない。しかし、そこではみごとなまでに「わざの伝承」は行われている。したがって、まずは、村上氏のインタビュー記録から、「わざが生起し、わざが伝承される場」というものがどういうものかを考えていくことにする。

3　わざの「感染場」――「わざ」が生起し伝承される場

（1）「感染」によるわざ世界への参入

村上氏がかかわった助産所で、後進の助産師たちに、なぜこの助産所の助産師のもとで働こうと思ったのかを聞いてみたところ、ある後進の助産師は、「熟練助産師のいいところも悪いところも全部、その人が好きだから」と言ったそうである。まさに、「惚れ込んで」参入してきたのである。

宮台真司は、学びの動機づけとして、競争動機（競争に勝ちたい）、理解動機（わからないことをわかりたい）に加えて、感染動機（特定の人物に惚れ込み、自分もそういう人になってみたいと感染して引き込まれる）を挙げており、本当に深く探求が進み、それが持続するのは、最後の感染動機であるとしている。[1] 宮台自身、小室直樹や廣松渉というスゴイ人物に感染し、（一時的だろうが）彼らの身ぶりや手振り、しゃべり方までまねてしまったという。

何かを見るとき、考えるとき、「小室先生だったらどう見るか」、「廣松先生だったらどう考えるか」を想像してしまうのだという。もちろん、宮台は小室や廣松をやがて「卒業」する（彼らの論について堂々と批判する）が、両人への「惚れ込み」は、両人とも故人となった現在も変わっておらず、彼らのすさまじいまでの探求心、厳しい議論の展開の「わざ」は、みごとなまでに「伝承」されているのである。

感染による学びは当然「模倣」から入る。ここでの「模倣」は、特定の技術（how to）ではなく、その人の「姿勢」（世界や人への向かい方）である。助産所で後進助産師は熟練助産師から何を学ぶのかを聞かれて、「先生〔熟練看護師〕のお産に対する姿勢であったり、責任感であったり、安全を守る能力であったり、お母さんを大事にする姿勢などたくさん伝えてもらっている」という。

（2）わざが「伝わる」とは

助産所でわざが「伝わる」のは、特定の技能や知識が伝授されるというより、熟練者の「ありよう」全体に「感染」するのであり、いわば真性の「患者」になることとしか言いようがない。

後進助産師が「ここの助産院のお産ができるということはどういうことをいうのでしょうか」と尋ねられたとき、「たとえ先生〔熟練助産師〕が直接お産に関わっていなくても、わたしたちのお産に先生の人間性が感じられるようなお産になること」と答えたという。ここには二つの重要な意味がある。第一は、「責任を持たされ、責任を果たす」ということであり、お産という「現場」を「任される」こと、そしてその「任された責任を、熟達者の支援なく、自分たちでしっかり果たせた」という実感が持てたとき、まさに、「一人前のこの助産院のメン

（1）宮台真司『一四歳からの社会学』世界文化社、二〇〇八年、一三二～一三三頁。

バーとしてのアイデンティティが持てた」ということである。このような、「現場」を自分の判断で「仕切る」ことを任され、その責任を果たしたとき、「わざが伝わった」という実感をもつのは、おそらく、歌舞伎でもスポーツでも同じであろう。まさに、「一人前」として認められ、自ら「一人前」の責任が果たせた、ということであり、レイヴとウェンガーが[2]正統的周辺参加論で言う「学習」の成立そのものである。

もう一つ重要な点は、その「一人前」らしさというものが、熟練助産師がいなくてもその熟練助産師の「人間性」が感じられるお産ができる、という点である。想像するに、そこには手順の流れが滞りなく、安全・安心・安楽に包みこまれた、手慣れた、不安げのないお産ができたという達成観だけでなく、優しさ、心配り、周辺への気遣い、産婦と明るく楽しげで肩の力の抜けた「普段どおりの」会話を続けられ、お産が無事に終わったとき、「ああ、○○先生がいらしたときと同じにできた」と実感されたとき、ほんとうに、「この助産院の」メンバーになれたのだと感じ取れるのであろう。ここにはもう、「○○ができる」、「△△ができる」という「できる」項目のリスト（生田の言うTask＝課題活動）はほとんど意味をなさない。ここでのAchievementは、特定の学習者自身の「わざ」というよりも、「周辺との関係のありよう」全体が、独特の「ありよう」に変貌している、という達成であって、そのとき、当人の「主人公性」は消滅している――「場の中に消えている」――のである。

この「場の中に消えている」、すなわち、「なにものでもない状態になる」という「達成」こそ、詩人ジョン・キーツが文学の世界で“Man of Achievement”（偉業をなしとげた人）の持つ特質として挙げた“Negative Capability”そのものである[3]。この“Negative Capability”の訳語としては「消極的能力」とか「否定的能力」とかの訳が当てられ、論争の的となっているが[4]、鈴木忠の[5]「なにものでもなくいられる力」という訳語こそがまさに適訳（むしろ正訳）と思われる。

（3）他を「生かす」わざ

「なにものでもない状態になること」を最高の達成とするわざというのはどういうわざだろうか。それは徹底して「他を生かす」わざである。いい換えると、徹底して「他によって生かされることにすべて、委ねきる」というわざである。「わざキン」の言葉でいえば、見えざるキンが相手の体内に入り込み、その体の特質に完全に「同化」してしまうのである。あとはキンの痕跡も残さず、その身体が自然に「動く」中に溶け込んで機能する。以下で、そのように体内に同化して入り込んだわざキンが「発症」するさまを見てみよう。

村上氏は、そもそも「助産」（お産の介助）というのは、分娩において、赤ちゃんが「生まれようとする力」とお母さんが「産もうとする力」を最大限に発揮させ、それらに委ねることで分娩を終えることだとする。そのためには、まず、お母さんがおなかの赤ちゃんと対話することを促す。赤ちゃんがいま、どうしたがっているかを「感じ取る」感覚を鋭敏にして共有することを促す。そしてそれに「応えようとする」お母さんに、お母さんはどうしたいのか、どういう身体の姿勢、動きで応えるのがよいかを、専門知識を持った助産師として、一緒に考え、工夫する（ちなみに、この産院では通常、フリースタイル分娩であり、妊婦はどこでどのような姿勢で産むかを自

（2）ジーン・レイヴ＆エティエンヌ・ウェンガー『状況に埋め込まれた学習――正統的周辺参加』佐伯胖訳、産業図書、一九九三年。
（3）ジョン・キーツ『詩人の手紙』田村英之助訳、冨山房、一九七七年。（一八一八年十二月二十二日 ジョージ及びトマス・キーツ宛の手紙）
（4）藤本周一「John Keats: “Negative Capability” の「訳語」をめぐる概念の検証」『大阪経大論集』第五五巻六号、二〇〇五年、五～二七頁。
（5）鈴木忠「自己を超える／現実を超える：アイデンティティー概念再考」『生涯発達心理学研究（白百合女子大学発行）』第一号、一九～三〇頁。

分で決めることができる)。この場合の「専門知識」というのは、妊婦の感覚と分娩経過を的確に把握した上で赤ちゃんと母親がどのようにして「協力」しあっていけるかについての知恵としての専門的知識であり、赤ちゃんにとってもお母さんにとっても「それが一番いい」と納得できる(赤ちゃんでもなんらかの形でそれをあらわすものとみなした上で)、そういう「介助」の知恵である。それが助産師の専門的知識なのである。

そのような知恵(わざ)は、わざキンに感染した患者がますます「その人らしく」、「その人の潜在能力がフルに発揮されるように」、見えない働きをする。ある意味では、お母さんも、赤ちゃんも、自分を生かす「わざ」に感染するのだ、とも言えよう。ここでは、自己を「外界に働きかける」存在としてではなく、外界の「ことわり」に従い、世界そのものが最も自然に「なるようになる」ことを受け止め、それに「溶け込んで」(自らを「消して」)従うという姿があり、そこに「わざ」が生きているのである。

(4)「いつも通り」の持続

この助産所の「わざ」(特定の個人のわざというより、助産所全体としての高度な「達成」)は、徹底した「いつも通り」の持続である。

病院でのお産は、多くの場合は医療者主導で産ませるお産です。〔中略〕一方、わたしが知っている助産所では、陣痛と上手に付き合う産婦さんの光景が見られました。陣痛が収まっている時のお母さんたちは、笑顔をみせていたり、自由に動き回っていたり、時には場所も自由に選んだりして分娩に臨んでいました。そして、産婦を気遣いながらも、産婦や助産師と日常会話を楽しそうにかわす産婦の家族がいました。お産の痛みに「痛い」とは言いながらもその場に「笑い」があるのです。まるで日常の生活がそこにあるような感じで、赤ちゃんを産み落とすようにお産をして、「お産、楽しかったわね」とお産がおわるのです。産後のお母さんはと言うと、スタスタ歩きまわっている、そんな様子です。

（本書、三三八頁）

お産というのは、通常は、いざ「その時」が来たとして、母親を含めて関係者全員のテンションが上がり、それこそ「笑っている場合ではない」雰囲気になるものである。もちろん、出産のときは妊婦の呼吸は変わる。通常は皆で一斉に掛け声をかける……というのが病院でのお産の通例であるが、この助産所では、まず妊婦を含めて、周囲の人たちの息づかいが穏やかで静かな呼吸だという。熟練助産師が産婦に呼吸を支援する場合でも、お母さんに「自分で一番やりやすい呼吸のしかたでいいですよ」と声かけ、「いまの呼吸がとてもよかったから、もうちょっと長くいきんでみましょうか」とかいうのである。掛け声で呼吸を誘導するのではなく、助産師側が、母親の呼吸に「合わせる」のである。

(5) 共感的共同リフレクション——「教え」のようで「教え」でない教え

お産にはつねに危険な事態が隣り合わせになっている。熟練看護師は危険兆候に気づいたときも穏やかに「大丈夫ですよ。次の陣痛で、赤ちゃんは生まれますよ」と声をかけながら、他の助産師に目配せし、事前の処置をさりげなくとる。しかし、後進助産師の場合にはそのような「目配せ」が通じないで、突然「ああ、これ、危ないですね」と口にしてしまったり、シグナルを見過ごしてしまい別の助産師のカバーでことなきをえるということもある。ただ、多くの場合、お産のあとには後進助産師も混じえての「振り返り」がある。そこでいろいろな場面をみんなで思い返しながら、「あそこはこうだったね」、「あのこと、よくわかったわね」、「あそこでサインを送ったの、わかった?」などと話し合う。つまり、そこではみんながそれぞれ、「気づき」を共有し合うのである。そのような場で、後進助産師も自分の気づきの幅(気づくべき周辺状況)と奥行き(前後のできごととの関連)の気づきを豊かにしていくのである。さらに大切なことは、「互いの気づきに気づくこと」を学ぶ。つまり、「気づき」は「気づき」で気づかれ、それが自然に伝播し広がるのである。このようなことが自然に生まれるのが「振り返り」なのだが、そこは「共感的共同リフレクション」の場だと言えよう。共同的なリフレクションによって相互の「気づき」に共感的に「気づき合う」のである。そこは、「教え」のようでいて「教え」でないが、やはり優れたわざが磨かれる場だという意味では、たしかな「教えの場」と言えよう。

通常、病院でも、出産や手術のあと、助産師や看護師らを混じえた「振り返り」が行われるのは通例である。しかし、そのような「振り返り」は、まさに「反省会」そのもので、「失敗」や「思慮不足」、「不注意」の指摘が中心で、新人はひたすら身を縮まらせて聞いている、ということが多い。しかし、助産所での出産後の「振り返り」は、村上談話から推察するに、なごやかな笑いの中での、「お互いの気づき合い」の発見を楽しむような雰囲気が感じられる。「うまくできた」ことを褒めあうことと同時に、「うっかり」も、「ぼんやり」も、「あわてんぼ」も、みんなお互いに、「そういうことってあるよね、わたしも昔はそうだった」といって、たがいの支え合い、気づきあいを深めることに集中した語り合いになっていると思われる。

(6)「わざ」は「わざ的場」の中での共同的達成

このように見てくると、助産所での「わざ」は、特定の個人(たとえば熟練助産師)の個人としての立ち居振る舞いにあるというわけではなく、熟練助産師、後進助産師、お母さん、さらには、「みごとに生まれてくる」

赤ちゃんにも、共同的に達成されることの中にあると言えよう。それぞれがそれぞれの「みごとな達成」を支え、支援し、産出を促しあい、結果的に、その「場」自体が、他では考えられないほどの高度の「達成」を生み出しているのである。そこには「気づきを気づき合う」というコミュニケーション、自分自身の中の「気づき」に気づくことなどが、ごく日常的に営まれ、常に、おだやかで明るい時間が静かに流れているという事態が生まれている。

最後に驚かされたのは、そのような助産所の「美」である。

助産所の熟練助産師の方たちは、「美しさ」という感覚をとても大事にされています。びっくりするのは、ある助産所の施設を見せていただくと、真っ白いレースの掛け物とかをベッドに使っていて、それをお産のときにも使うのです。「これを汚さないという美しさをうちでお産してもらう人にも感じてもらえたらいいわ」っておっしゃっています。

（本書、三五八頁）

村井実氏は著書『「善さ」の構造』(6)の中で、「善さ」が求める要求として「相互性」（他との関わり合い）、「無矛盾性」（理にかなっている）、「効用性」（快さ、心地よさ）の三つの要求を基本としたのち、これら全体を統括するものとして「美」（美しさ）を挙げている。つまり、「相互性」、「無矛盾性」、「効用性」が満たされるとき、それらがバランスがとれて、「みごとに」達成されることを求める。わたしたちは、「善い」行いを自然に「美しい行い」といい、「善い」建物を「美しい」建物という。「美」というのは、「アレが善い」、「ココが善い」という部

（6）村井実『「善さ」の構造』講談社、一九七八年。

分部分の属性についての「善さ」を超えた、全体のありようの「品位」とでも言うような感覚に訴えるものである。立ち居振る舞い、言葉かけ、しごと、……それらすべてに「美しさ」という品格がかもしだされることを要求する。かのジョン・キーツも「想像力が美として把握したものこそ真実であるにちがいない」と述べている。(7)「わざキン」は、究極的には「善さキン」に変容するのだと言えよう。

4 「わざ言語」とは何か――「わざキン」世界の「わかり合い」

村上氏が紹介している助産所では、いわゆる「わざ言語」なるものが飛び交っている様子は描かれていない。そこでの「わざ」の獲得は、「伝達されて」獲得されるのではなく、まさに「感染」によって「伝わってしまう」からである。

それでは、村上氏が語る助産所に「わざ言語」はないのかと言うと、私には「ある」とはっきり言える。具体的に言えば、「助産」というしごとを、お母さんの「産もうする力」と赤ちゃんの「生まれようとする力」を促すことだという表現である。とくに、「赤ちゃんの生まれようとする力」という表現は、フツウはなかなか出てこない言い回しである。フツウは、妊婦が「産気づいた」ことをシグナルに、「出産」という「産ませる」医療行為が開始され、それによって「赤ちゃんが(無事に)生まれる」とする。赤ちゃん自身が「生まれようとして、自分で生まれて来る」などと言う人は滅多にいない。

しかし、わたし自身、最近、孫が生まれたときに、「出産」という出来事を、まさに身近に実感した(わが子の場合は「身近」じゃなかったのか、といわれると、返答に苦しんでしまう。ここはワスレタということで、勘弁していただく)。そういう経験の余韻が冷めていないときに、「学び」についての一文を書くことになり、次のような一文を書いた。

かつて、ソクラテスは教育を産婆術にたとえた。そのことの意味について、これまであまり考えたことがなかったのだが、最近、「赤ちゃんが生まれる」ということを身近に知る機会があったため、あらためて考えさせられた。

母親が産気づいてから実際の出産が始まるまでというのは、実に「長い」。待っている者にしてみれば、「本当に生まれてくるのか」と疑いをもちたくなるほどの長さである。何度も押し寄せる陣痛を通して、少しずつ、少しずつ、進行していくのだが、ある段階に至ると、ほとんど突然といっていいほど、急に出産が「はじまる」。それはあたかも、赤ちゃんが「よし、出るぞ」と決意を固めたかのようであり、赤ちゃんはみずから「身をよじって」出てくるのである。それは母親が「押し出す」というより、胎児の方から狭い産道をくぐりぬけて「出てくる」のだ。そのときの助産師さんは、身をよじってはい出てくる赤ちゃんを迎え、歓迎する。「ようこそ、いらっしゃい！」というわけだ。

ああ、これが「教育」という営みなのだ。「教育する（educate）」という言葉は「引き出す（educe）」という言葉からきているとされることがあるが、それは違う。赤ちゃんは「引き出す」のではなく、決然として、身をよじって、苦しいもがきを通して、「出てくる」のだ。それを、「ようこそ、いらっしゃい！」と歓迎するとき、自然に赤ちゃんと母体を「支えて」いるのが「助産」ということであり、それこそが教育の本質なのだ。

（7）ジョン・キーツの一八一七年一一月二二日、ベンジャミン・ベイリー宛の手紙。

（佐伯胖監修、ＣＩＥＣ編『学びとコンピュータ　ハンドブック』東京電気大学出版局、二〇〇八年、「はじめに」より）

「赤ちゃんの生まれようとする力」ということばが、さりげなく、さらりと語られると、それが「わざ言語」だとは、言っている本人も、聞いている人も、おそらく意識しないであろう。しかし、拙文で指摘したように、そのことの意味は、まさに「助産」の神髄をさしている。それは、助産所の中では、スポンジが水を吸い取るように、助産師の心の奥底にしみこんでいっているに違いない。それを心にしみこませた結果として現れ出る助産行為は、出産医療の助手としての助産師の行為ではなく、「自ら、生まれ出てくる赤ちゃん」を、心の底から、母親とともに「ようこそ、いらっしゃい！」と歓迎する「わざ」になっているにちがいないのである。

「わざ言語」というのは、使われている比喩とか言い回しの特異性にその本質的特徴があるわけではない。一つの言葉、それがどんなに「ありふれた」、「さりげない」言葉であったとしても、あるいは、どんなに「聞き慣れない」、「文字通りには解釈不可能な」、なぞめいた言葉であったとしても、その言葉は卓越した「わざ」の世界でこそ、その真意が推し量られ、卓越した「わざ」が、ごく自然に達成されることを促す、そういう言葉のことをさしているのであろう。

「わざ言語」を「わざ言語」として受け止めることも、一種の「わざ」なのかもしれない。

第二部
「わざ言語」の実践

語り手
五代目 中村時蔵
佐藤三昭
朝原宣治
結城匡啓
村上明美

第一章

「歌舞伎」の「わざ」の継承と学び――「役になりきる」ことに向って

五代目　中村時蔵（歌舞伎俳優）

一九五五年、東京生まれ。父は四代目中村時蔵。一九六〇年初舞台。一九八一年『妹背山女庭訓』のお三輪で五代目中村時蔵を襲名。数々の賞を受賞しているが、主たる受賞として、一九八六年国立劇場優秀賞、一九九四年松尾芸能賞優秀賞、二〇〇八年日本芸術院賞、二〇一〇年紫綬褒章などがある。慶應義塾大学塾員（一九八五年特）。

聞き手　生田久美子

――本日は歌舞伎俳優の五代目中村時蔵さんをお招きいたしまして、歌舞伎の「わざ」の継承と学びについて、特に「ことば」体験を踏まえてお話を伺うことにいたしました。時蔵さん、どうぞよろしくお願いします。

時蔵　生田先生はじめ皆様方が「わざ」の伝承に注目なさって、特に、どのような「言葉」が使われて「わざ」が継承されていくのかということを研究なさっておられることを伺って、私がそうした研究にどのぐらいお力添えができるかどうかわかりませんが、歌舞伎の世界で普段私たちがどのように先輩から私、また私から後輩、子どもたちに日常的に教えているのかお話させていただきます。どんな話になるかわかりませんが、私の歌舞伎役者としての実体験をもとに継承していくということの難しさなどをお話していきたいと思います。

私の話から、どのような言葉が使われて、「わざ」がどのように継承されていくのかを解明していただければ、私にとっても、幸いであると思っております。

1 自らの「学び」を振り返って

――まずは、時蔵さんのここまでにいたる歌舞伎の「学び」歴についてお話し願えますでしょうか。「どなた」から「どのように」学ばれたのでしょうか。

時蔵 昔から私たちはこうやって、ああやってと明示的に教わったわけではなくて、よく芸は盗むものだとか言われておりました。ですから、舞台の袖から見ながら先輩の芸を盗んだりしておりました。意地の悪い俳優さんは見てると違うことをやったというような話もありますし、また後輩が「これ教えてください」と言いに行ったときに、「これは、私が本当に苦労してここまで作り上げたものです。だから、あんたには教えません」と言ったということも聞きます。昔はそういう風潮があったんですね。ですが、今はやはり歌舞伎に対しての危機感を皆が持っていますから、なるべく正しい歌舞伎を教えて後に伝えていこうということで、「教えてください」と言うと皆さん、本当に快く教えてくださいます。

――そうした中、どのようにご自身の「学び」を進められてきたのでしょうか。

時蔵 私たち歌舞伎役者といいますと大体子どもの頃、子役としてデビューをいたしまして、だんだん大人になっていくわけですが、その段階でいろんな役をやることにより成長してまいります。伝統芸能ですから普段は父から子、子から孫というふうに、その家の芸風なり、演じ方が伝えられていくのが一般的です。

——時蔵さんも基本的にはお父様から歌舞伎の芸を伝えられたのですね。

時蔵　私は、初舞台を昭和三十五年にふみましたが、その後すぐ二年も経たずに父を亡くしております。祖父は私が初舞台をふむ前に亡くなっておりますので祖父の舞台も記憶はほとんどありません。父の舞台もほんのかすかな記憶しかなくて、父から教わったことも記憶にはありません。うちにいる弟子からいろんなことを教わったということです。

——古いお弟子さんから、学んだということですか。

時蔵　はい、そうです。それと同時に、歌舞伎の世界は大変狭い世界でして。歌舞伎役者というと今は一番上のトップの方から、一番下の入りたての人まで含めて三五〇人ぐらいしかいない世界なんですね。私のような親のいない子でも、将来こいつを歌舞伎役者にしなきゃいけないと先輩方が思ってくださいまして、いろんな先輩たちが教えてくださいました。ですから、私の場合は親から受け継いだことよりも、他の先輩たちから受け継いだことの方が多かったのです。

——具体的にどのような方から「教えられ」、「学ばれた」のでしょうか。先輩たちの「教え」の特徴について少しお話願えますか。

時蔵　一番最初に物心ついて教わったのは、今の勘三郎さんのお父様の十七代目中村勘三郎のおじです。このおじは実は私の祖父の弟に当たりまして、私が娘役として舞台に上がった十四、五歳ぐらいの時からいろんな役を付けてくださいました。

十七代目中村勘三郎

——どのような教え方をなさったのですか。

時蔵　おじさんは、とっても感情の起伏が激しい方でございまして舞台の上でよく怒られました。注意もされました。

――舞台の上でですか。

時蔵　そうなんです。稽古中にいろいろ教わるんですけども、そこでうまくできないことは舞台の上でも「ああでもない、こうでもない」と小声で言ってくださるんですね。

――例えば。

時蔵　台詞の息継ぎが悪いと言われるんです。なぜかというと、息を吸わないと台詞というのは大きな声で出ないんですね。慣れないとだんだん、だんだん息継ぎが速くなるんですね。急いてきますし、上がってもいまして、だんだん息継ぎが速くなってくると大きな声が出ない、ゆっくりしゃべれないのです。ゆっくりしゃべれないとお客様に何言ってるかわからないということで、よく「そこもっともっと息吸って、息吸って」なんて小声で言われました。他にも、「もっとこっち向いて」とか、「どっち向いてんだ」とか、よく言われたものです。

――舞台の上での教えというのは、私たちの感覚だと考えられないことですが……。現場での学びというのはわかるんですが。普通は、舞台芸術の場合には稽古の段階でパーフェクトに近い形にもっていって、本番に入りますよね。

時蔵　基本的にはそうなんですけどね。歌舞伎の場合は稽古日数が短いこともあり、初日が開いてからも、どうしてもうまくいかないところを少しずつ直したり、お客様の反応を見たりして打ち合わせをすることがよくあるんです。ここはちょっと面白そうだから、もう少しここは強調してやろうみたいなことの話し合いなんかがあるんですね。その中で勘三郎のおじさんは、どちらかというとお客様の反応をけっこう気にする方なので、お客さんが喜ぶように演じ方が変わってくるタイプなんですよ。一つの興行の二十五日間のなかでは、日によってできの良いとき、悪いときがありますし、またそれは自分の演じる役だけでなくて、ときには地方さんや相手役の方と息が合わないときってあるんですね。そういうときに、おじは自分が踊ってるときに「もっと乗りを早くしてくれ」とか、そういう注文を舞台で平気で出してましたね。だから周りは大変でしたけど。

――「そこ、こうして」と小さな声で言うのですか。

時蔵 ええ。稽古場で完璧にできても、舞台に上がるとそうは完璧にできないものだと思うんですよ。おじは、そういう間《ま》とか何かを取らせるために、「息を吸って」とか、言ったんだと思います。例えば、私がたまたま忠臣蔵の七段目の力弥というのをやったことがありまして、その中で御台様《みだい》から文を持ってくる場面があるんですね。そのとき、舞台の上で、文箱を出す位置が悪いって、「それは、こっちだ」と注意されましたね。後輩としては先輩が出した手のところに文箱を持っていかなきゃいけないんですが。

――それは、お客さんにはわからない……。

時蔵 わかる人はわかると思いますけどね。でも、それでこっちは、そこじゃないんだ、ここなんだと、わかるんですよ。だからその場で言ってもらえることは、大事なことなんです。役者は皆そうやって学んでいくんだと思います。

おじさんには、亡くなるまでいろんな役を教えていただきました。おじさんの「教え」というのは、お稽古場に入る前にお宅などに伺って、いろいろ「ああでもない、こうでもない」とおっしゃってくださるんですが、そのときに私がこのように鉛筆とかボールペンで書こうとすると、「そんなこと書いちゃだめだよ。頭で覚えろよ」と言われまして、無理やり必死になって頭で覚えました。と言いながら、実はテープレコーダーを回して、下の方で隠れて盗み録りしてたんですが。

六代目中村歌右衛門

時蔵　勘三郎のおじさんがいろいろそういう役を教えてくださいましたけども、実は女形としての基本を教えてくださったのは中村歌右衛門のおじさんです。この方は歌舞伎界の生んだ最高の女形でして、あらゆる賞を受賞なさった歌舞伎始まって以来の素晴らしい女形でした。普段でしたらば、私たちのような若手にはあまり教えてはくださらないんですが、これも私の祖父とよく一緒に芝居をしてたという関係もあり快く教えてくださいました。

　ところが、このおじさんは大変人を見る目がありまして、この子にはこれ以上のことを言ってもわからないだろうというところで、見切りをつけるんですすね。そうすると、それ以上のことは言ってくださらない。それが私のできることの限界だということなんでしょうけども。ですが、また次のときにやると、また一歩進んだ違うことをおっしゃってくださるんですね。つまり、こちら側がある程度、成長したことによって違うことを教えてくださるんです。

――成長に応じた指導の工夫をしていらしたということでしょうか。

時蔵　そうですね。初めて教わったのは、一六歳ぐらいの時でした。『本朝廿四孝《ほんちょうにじゅうしこう》』の十種香の場という演目での、八重垣姫というお姫様の役を教わりました。おじさんのお稽古は一から教えるというのではなくて、まずは、おじさんのお弟子さんなりにその動きを、前もって大体教わっておきなさいと言われます。そうしてから、「さあ、じゃあやってごらん」ということで、テープレコーダーを使って義太夫さんの音を流しながら稽古をしていただきました。

――まず基本となるものをしっかり学んでから指導が始まるのですね。歌右衛門さんの「教え」は基本の「形」以上の「教え」と言っていいでしょうか。後ほど、このことについてもう少し詳しくお伺いしたいと思っていますが。

時蔵　そうなんです。そうすると、「ああでもない、こうでもない。そうやっちゃいけない。こっち向いて」とか、すごく丁寧に教えてくださいます。ときには自分が相手役の立役をやってくださって、「ほら、ここの膝に手を置いて」というふうに教えてくださいました。

――状況の中でどのように振舞うかということの「教え」で、基本の「形」の「教え」ではないですね。

時蔵　ええ。「動き」を超えて、芝居をする気持ちとか、相手をどういうふうに見るとか、そういうことも含めて、注意をなさってくださるんですね。そのときに一番教わったのは、とにかく女形としての身のこなしです。私たちはよく女形として出ると、立役よりも華奢に見せたい、小さく見せたいということで膝を折ったり、腰を入れたり、私たちの言葉では「体を殺す」と言っていますが、舞台の上でもなるべく正面を向かないでちょっと斜めにしたりとかするんです。私にもそういう知識はあったんですが、そのやり方が良くなかったのか、そういう身体の「身のこなし」について言われました。

――歌右衛門さんが言うところの「良い身のこなし」とはどのようなものなのでしょうか。

時蔵　いくら役者自身が「良い」と思って演じていても、実際には、どの辺に手先があるか、どの辺に手足があるか、どの辺に肩があるかが、把握できていないんですね。自分の頭の中ではわかっていても、おじさんの言う「良い」形のところに行ってないわけですよ。あと、女形はひじを離しちゃいけないって、なるべくこうやってくっつけてなさいって言われましたね。だから「身のこなし」の良し悪しというのは、お客さんの方から見て良い形になっていることだと思います。でも、自分の描いている形がそうはなってなかったということでしょうね。

――なるほど。それ以外にどのような「教え」を受けましたか。

時蔵　おじさんには、それから大きな役をいくつとなく教わりました。昭和五六年、私が二六歳で中村時蔵を襲名したときに『妹背山《いもせやま》』のお三輪という役をやった際も、おじさんの下でお稽古をしていただきました。そのときに、おじさんは目の使い方などを教えてくださいました。最初のうちはそんなことを教えてくださいませんでしたが、ある時「何見てるんだい」とおっしゃるから、「山見てます」と言うと、「おまえさんの見るところに山なんか見えないよ。もっと本当に山が見えるようにやっておくれ」と言われました。「おまえさんの見てるところに世界は見えないよ」とも。

――「世界が見えない」、大変興味深いお言葉ですね。どういう意味なのでしょうか。

時蔵　要するに、自分が演じているときにその世界が、私（演じてる側）自身が見えてないとお客さんにも見えないということなんですね。お客さんも一緒に山を見るような、そういう目の使い方ですね。背景に描かれている山とは別のところを見ているという話ではなくて、むしろ「山の端《は》の……」と言ったときに、ふっとこう見たときに、何かこの目の先に、お客さんのほうが「ああ、あそこに山が見える」と一緒に山を見るような、そういうイマジネーションに誘われるということです。お客さんが役者が思い浮かべてる世界に引き込まれるような、そういったものが見えないことが世界が見えないということなのです。

――役者とお客さんがイマジネーションを共有することの大事さということでしょうか。

時蔵　ええ、そうなんですよ。三十三歳のときに『紅葉狩《もみじがり》』という踊りを踊ったときにも、おじさんに教えていただきましたが、やはり「おまえさんの踊りには踊ってる先のものが見えないから、そこを注意しなさい」というふうに言われました。

――歌右衛門さんからは、それ以外にはどのような「教え」を受けましたか。

時蔵　おじさんにはその後、『鏡山』の尾上という、御殿女中の役を教えていただきました。この役は、歌舞伎の世界の中では「片はずしもの」と呼ばれていますが、これは頭の形から言うんですが、一番難しい役の一つでもあります。それを教わった時に、「ちょっと待っとくれ」、「はい」と言うと、「うん、芝居がつまんない」とおっしゃるんですね。おじさんに身体の動きのこととか、いろいろ注意されたことはあるんですが、「芝居がつまんない」と言われたのは初めてでした。

――「芝居がつまんない」、この言葉も大変興味深いのですが、どう意味なのでしょうか。

時蔵 おそらく、一〇代、二〇代の頃は芝居が面白いとか、つまんないというよりも、女形としての身のこなしとか、そういうところにすぐ目が行ってしまって、おじさんの言う「芝居の面白さ」まで目が行かなかったんだと思います。年をとってそういう身のこなしができるようになってから、芝居の面白さとか、つまんなさとかに目が行くようになったんじゃないかなと思います。

――芝居の「面白さ」とは一体何なのでしょうか。世阿弥も『風姿花伝』「第七　別紙口傳」の中で、「人の心に珍しきと知る所、すなわち面白き心なり」と言っています。これはお客さんにとっての「面白さ」ですね。とすると、お客さんが「面白い」と感じるとき、役者さんはどういう状態なのでしょうか。

時蔵 そうですねえ。身のこなしができて、芝居に集中してくると、お客さんが気にならなくなるんですよ。お客さんが目に入らなくなってくる。その芝居にのめり込んでいるという状態、つまり役になりきって相手役との会話に集中してしまう状態になっているんだと思います。

――お客さんのことを気にならなくなったときに、お客さんは「面白い」と感じる。役者自身が陶酔状態のようになったときに、つまり役者の中にお客さんという意識がなくなっている状態を見てお客さんは「面白い」と感じる、お客さん自身も陶酔していく。それは、単にお客さんを喜ばせる、「拍手を買う」という所作とは少し次元が異なる話ではないかと思うのですが。

時蔵 そう思います。お客さんが芝居にのめり込んでくるには、単純に喜ばせるというよりも、役者の側が役にのめり込んで、その世界に行かないとそうはならないのではないでしょうかね。

――でも、そうした「面白さ」が表現できるようになる、つまり役になりきって、芝居にのめり込んでいけるようになるには、「身のこなし」という、どちらかというと身体の「動き」ができるようになって初めて可能になる、一気にそうした状態にたどり着けるわけではないということなのでしょうね。

時蔵 そうだと思いますね。

二代目中村又五郎

――歌右衛門さんの「教え」についてはもっと伺いたいところですが。思い出にある他の「先輩からの教え」としてはどのようなものがありますか。

時蔵 中村又五郎のおじさんという方がいらっしゃいまして、その方にも随分と教わりました。又五郎のおじさんは子どものときからずっと初代中村吉右衛門の部屋子として勉強していらっしゃいました。初代吉右衛門というのは私の祖父の兄でして、私の祖父とよく芝居をしておりましたので、私の祖父のやり方などをよく覚えてらっしゃるおじさんでした。

主役をやる方ではなかったのですが、大変台詞回しのお上手な方で、しかも教え上手な方でした。

――「教え上手」とはどういうことでしょうか。

時蔵 このおじさんの稽古はまず台詞の稽古から始まります。動きなんかより、まず台詞を教わります。そのうちだんだんおじさんが本息になってきまして、それがまたこっちが聞き惚れるほどお上手なんですね。それは、いろんな役をやってらっしゃるからなんです。

例えば、『寺子屋』の戸浪という役を教わりましたが、私が台詞を言うたびに相手の役を全部やってくださいました。その稽古では、実は、その稽古をつけてもらってるよりも、おじさんの台詞を聞くほうが何か楽しくて。『熊谷陣屋』という、やっぱり初代吉右衛門が得意だった芝居がありまして、藤の方の役を習いに行きました。おじさんはよく「これもなあ、熊谷以外は全部やったんだけどなあ」なんておっしゃってました。おじさんはずっと脇役が多かったんで、いろんな役やってらっしゃるし、また当然のようにいい人の芝居で脇役やってその姿を見ていますから、やっぱり知識が豊富ですよね。

――様々な役を経験していらっしゃるからこそ、「教える」ことにもそれが生かされたということですね。

時蔵 そうなんです。

また、おじさんは国立劇場で昭和四五年から始まりました歌舞伎俳優の養成に長期にわたり携わっていらっしゃいました。まったくの素人の方々を歌舞伎役者として養成して歌舞伎の世界に送り込む仕事で、大変な大功労者だったと思います。

――本当に「教え上手」な方だったのですね。時蔵さんのような歌舞伎の世界にお生まれになった方から、まったくの素人まで教えられたとは。時蔵さんへの「教え」と素人の方への「教え」の違いがありましたか。

時蔵 そりゃあ、私だって、うちの子どもに教えるのと、養成課の生徒に教えるのは違いますよ。養成課の生徒はどうしてもお弟子さんになるわけだから、役者としての心構え以外にお弟子さんとしての心構えを教えなければならないんです。おじさんはそういう意味で、教え上手な方でした。

七代目尾上梅幸

時蔵 また他に教わった方としては、尾上梅幸のおじさんがいらっしゃいます。歌右衛門のおじさんと並び称される、戦後を代表する女形です。義太夫狂言以外にも、尾上菊五郎のお兄さんや亡くなりました辰之助お兄さんなんかと世話物の芝居をすることが多くなってから「教え」を受けるようになりました。

――世話物の指導とはどのような特徴があるのですか。

時蔵 世話物というのは、江戸時代末期から明治にかけてできた世間の話題を取り上げた、江戸庶民、町人の生活をテーマにした物語です。それに対して、義太夫狂言とか時代物と言われるのは江戸時代より前の話で、どちらかというと武家社会を扱っているものが多いんですよね。世話狂言は当時の現代劇なんです。なので、世話物では、芝居に生活感が出せるか否かが問題ですし、また役者の台詞が重要なんですね。台詞劇と言ってもいいと思いますし、おのずと台詞の言い方が全然違うんです。ですから、世話物には「名台詞」と言われるものが残っているんです。

――なるほど。

時蔵 梅幸のおじさんと松緑のおじさんが所属している尾上菊五郎劇団は、どちらかというと世話狂言を得意としていました。それに対して、私の祖父とか父がいた初代吉右衛門が作った吉右衛門劇団というのがありますが、こちらはどちらかというと義太夫狂言を得意としていました。

私は菊五郎お兄さんの相手をするようになって世話狂言が多くなりましたが、それからよく梅幸のおじさんに教わりました。30歳過ぎて最初に教わったのが、『源氏店《げんじだな》』のお富でした。

――梅幸さんの「教え」の特徴はどんなものでしたか。

時蔵 梅幸のおじさんの教え方というのはあまり細かいことは言わないんですよ。「おじさん、ここの動きはどうしたらいいんでしょう」と聞いても、「自分で考えて、動いとけばいいよ」みたいなところがありまして。

――そうなんですか。「自分で考えた動き」とはどういうことなのでしょうか。

時蔵 世話物の舞台は町人の生活ですよね。そうした場面でどういうふうにこの時代の人たちは生活していただ

写真１　『与話情浮名横櫛《よわなさけうきなのよこぐし》　源氏店《げんじだな》』　お富（2003年6月国立劇場）撮影　小川知子

ろうかとかがわかってくると、自然にそう大差ない動きができるはずなんですよ。おじさんは、町人の生活についてしっかり学んだ上で、「役になりきれ」ということをおっしゃったんだと思うんですね。おじさんは細かいことを言うよりも、本当の肝心の決まりを中心に教えてくださる方でした。そして、後は「自分で考えて動きなさい」という感じでした。

――学ぶ側からすると、難しい教え方ですね。

時蔵　でも、お稽古へ行きますと、自分がおやりになったときの写真とかを見せてくださいまして、「衣装、これと同じようなものを着とけばいいから」とか、最初はその辺から始まって、それからお稽古をつけてくださいました。お稽古をした後は、いつもちょっと飲もうかということになりまして、ご飯食べながら一杯飲んで。大体そういうときのほうがいろいろな芝居の話が聞けて楽しいんですね。

――先ほどお話に出た、歌右衛門さんの「教え」とは少々違うように見えますが、どうでしょうか。

時蔵　そうなんですね。歌右衛門のおじさんと梅幸のおじさんの教え方は両極端でした。でも、お二人に共通して言われたことは、とにかくどんなふうにやってもいいからその「役になりきる」ことが大事だということです。これは口がすっぱくなるほど言われました。形ばっかり気にしてるとその役になりきれない。つまり、心が入っていかないということだと思うんですが、それはすごく厳しく言われました。

2　「役になりきる」ということ

——先ほど、歌右衛門さんから「芝居が面白くないよ」と言われたというお話がありましたが、この「役になりきる」ということは関係しているように思えるのですが。

時蔵　そうですね、歌舞伎の「教え」は他の西洋芸術における「訓練」ではないんですね。例えば、歌舞伎では特別な「発声訓練」などはしませんし、役作りの中で、声についても学んでいくんです。そして、最終的に「役になりきる」ことを目指すんですが……。

——「役になりきる」とはどういうことなのでしょうか。

時蔵　お二人のおっしゃることは、その役になれれば、そういう動きが自ずからできるだろう、ということなんですが……。よくわかんないですね、私も。「役になりきれ」と皆さんおっしゃいますし、私も子どもや弟子にはそう言うんですが。よく、人にどこから役になるんですかって質問されますが、楽屋に入ったときと言う人もいるでしょうし、お化粧してるときって言う人もいるかもしれない、また、衣装着たとき、出る直前のときとか、いろいろな人がいると思うんですね。でもね、それはその人による役になるためのタイミングなんでね。でも、正直、本当に役になりきれてんのかなとも思うんですね。

――おそらく、お化粧して、衣装着けて、そして舞台に上がったって役になりきってない人だっていますね。その役になりきるというのは一体何なのでしょうか。

時蔵　私も、若いときから、歌右衛門のおじさんなど先輩の方から言われてましたけども、いまだに、こうすればその役になれるという方法はないですね。先ほど言ったような、芝居に没頭して、お客さんが見えなくなってるようなときは、ひょっとするとその役になりきれているのかなという気はしますけれど。

――たとえ「役になりきれた」状態はそういうことであっても、こうすれば「役になりきる」ことができるというようなものではないのですね。つまり、意識して次に右足を出すとか左足を出すとか手を上げるとか、意識的に何かをすることが、即「役になりきる」ことではなくて、思わず何かしてしまうとか、まさにそうなってしまう状態なのでしょうか。

時蔵　そうですね。なっちゃうことなんでしょうね。

――そういう意味で、梅幸さんのお話はすごく深遠で、「自分で考えて動きなさい」という「教え」は、結局「その役になっちゃう」、「長屋のおかみさんになっちゃう」ということを目指しなさい、ということなのでしょうね。

時蔵　そうなんですね。そういうふうにしか動けないということを示唆しているんでしょうね。

――大事な示唆ですね。今のお話には「役になりきる」の二つの点が示されているような気がします。一つは、ある「役になる」ための準備、例えば「基本の動き」や「身のこなし」という、プロセスの重要性に関わる点と、もう一つは「役になりきった」状態がどういう状態か、という点ではないかと思うのです。

時蔵　そうですね、前者の場合、役者も段階的に最初は女形としての「動き」や「身のこなし」を身につけていくんですが、それを踏まえて、だんだんに「役になりきって」いくということですかね。それが結局、面白さにつながっていくということだと思います。後者の場合、私自身「役になりきった」と思うときには、何かその役にのめり込んでしまっていて、先ほども言いましたように、そのときにはお客さんは目に入らない、そういう状態なんだと思うんですよ。

――興味深いお話ですね。「役になりきる」ことと「芝居が面白い」との関係ですね。

時蔵 そう思います。「役になりきる」ということは、歌舞伎役者にとっての大きな課題であると思います。ただ最近は、私たちが若いときに先輩たちから「教え」を受けてためてきた「やり方」の重視よりも、一気に「役になる」ことに向う人たちが多くなってきたように思います。でも私は真の意味で「役になりきる」ためには、その前の段階で先輩たちから受けた「教え」の一つ一つを大事にすることが肝要であると思うんですよね。

――お話いただいた、先輩方からの「教え」と「学び」には歌舞伎の「わざ」の継承における大事な示唆が多く含まれているように思います。そして、何かそこに、歌舞伎の真髄があるような気がします。

時蔵 私たち歌舞伎役者は先輩からこういうふうに教わってきているんです。

3 「書かない」ことを通しての「教える」と「学び」

――ここで、先輩たちの「教え」の中での共通した大きな特徴についてお話しいただきたいのですが。

時蔵 昔の方々は、書かないでも覚えているんですね。ほとんど書かないでも全部頭の中に入ってるんです。これが不思議でした。しかもすごく正確に覚えてるんですね。「あのときの狂言には誰と誰が出てたっけ」とか、「そのとき、こんな役が、こんな芝居も出てたぞ」なんて話を急にされても私たちには全然ついていけないんですけど。「書かないでも覚えてる」ことは先輩たち全般に言えることでしたね。

――「書かない」ことを通しての「教え」であり「学び」であるということですね。

時蔵　そうですね。例えば、うちの父とか祖父の台本を見ますと、やっぱり何も書いてないんです。たぶん、頭の中に入れていたんだと思います。だから、父の台本を見ても何も書いていないので何の参考にもならないんです。そこで、私は、やっぱり後々の人のためにはちょっとぐらい書いておいたほうがいいかなと思って、今、自分の子どもなり、その後に続く人たちのために昔習ったことを書いて残しておくようにはしておきたいと思っております。

――今のお話は、「文字」で残すことの良し悪しという問題にも関連しているかと思うのですが。歌舞伎に限らずいろんな「わざ」の世界では「書かない」、「教えない」ということを独特な教えとしている例が多いのですが、歌舞伎の世界で「書かない」、「書き残さない」ことの理由は何なのでしょうか。「言葉にできない」部分が多いからとか、いろいろな理由があったと思うのですが。

時蔵　「書かなくて」も頭の中で理解しているからいいということもあります。確かに、「文字」で「書けない」こともありますが、まったく表現できないわけではありません。例えば、○○の役のときのある「形」については「きまり」として書けるし、また教えられるんです。つまり、「やり方」については「書ける」と思います。しかし、こと「演じ方」となるとそこには「気持ち」の問題が関わっていますから、これはすべてを「書くこと」はできないし、すべてを「教える」ことはできないんです。

――「書く」ことは、何かを「伝える」ときにはとても重要な伝達の手段だと思うのですが、それをあえて避けたとしたら、何か「学び」について積極的な目論見があったのではないかと思うのですが。例えば、自分で考えることによってよりよい「学び」が導かれるとか、「書く」ことは「学び」の妨げになるとか考えられていたのでしょうか。そのあたりをお聞かせいただけますか。

時蔵　すべての人が書かなかったわけじゃないんですよね。すごく細かく書いて残してる人もいっぱいいます。

――例えば、どんな人ですか。

時蔵　十一代目団十郎さん、六代目梅幸さん、七代目三津五郎さん、などなどです。

――それは、後継者に伝えることを目的とする「伝書」ですか。それとも、自らの「芸境」、つまり自らが到達した「状態」を書き記したものとして理解したらいいのですか。また、時蔵さんがお子さんや、お弟子さんたちに「書き残したい」とおっしゃるのはどちらの意味なのでしょうか。

時蔵　大きな意味では「伝書」かもしれません。つまり、「演じ方」というよりも「やり方」を中心にして書いたものです。演じること以前の動き的なもの、あとは衣装的なものとか小道具とか、そういうことを含めたものですね。そういう動きがわかって初めて、自分なりにそれを自分の中で消化してその先を演じるわけです。そのときに「役になりきる」とか、次のステップが開けてくるわけです。

――自らの「演じ方」や「芸境」を書き残すことは大事なことですが、それはそのままでは直接に後継者に伝わるものではないということですね。微妙な問題ですが、時蔵さんはどのように思われますか。「書くこと」の意味は何だと思われますか。

時蔵　そうですね。先ほども出ましたが、「役になりきれ」とは言えるんですが、その方法については書けない。「役になりきる」ための「方法」はないんですよ。おじさんたちに、「どうしたら役になれるんですか」と聞いたことはないですね、「ばかやろう」と言われると思うから。例えば、よく「時代に言う」ということを言いますが、それはイントネーションの問題でもあり、またそれだけでもないんですね。どういうふうに言えば、時代に言えるのかということは、私の中では答えは見つかってないんです。たまたま違う言い方をしたら、「あ、それでいいんだ」と言われることが多いんですよ。「ああ、これが時代なんだなあ。どういうふうに言い換えたかなあ」と考えるんですけども。私も子どもたちには「そこもうちょっと時代に言わないと」と言うんですけどね。でも、それを「どうしたら、時代に言えるの」と聞かれたら、私はちょっと答えに詰まるかなと思いますよ。完璧な答えは私の中では見つかってないんです。それは一種の感覚なんですよね。「やり方」については言えるし、書ける。でも、その感覚については、つまり「演じ方」については言えないし、書けないんですね。

——時蔵さんの言われる「やり方」とは手の位置だとか、身体の向きだとか、そういう目に見える「形」ということですね。それは「書ける」、しかし「感覚」が密に関係している「演じ方」はそのように簡単には「書けない」、ということですか。

時蔵　はい、その通りです。

——なるほど。そうすると歌舞伎の世界での「わざ」の伝承は、「書かない」ことをいたずらに固守していたわけではなくて、芸境それ自体、演じ方それ自体は「書けない」という認識が共有されていたというように理解していいですか。

時蔵　そうですね。私は、今やってる歌舞伎は江戸末期から明治に伝わってきたものですが、本当にきちっと正確に残っているとは思わないんですよ。その場その場で自分の解釈なり、受け継いだ人が解釈を変えたりしているからですね。でもこれが、例えば、全部書いてあったらばどうだろうと考えるんですね。そして、その通りにやらないといけないとなると変化って、少なくなりますよね。たとえ「やり方」であっても、それを書いた人は百パーセントわかっていても、その次の世代の人がこれを読んで百パーセントわかるかっていうとそうはならないと思うんですよ。そういった意味で歌舞伎は時代に則して変化してるし、私はそれでいいと思うんですよ。

——ということは、「書ける」可能性の高い「やり方」であっても、時代や演じる役者によって変化してしまうわけですし、あえて「書くこと」によって歌舞伎の「わざ」の極意、あるいは変化の可能性が加味された妙味とも言うべきものが制限されてしまう危険性があるということですね。「演じ方」についてはもちろんですが。だとすると、時蔵さんは「制限」にならない「書く」ことをなさりたいということになりますか。

時蔵　そういうことになりますかね。例えば、お能なんかは逆に、足を何歩歩くとか、そういうことは結構残ってます。それもまた大事なことだと思いますが、歌舞伎はそうではなくて、もうちょっとアバウトなんですね。そのとき、そのときに流行ったことを入れたりとか、アドリブ的なことも多いんですよ。そういう意味で、歌舞伎というのは「流動的」だと思うんです。だから百パーセント書くことはできない。でも、書くことができることもある。

――「その」時代の「その」人がという個別の「状況」、またもう少し狭く言うと、お客さんの反応にもとづく「流動性」に根づいている点にこそ歌舞伎の意義がある、ということでしょうか。でも、「流動性」とは自分勝手に動くことではないですね。

時蔵　もちろんです。「流動性」というのは、伝統的に伝えられてきた「形」を基本にした上で、時代や演じる役者によって自ずと変わっていくという意味であって、基本なくして変えることや「思いつき」などではないんです。基本を第一とするんだけれども、そこに自ずと変化が出てくるところの妙味。そこを誤解してはいけないですね。

――そうしたことを踏まえて、あえて「書くこと」をはじめとする「記録すること」の意義と限界についてお聞きしたいのですが。

時蔵　先ほども言いましたように、私も実際台本には書いてます。昔の人は、全部見て覚えることだけが主だったでしょうね。だから、それに長けていたんですよ。勘三郎のおじさんとか歌右衛門のおじさんなんかは、そういうことをいくらでも覚えられた。でも私たちはね、「書かれた」ものをはじめとして、記録されたものに頼っちゃうことが多いんです。例えば、今月の舞台が見られない、でもいいや、いつかビデオを見ればということになっちゃうんですね。でもビデオがなければ、どうしても時間を作って見にいかないといけないということになりますよね。そして、本当のこと言うと、ビデオというのは、表面的なことしかわからないんですね。ひょっとしたら、そのビデオで映ってないときにその本質なり、大事なことをやってることもあるんです。実際に見た方が強いんですよね。ビデオに映ってない部分が多分にあるから。

――「書く」ということからは少し離れますが、身体の動きを「モーション・キャプチャ」して「わざ」の解明をするという研究が最近注目されていますが、そのことについてはどのようにお考えですか。

時蔵　私たちが演じている踊りでも芝居でもでき上がったコンピュータ・グラフィックスは、まるで一緒というふうには絶対ならないですよね。というのは、そこには人間的な感情というものがないでしょう。今の技術だったらモーション・キャプチャなり科学的なツールを使って、「形」はある程度は再現できると思いますよ。ただ、両方並べたときに、まったく同じにならないような気がします。それは気持ちの入り方だと思いますね。喜怒哀楽など、動いたときの人間の気持ちは今の技術だと表せないのではないでしょうか。

――とすると、「わざ」の伝承にそうしたツールの利用は難しいということになりますか。

時蔵　私はそうしたツールをいくら駆使しても人間の顔の表情までは再現できないと思うんですよ。例えば、目の動きだってあるじゃないですか。瞳孔が開いたりとか、遠くを見てるとか、あとまばたきとか、目って微妙にちょこちょこ動いてますよね。瞬間瞬間で見てるところが違いますよね。しゃべっているときでも、それは演じてるときでもそうだと思うんですよ。それをすべて完璧に再現することはモーション・キャプチャにはできないのではないでしょうか。気持ちの入り方や感情表現というのは、そういうところに表れてくるんだと思いますから。

――加えて、モーション・キャプチャで取ってしまうと固定化してしまいますよね。先ほどの歌舞伎の「流動性」についてのお話がありましたが、役者というのは一興行二十五日間まったく同じ体温で、同じ気持ちではいられないと思います。そうすると、表現にも微妙にその変化が見えてくるわけで、またそこがお客さんが面白いと感じるところです。お客さんの中には複数回見る方だっていますし、初日の時蔵はこうだったけど、中日を過ぎたらこうなってきたとか、その「流動性」なり変化をお客さんは面白がるのではないでしょうか。

時蔵 それはありますね。

――モーション・キャプチャは、取ったそのときの「形」の記録でしかなくて、例えば中日《なかび》の時蔵でしかない。二十二日目の時蔵ではないのですね。記録としては、これが「中日の時蔵です」というラベル貼っといて記録に残すツールとしては役に立つかもしれないけれども、伝承のツールにはならないということでしょうか。

時蔵 やっぱりそれはモーション・キャプチャじゃ無理ですよね。歌舞伎の伝承って本当に難しくて、先ほども言いましたが、「流動的」なんですよ。当然自分なりに解釈して、やりやすいように変えたりして、それを次に伝えていくということがあるんですすね。そのときに、実は本当はこう教わったんだけど私はこう変えてるよって、教えてくださる方もいらっしゃいますが。

――教えてくださらない方もいらっしゃる。すると、「変っている」ことは知らないまま受け継いでいく可能性もあるわけですね。

時蔵 そうですね。でも私は、先ほども言いましたように、それでいいと思っています。

――でも、「それでいい」というのは、自分勝手にやれっていうことではないですよね。

時蔵 もちろん、そういう意味ではありません。先ほども言いましたように、伝統的に伝えられてきた「形」が基本にあって、時代や演じる役者によって自ずと変わっていくという意味です。基本があってこその「流動性」という意味です。

――このことは、「保存」と「継承」という問題にも関連していると思います。「保存」はそのまま残すというようなイメージがありますが、「受け継ぐ」ということは、その時代の制約とともに変化を許容するというか、それ自体を楽しむというようなところが、歌舞伎の世界は大いにあるということでしょうか。もっと言うならば、そこに歌舞伎の存在意義がある、と言えるでしょうか。

時蔵 そうですね。やっぱり変化がないと、つまんないですよね。前やった人、先代、先々代と比較してどう違うとか、どう変化したとか、そういうところが面白いんだと思います。江戸時代に書かれた台本なんかは、そのとき流行《はや》ってた流行り言葉なんかもはいっています。ですから、今見ると、意味不明なことがいっぱい入ってる。

4　台本と「書抜き」

――今、台本のお話が出ましたが、歌舞伎にも台本はあるのでしょうか。

時蔵 それは最近ですよ。

――昔はなかったのですか。

時蔵 なかったです。「昔はなかった」と言えば、もともと、江戸時代は現在のような印刷技術もなかったし、本なんかすぐにできないわけですよ。例えば、作者は誰々に当てこんでその人と相談しながら芝居を書くんですが、書いたら、「書抜き」といって、役者A、B、Cのそれぞれの台詞だけを元の本から書抜くんです。それから、Aの人にこれあんたの、Bの人にこれあんたの、Cの人にこれあんたのと渡すわけです。だから、みんな自

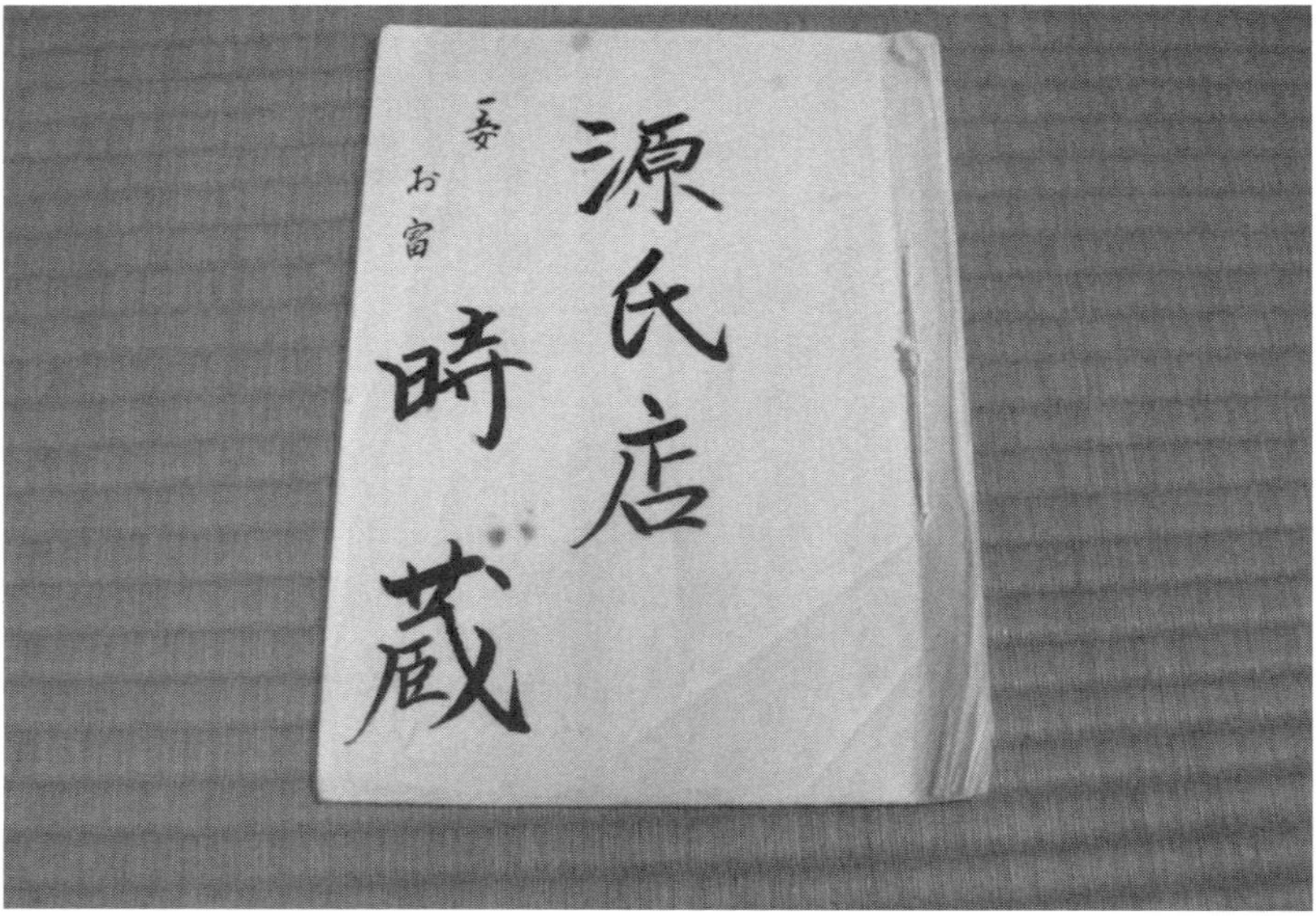

写真２　上：『源氏店』書抜き表紙。下：書抜き。頭に前の人の台詞が小さく入れられている。

分の台詞しかわかんない。で、稽古の最中に読み合わせをするときに、作者が大体の説明しながら、あなたの台詞はこう、その次の台詞はこう、というふうに、言いながらみんな稽古していくんです。だから、台本ができるようになったのは、本当に昭和の戦後ぐらいじゃないですかね。あんまり古い台本は見たことないですね。

――今の台本には自分だけではなくて出演者全員の台詞が書いてあるわけですね。

時蔵　これ（写真2）が昔の「書抜き」です。私が初役のときに使ったものです。頭に前の人の台詞の最後のところが小さく書いてあります。

――そうしないと、いつ自分が入るのかわからないですものね。

時蔵　そうなんです。作者さんが、時蔵さん初役だから書いといてあげるってこともありました。そうそう、台本に関して、こんな面白い話があります。二代目松緑のおじさんが、『オセロー』をやった時、台本では覚えられないから「書抜き書いてくれ」と言って、書いてもらったんだけど、その書抜きがかなりの厚さになっちゃったんですよ。「書抜き」は墨と筆で書くから、またそんな小さく書けないから、こんなぶ厚くなってしまったという逸話があります。

――台本に書いてある台詞を変えることもありますか。

時蔵　あります。台本の元はあっても人によって芝居の仕方が違うじゃないですか。習いに行ったときに、私が台詞を言うと、「こう言って」というように直されることもあります。特に世話狂言では、台本に書かれてないような台詞も言います。「捨て台詞」と言うんですが。

――「捨て台詞」ですか。それはどういうものですか。

時蔵　その場、その場の雰囲気で、ちょっとそこで一言、二言言わないとシーンとしちゃうようなときってあるじゃないですか。例えば、誰かが帰ってきたら「お帰りなさい」とか、出ていく場面で「行っといで」とかいうような日常的なことなんか、台本には書かれてないですね。大事な台詞は書かれているんですけど。

――それすごく難しくないですか。

時蔵 難しいですよ。「捨て台詞」ではあるけれど、慣れないときは自分で先にこういうふうに言おうと考えて、台本にちょっと書いておいたりもします。

――相手があんまり経験のない人だと、台本に書いてないことを時蔵さんから言われると、びっくりしてしまうことはないですか。

時蔵 有名な話があるんです。初代中村錦之助、萬屋錦之介がまだ歌舞伎にいた若い頃に、相手役の六代目菊五郎から急に台本にないことを振られて戸惑ったという話なんですが。鳶か何かの場面の中で、彫り物の話になったんですよ。「おめえの彫り物はどこで彫ったんだ」と言われて、「うっ」と詰まったんですって。そのときは「何だ、わからねえのか」とか向こうは言ってくれたらしいんですが、楽屋に戻ってそれを言ったら、「坊ちゃん、そういうときは、掘り金とか掘り辰とか、何か言えばいいんですよ」とお弟子さんが教えてくれたんだそうです。それで、じゃあ、次の日も言われたら絶対そう言ってやろうと思って、「おう、掘り辰で彫ったんだ」と言ったら、すかさず「おう、何本彫りだ」と言われて、「うっ」とまた詰まったという話です。相手はいろいろ知識があるから、そうやって遊ぶんですよね。

――面白い話ですね。歌舞伎の「流動性」ということにも関係しているお話ですね。ところで時蔵さんは台本に書き込みをされているとおっしゃっていましたが、具体的にどんなことを書かれるのですか。

時蔵 子どもたちが、その役をやるかどうかわかりませんが、今、思い出しながら台本を整理しています。ものによって違いますが、時代狂言で特に女形は、「くどき」とか「さわり」という部分があるんですよ。義太夫さんの語りに合わせて、自分の心情を動きで見せるというところなんですが、そのときの動きなんかは、かなり細

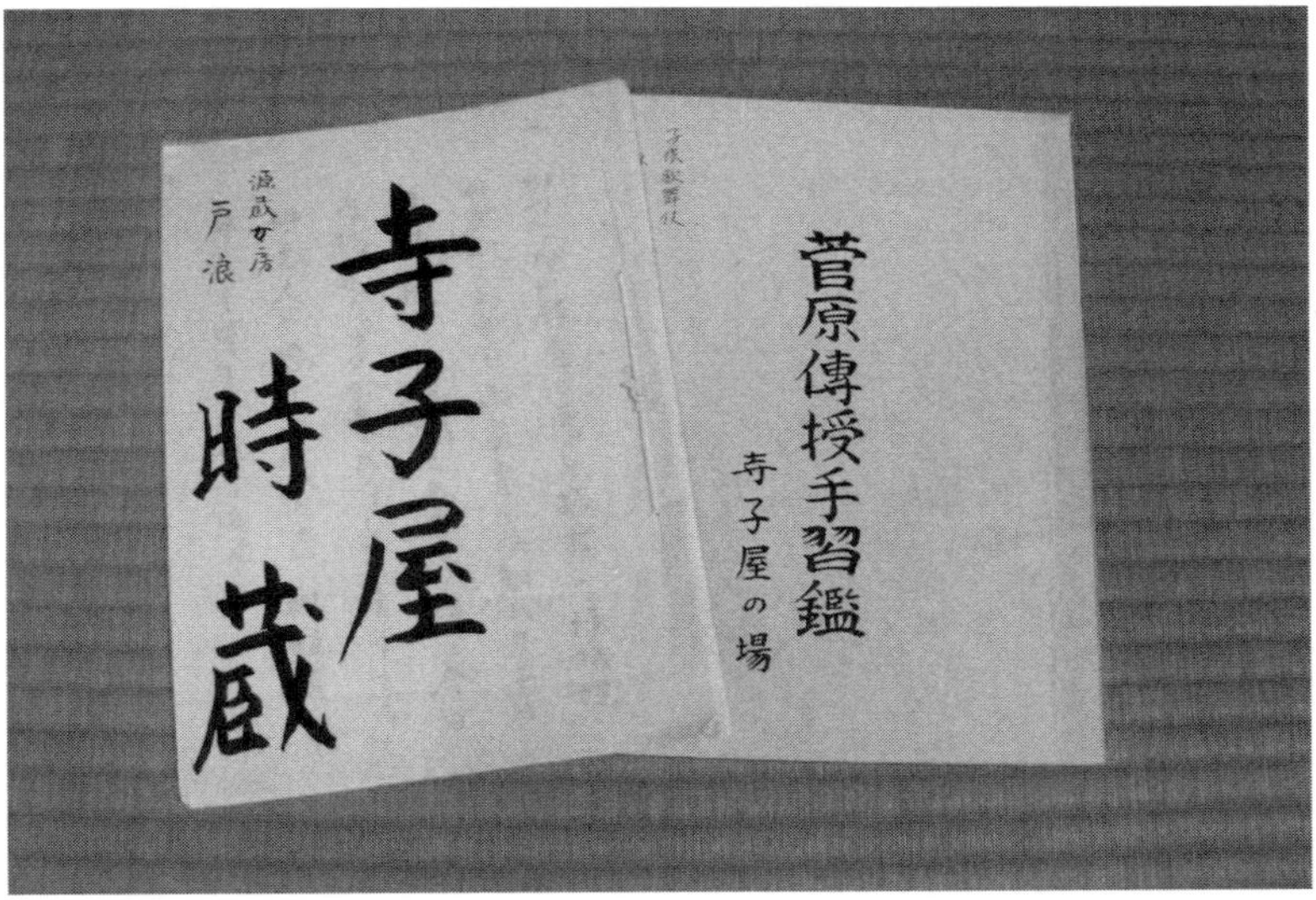

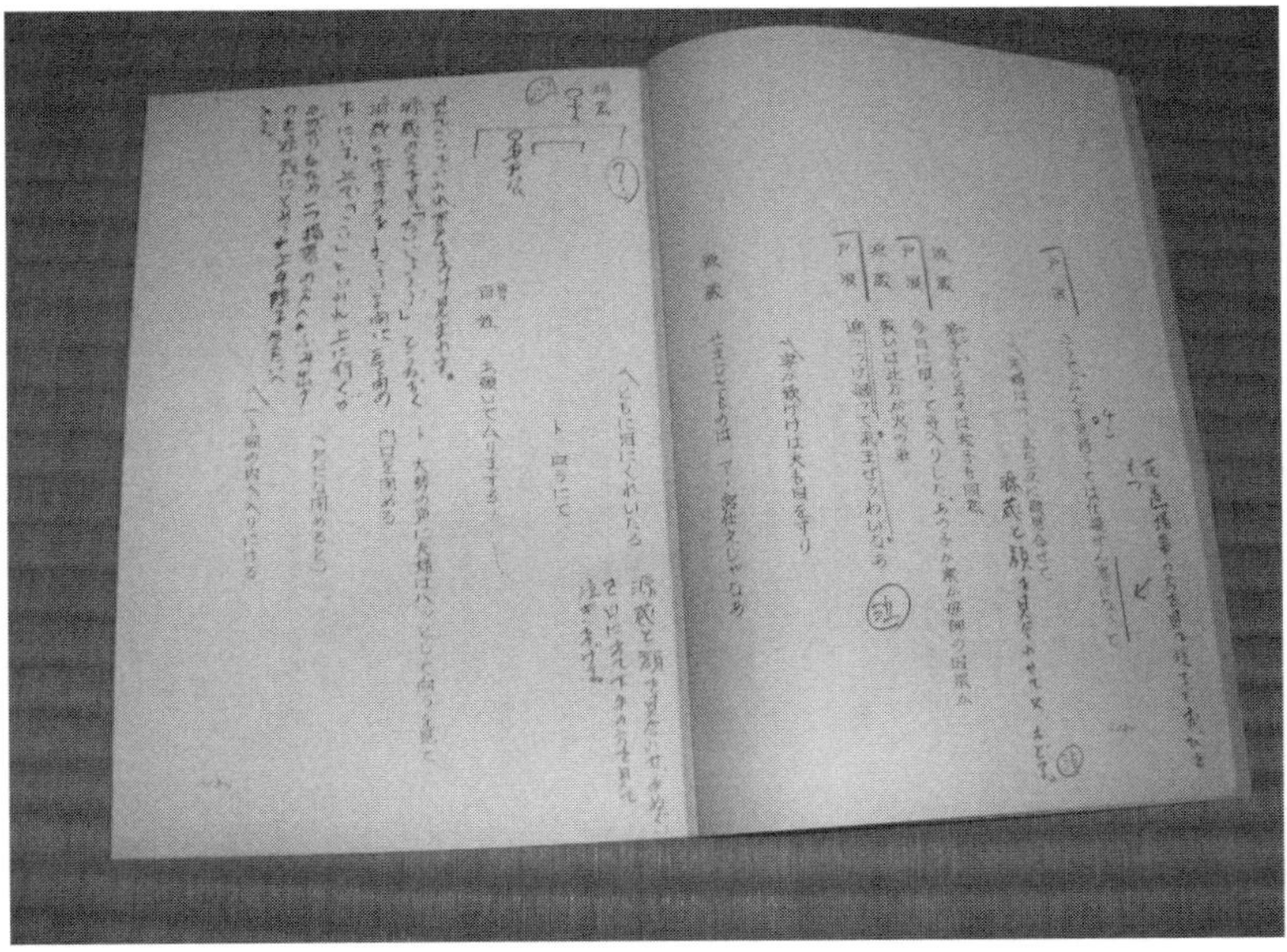

写真３　上：同じ演目の台本と書抜き。下：「くどき」や「さわり」の部分の動きについて、時蔵氏自身が書き込んだ台本。

かく書きますね。例えば、たまに絵が入ったり。こういう拝む形や右の柱のところへ行って右手をついてとか。後は独自で、私にしかわからないようなサインのようなものを使って書いています（写真３下）。

――そのようなサインは他の役者さんも使っているでしょうか。

時蔵　使っていないんじゃないですか。「くどき」も「さわり」も、いずれにしても娘心の女形の心情を、義太夫さんの語りに合わせて動くことなんですが、そういう部分は舞踊的要素が多分にあるのでその動き的なことを書いています。

――「くどき」とか「さわり」は、心情的なことだから、「書けない」と思いましたが、舞踊的な部分が多いのでこういう「動き」として書けるのですね。

時蔵　ええ、その部分については書けます。

――ただ、違う解釈で「動き」が変わっていくということがあるのではないですか。例えば相手役の違いによって。

時蔵　あります。相手役にもよりますが、女形は相手役にこうやってくれと言われたら、そうやらないといけないんですよ。だから、急に、前はこうやってたけど今回はこうやるっていうのもあります。なので、どれが元だかわからなくなっちゃうんですね。そういう意味で、女形の動きは書くことが難しいけれども、立役の動きは書きやすいと言えるのではないかと思います。

――私たちの研究テーマが「わざ言語」ということもあり、歌舞伎の世界で「書く」、「書かない」のお話は大変興味深いです。

時蔵　私は書いてますよ。親もお祖父さんも書いていない一家で育っているものですから。親が早くいなくなると困るじゃないですか。だから、ちょっとでも書いておいてやると子どもたちが楽かなと思っているんです。もちろん、昔の人が全く書き留めなかったってことではないのですが、やっぱり圧倒的に書かなくても覚えられる環境、覚えなきゃいけない環境だったんでしょうね。

――生活の全てが歌舞伎に関係している環境だったということですね。そこでは「書かれた」ものがなくても、先ほどのような科学的なツールがなくても覚えられた。というよりも、生活や環境の中で学ぶことに積極的な価値がおかれていたということですね。

時蔵 そうですね。歌舞伎漬けという環境でしたから。

5 国立劇場の養成課での「教え」と「学び」

――ところで、時蔵さんは現在国立劇場で歌舞伎俳優の養成に携わっていらっしゃっていて、先ほどのお話とは違う、歌舞伎とは異なる世界で生活をしてきた若い人を対象にして教えられているわけですね。

時蔵 はい、五年前から教えています。一人でも多く歌舞伎役者になってもらいたいという気持ちで、コースは三年間ですが、教えております。私以外にも、日本舞踊、立ち回り、長唄、鳴り物など、いろいろ専門的に教えている方がいます。

――先ほど又五郎さんのお話のところでも出ましたが、歌舞伎の家の子弟ではなく、まったくの素人を教えることの難しさなどを伺わせていただきたいのですが。

時蔵 私は主に演技を教えておりますが、演技というのは一番総合的なものでして、日本舞踊、長唄、鳴り物そういったものが土台にあればいいんですけども、もともとそういうものがない人がそのお稽古と並行して演技をやるもんですから、これは大変です。特に歌舞伎が子どものときから好きで入ってきている子もいれば、大学卒業したのに何もすることないから親に言われてきちゃったような子もいます。また、歌舞伎なんか見たことがないという子もいます。本当に大丈夫なのかなと思いながら教えている最中です。ただ、そういった人たちに教えていくのも、歌舞伎界の大事な使命だと思っています。

——先日国立劇場に伺って養成の様子を見せていただきましたが、時蔵さんの「教え」の特徴を垣間見たような気がいたします。国立劇場の養成課での研修カリキュラムとはどのようなものなのですか。

時蔵　全日、朝十時半から午前中に一時間半一コマ、午後一時から二コマで、一日計三コマという時間で研修しています。多いと四コマやるのかな。その間に長唄、義太夫、踊り、そして私たちがやってる演技的な指導、あとは体操みたいなものや立ち回りなどがあります。その他にも、役者だけでなく人間としてどうあるべきかや、芝居の歴史を教える講義もあります。

——その折に気づいたのですが、研修生の台詞回しを聞きながら、時蔵さんが台詞を小さな声で言ってましたよね。「こう言うんだ」という明示的な「教える」ではなくて、あくまでもご自身が思わず言っているという感じだったのですが、それがとても印象的でした。先ほどの「役になりきる」ということと関連していると思うのですが。

時蔵　そうでしたか。

——ここでの指導は、台本に書かれている「文字」を中心にした指導ではなく、むしろ台詞のリズム、声音といった、文字では伝わらない何かを研修生に学ばせる、というよりも「気づかせる」ということが目指されているように見えたのですが、どうでしょうか。

時蔵　私はこの「気づかせる」ということは大変大事なことだと思うんですね。ただ、今は、彼らができる範囲のことを教えています。あんまり高度なことを急に教えても無理だと思うんですね。一から十まで全部教えてやらせることは簡単なんですが、そういうことで慣れてしまうと応用が利かなくなってしまう。自分で考えられなくなってしまうと思うんです。芝居に入ると、マニュアルがあるわけじゃないので、先輩から聞いたことも自分で判断して動かなきゃいけないですから、そういうところも育てないといけないと思うんですね。

――小声で台詞を生徒さんに対してではなく、ご自分に向けておっしゃっていたことについてはどうでしょうか。

時蔵　自分が台詞を相手と一緒に言ってると、違うところがわかりますよね。そういうこともあって、小声で言っているつもりなんですけども。

――私の印象では、先ほども出ましたが、「思わず何かしてしまう」ことの一例かなと。研修生が時蔵さんの前にはいなくて、時蔵さん自身が芝居の中に入りこんでいるという感じがしたのですね。思わず、台詞を「ぶつぶつ」と言っているような感じがしたのです。

時蔵　それはありますね。「思わず」言ってしまっている。

――それを見て、ここでの指導の最終目的は芝居の「形」を移すことがではなくて、むしろ、時蔵さんたちの役者としての「感覚」、それはいろいろな「しぐさ」や「言葉」、「声音」に表れてくるわけですが、そうした独特な感覚に「気づかせる」ことにあるのではないかと思ったのですが。

時蔵　自分で気づく、考えるということが大事だと思うのですよね。教わったことをやってるだけじゃなくて、そこから自分で考えてやっていくということですよね。

――例えば、一から十まできちっとやることはやるけれども、それ以外のこと、時蔵さんがふとしたしぐさを見せたりするのを見て、「ああ、これだ」と気づいてそれを自分のものに吸収していくという研修生さんはいますか。

時蔵　なにせ三年間ですからね。今のところ、五言って五できる子はいますが、五言ったからって、十できる子はいませんね。でも、すべて何にもできないという子はそういなくて、やっぱり何かどこかにいいところを持っているんですね。それをうまく育てて、そこを伸ばしてってやることが大事かなという気がします。それがまあ、「気づかせる」ということにもつながっていくと思うんです。

――時蔵さんの教師の顔を見たような気がします。私は、こうした生徒さんが本物の役者になれるか、なれないかの違いは、明示的に教えられていること以外で示される、時蔵さんなり、團蔵さんなりの振りやしぐさや何かに「気づく」ことにかかっているような気がするのです。例えば、時蔵さんが誰に向かってではなく、小声でぶつぶつと台詞を言っているのを見て、「何であういうふうな状態になっているのかな」と気づいたときに、その子は伸びていけるのではないでしょうか、どうでしょう。

時蔵 そうだと思いますよ。でも、繰り返しますが、たった三年間ですからね。それができるようになるかどうか……。ただ、養成課での経験は教えるほうの私にとってもいい勉強の場なんですよ。教えることの難しさとか、できない子に対して自分はどうやってできるようにさせるかということも考えますしね。

――先ほど、「捨て台詞」についてお話がありましたが、『源氏店《げんじだな》』の研修の中でも、「ま、ま、大変でしたねえ」とか「大変でしょう、お困りでしたねえ」を、台詞の合間に入れるような指導がありました。確か時蔵さんは、「そこで一言言ってくれよ。でないと、いきなり寝白粉《ねおしろい》はちょっとおかしいよ」、「これ入れると相手役がやりやすいから」などとおっしゃっていましたが、これは文字化されていないもので、まさしく「教える者」と「学ぶ者」が芝居「感覚」と言っていいのでしょうか、それを共有していないと真には理解できないことだと思うのですが、どうでしょうか。

時蔵 その通りなのですが、完全にこっちが教えないといけない段階はあります。「ちょっとその「捨て台詞」長いから、もうちょっと短くして」とか言ってそれが何となくわかってきてくれたときが、教える者と学ぶ者の感覚が共有された状態だと言っていいのではないかと思います。でも、最初からそうはいかないですね。なので、研修生には「捨て台詞」はその場で絶対言えないから自分の言うことを前もって書いときなさいと言っています。

——そうするとそれはもう「捨て台詞」の妙味ということではなく、台本になってしまいますね。

時蔵 そうなんですが、最初は仕方ないんですね。役になりきってその生活感が現れていれば対応はできますが、また本当はそうならないといけないんでしょうけども、研修生にはそれは難しいですね。

——お子さまと研修生とでは、こうした「教え」の伝わり方の違いがありますか。おそらく、日々生活を共にしていらっしゃるお子さま方は、時蔵さんの言葉を一瞬のうちに理解されるのではないかと思うのですが、どうでしょうか。

時蔵 そうですね。でも、子どもに「そこで捨て台詞を入れて」と言うと、そのことはわかっていて、自分で何か言おうとする反応は出てきますが、「何て言ったらいい」と聞きますね。子どもたちの中にも、まだその生活感が十分にないので、何て言っていいのか答えがわからないことがあるんですね。でも、研修生の場合には、どうしたらいいのかもわからない。

——そうすると、小さいときから一緒に住んでいても、「捨て台詞」というのはそんな簡単に言えるものではないということですね。まして、三年間の研修生が「捨て台詞」を自由に言えることは、きわめて難しいということですね。

時蔵 そりゃ難しいですよ。

——お子さまと研修生の間には決定的な「学び」のハンディというものがありますね。つまり、研修生は形式的な「学び」の環境は保証されているけれども、歌舞伎役者の真髄に関わる「共通感覚」を学ぶ機会が乏しいと言えるのではないでしょうか。

時蔵 それは確かにあります。子どもたちは芝居をしょっちゅう見ていますし。

――また、それに関連して、研修を見学させていただいたときに、私たちが関心を向けている「わざ言語」と言っていいような言葉遣いをなさっている場面が多々ありました。例えば、台詞を「張って言って！」、「粒立てて」、「間がこけてる」、「見計らいで」、「芝居して、芝居して！」、「芝居したがるのはよくない」、「たっぷりやって」とか、素人には理解が難しい言葉かけをなさっていましたが、先ほどの「捨て台詞」と同様に、研修生は「いつ」、「どのように」その言葉を理解できるようになるのかな、と思いました。

時蔵 やっぱり、何度も言われて、長い時間と環境とが整うことで、少しずつわかっていくしかないんですね。それこそ「感覚」を共有していく中で、ふっと理解するということだと思います。

――今は、学校では教師が明確に指示を出さないと子どもは動かない、あるいは理解できない、と一般に考えられていますが、研修の場ではどうでしょうか。理由を教えてくださいとか、もっとはっきりと説明してください、などという研修生はいませんか。

時蔵 歌舞伎独特の言葉の意味を聞いてくることはありますね。私の家内は守田勘弥の娘ですが、守田勘弥のおじさんから聞いたこととして、「言ってわかるやつは言わなくてもわかるんだ」と言っていたようです。ですから、わかるやつはどうやってもわかるということだと思うんですが。

――どうして、「言わなくてもわかる」のでしょうか。先ほどから私がこだわっている「感覚の共有」ということが、「わかる、わからない」の鍵になっているような気がするのですが。

時蔵 そうですね、言わなくてもわかるっていうことは、教える者と学ぶ者が感覚の共有を通して可能になるんだと思います。感覚が共有されていないと、芝居の中で注意されても、自分のどこがおかしいかもわからないし、またそれがわからないと直らないじゃないですか。ただ最近は、先輩たちに教えを請うことが少なくなっているのではないかと思いますし、また教えられる方も少なくなっているように思います。

――感覚の共有を促す「場」が少なくなってきているということでしょうか。そうすると、「わかるやつはどうやってもわかる」人も少なくなるということですね。

時蔵　そうとも言えますね。

――これまでのお話からも、歌舞伎の世界では「教えない」あるいは「言わない」ことによる「教え」と「学び」の意義が暗黙的であれ、共有されていたように思えます。

時蔵　例えば、こんなことがありました。勘三郎のおじさんが二代目吉右衛門のお兄さんに、「おまえ、おかしいとこあるよ」と言いだしたのですね。「おじさん、どこですか」と聞いても、「教えない」と言うのですよ。そしたら次の日も「まだおかしいよ」と言うから、「おじさん、どこですか」とまた聞く。「いや、楽（千秋楽）になったら教えてやる」と、ちょっと意地の悪いことを言ってました。で、舞台が終ってから、「兄さん、どこだろう」、「わかんねえな。どこなんだろうな」なんて言ってましたが。

――それで教えてくださったんですか。

時蔵　いえ、そうではなくて。お兄さんが自分で研究なさったんですね。中日のちょっと前ぐらいでしたかね、十日目ぐらいでしたかね。勘三郎のおじさんがやたら怒ってるんですね。何かと思ったら、「おまえ、誰に聞いたんだ」と。要するに自分がおかしいと思ってることを吉右衛門のお兄さんが直したんです。怒ったというのは冗談で怒ってたんですけど。「いえ、そんなことない」と言ったら、「ちくしょー、わかっちゃったか」なんて言っていました。それを見ても、ああ、やっぱりわかる人は言われなくてもわかるんだなあと思いました。

――吉右衛門さんという方もすごいですね。というより、歌舞伎の世界では、「教えてもらう」ことを受け身で待っていては「学べない」ということなのでしょうね。

時蔵　それはそうですね。私たちはこうした経験をしながら学んでいくんですよ。

――貴重なお話をいただきまして、本当にありがとうございました。

第二章

しむける言葉・入り込む言葉・誘い出す言葉——創作和太鼓の指導実践から

佐藤三昭（創作和太鼓作曲家・指導者）

一九六七年、宮城県生まれ。作曲家。創作和太鼓指導者。有限会社３Ｄ－ＦＡＣＴＯＲＹ代表取締役。日本の音楽領域に創作和太鼓というジャンルを設立することに尽力してきた和太鼓音楽の第一人者。一六〇曲に及ぶ作曲活動を行っており、指導者としても五十団体を超えるグループを育てている。

聞き手　川口陽徳

1　創作和太鼓と作曲——小説や詩を書くように曲を作る

——創作和太鼓の作曲家、指導者である佐藤三昭さんをお迎えしました。佐藤さんは小さい頃から創作和太鼓の活動に関わり、第一人者として数多くの楽曲を生み出してこられました。また、奏者の育成にも力を注がれ、お弟子さんや様々な団体の指導をされています。

指導の際に用いられる言語表現の話を中心に、いろいろとお話を伺いたいと思っていますが、まず、創作

――和太鼓について少し。伝統的な和太鼓を使うわけですが、これは新しい試みなのですか。

佐藤　創作和太鼓という形態は、最近の、ここ三〇年四〇年の動きですね。和太鼓は歌舞伎の後ろで演奏されるような伴奏楽器として用いられてきました。あるいは、演目の中の情景心情を表す楽器、神仏に通じる楽器として受け継がれてきました。そうした和太鼓の音を組み合わせて音楽を作ろうというのが創作和太鼓の流れですね。

――伝統的には裏方の位置にいた和太鼓を中心にした新しい試みなわけですね。それで、佐藤さんは和太鼓のための曲を作られていると。

佐藤　そうです。私はたまたま小さいときに和太鼓に触れる機会があってこの世界に入り、創作、曲を作る立場になりました。ですが、どうやって作ればいいのかわからなくて。それで、自分にできることはなんだろうと考え、テーマを見つけることから始めました。テーマを見つけ、言葉を作り、情景を思い浮かべて……。そんな方法で第一曲目に取り組み始めて、一年かかりました。

――その方法は今も変わりませんか。

佐藤　ええそうです。自分では、その作業は一篇の小説や詩を書くのと同じような取り組みかなと思っています。深く、あることを思い続けて、風景や風や匂いや、人々の生きている感覚や季節や時代や、いろんなものが浮かび、そしてはじめて頭の中に音が流れてくる。そうした取り組みをしてきました。でもそのおかげで、一六〇曲を書くことができたと思います。リズムの組み合わせだけでは、せいぜい五〇曲で枯れてしまいましたね、きっと。

――佐藤さんは作曲家であると同時に、小説家、詩人という一面もおもちです。そうした言葉への関心や感受性があって、私たちの研究へのご協力を賜ったと思っています。曲を作られるときにも、言葉を大切にされているわけですね。

佐藤　そうですね。作曲のときにもかなり言葉を書きます。楽譜ではなくて。小説を一篇書く感じで作るので、言葉は非常に重要です。ですから、弟子を含めて、演奏してくれる方々には、曲のコンセプトになる詩や短編小説のようなものを必ず説明します。

——曲を作って「はいどうぞ」と楽譜を渡すだけでは終わらない。

佐藤　はい。私の中で生まれた情景や物語を語り聞かせて、さあ皆さんはこれをどう演奏しますかというわけです。無機質で記号化された楽譜を渡すだけでなく、言葉による働きかけをしています。

2　「太鼓の技術の指導」と「曲のイメージの共有」——イメージができると音が変わる

——曲のイメージを言葉によって伝える……ということは、お弟子さんへの指導の中には、太鼓の叩き方やバチの握り方のような太鼓の技術だけでなく、曲のイメージを伝えることも含まれるわけですね。

佐藤　そうですね。ただ、今おっしゃった二つのことは、別々のことではないと考えています。つまり、太鼓の技術が向上することと、曲のイメージを弟子がもつことは、つながっているのです。

——お弟子さんが曲のイメージを受け止めると、太鼓の技術が向上するということですか。

佐藤　技術というか、演奏が良くなるのです。イメージができると音が変わるというか。まず、私の頭の中の風景やストーリーを奏者に伝えて考えてもらいます。演奏者は太鼓のリズム打ち、進行を覚えるという基本的な技術は当然行わなければならないのですが、曲をもらうと、それ以上に思考の渦に巻き込まれていきます。太鼓というのは、ドーンと打てばドーンと鳴る楽器で、誰でも鳴らせるわけです。それだけに、太鼓の音を組み合わせて音楽を作るとなると、奏者の音を出す気持ちや描いている風景によって全然違うドーンになるのです。すごくデリケートなものなのですね。

――音の質とでも言えばいいでしょうか。思考することが質に変化を与える。ただ叩く音といろいろ考えて叩く音は違う……「太鼓の技術」と「弟子が曲のイメージをもつこと」がつながっていることを了解したうえで、太鼓の技術を伝える場面と弟子にイメージを伝える場面を分けて、それぞれの場面における言葉について、お話を聞かせていただければ整理がつきやすいと思います。

佐藤　わかりました。

――では、「曲のイメージを共有する場面」からお願いします。作曲者としては、創作の初発のイメージを演奏者に表現して欲しいと思っていますか。

佐藤　創作というのは、生まれた瞬間から誰かに伝えなければならないのです。まず奏者に伝えなければならないし、その奏者も一人ではない。伝統というものも、もともとは創作者がいます。そして、時代の要素や演者の要素が加味されて現在に受け継がれている。まず作られたものがあり、そこにいろいろなものが加味され、揺るぎないひとつのものが作られ、精神面も含めて深いものとなって伝わっていく。創作も伝統もそういう意味では、ひとつだと思います。

――伝統は保存とは違うということですね。保存というと変化を拒む感じがしますが、佐藤さんのお話では、受け継がれていく中での変化は許容されると。では、佐藤さんの曲を演奏者が自分なりに解釈して、佐藤さんのものとは異なるイメージで演奏することも問題ないのでしょうか。

佐藤　そうですね。問題ないと思っています。演奏者と話す中で、こちらが刺激され、作曲をしたときよりもイメージがさらに広がることもありますね。

――もちろん、初めにイメージした曲の世界が壊れないことが前提ですよね。曲の世界が弟子とのやり取りの中で広がり、新たなイメージが加えられていくのは問題ないと。

佐藤　方向的なズレとか音的に違うとか、奏者が曲を理解しようとしていないとか、「曲の人格」が崩れてしまうものに対しては、そのつど、その状況で働きかけます。ですから、修正しないわけでも教えないわけでもなくて。

——「曲の人格」というのですね……それは守る。その働きかけは言葉ですよね。先ほどは情景や物語の語り聞かせをすると伺いました。その物語を、部分でもいいので聞かせていただけませんか。

佐藤　例えば《ラマツ》という曲の背景になった自作の詩です。このようなものです。

生まれたての落葉《らくよう》を　サワサワと踏みしめる
幼い頃よく歩いたこの場所は　ちっとも変わらずにいてくれた
光る風がヒュルリと足元で渦を巻き　たちまち葉は透明になる
四千年前の大地が顔を覗かせた　掘られた地面に柱穴　あの時発掘された竪穴式住居跡だ
私はビュウーっと地面に吸い込まれ　縄文・アイヌを流離《さすら》う
魂送りの祭礼に輪を成す者達が　サワサワとこの地を踏みしめている
受け継がれし魂と　降り積もりし地の記憶　すべてのものに神を宿す　先住民の魂・ラマツ
畏敬を讃えたあの山から　悠久のラマツが　この原野に降り注がれている

——このような話を語り聞かせた後、どんなやり取りをするのですか。

佐藤　詩を読んだその場で、言葉上で納得するための話し合いはあえて行いません。奏者には、このときから曲の進行を綴った楽譜と自分に向かい合う時間が与えられるのです。さらにやり取りするのは、奏者の演奏を受けてからです。

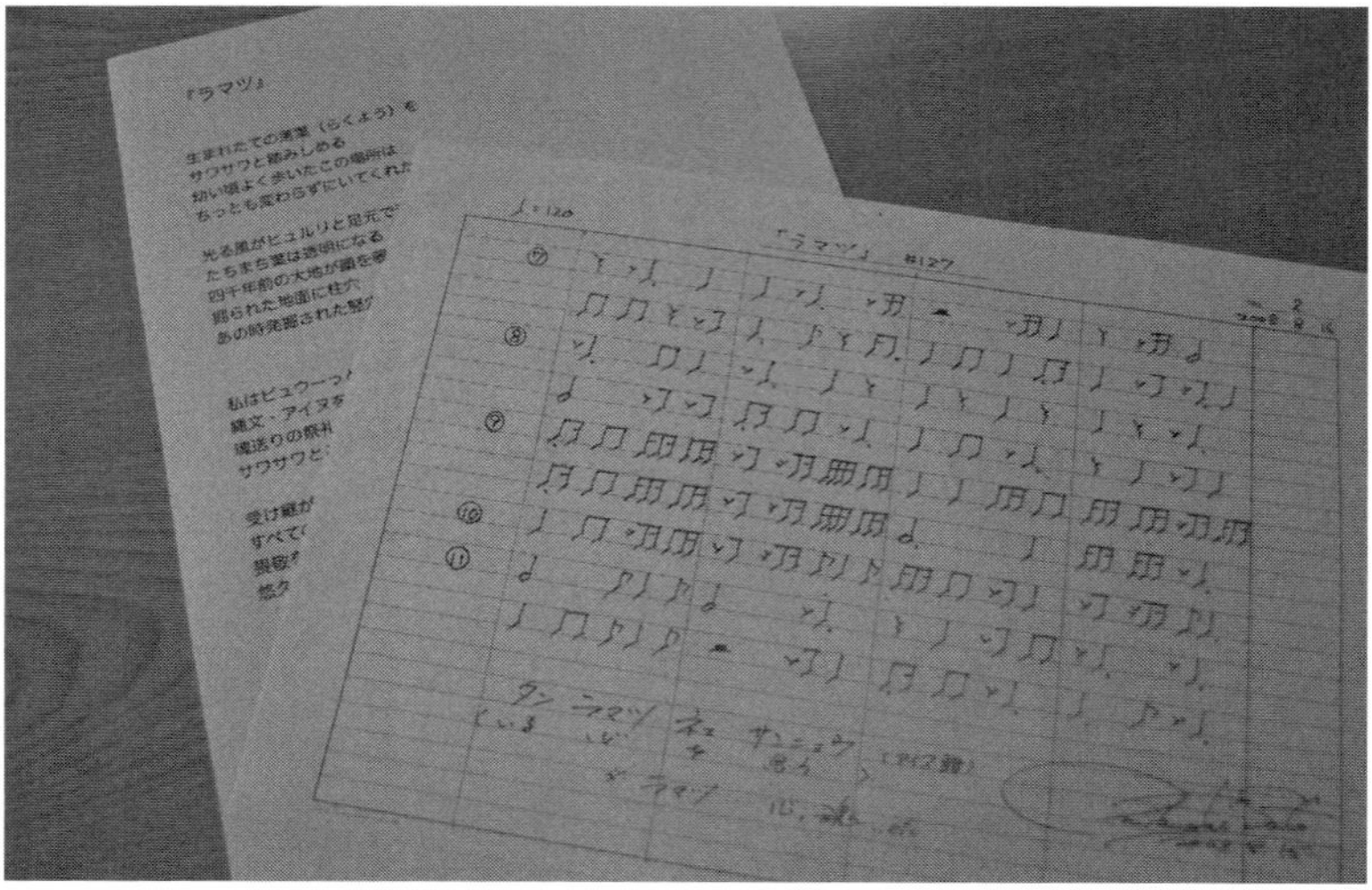

佐藤氏による《ラマツ》の詩と楽譜

――では、演奏者の演奏を聞いたあとのやり取りは、具体的にはどのようなものになるのでしょうか。演奏に込めたイメージを奏者から聞いたりするわけですか。

佐藤　そうですね。まずは演奏してもらい、その音や演奏について聞きます。ここはどのような場面で、どのようなイメージで演奏したのかと。これはこの時点では曲全体の解説をさせないためです。奏者は曲の解説者ではないですが、ともすれば私から楽曲を預かったときに聞いた詩や解説文を、そのまま話しがちなのですね。ある意味で嬉しいことかもしれませんが、私はそう思いません。そこでは、作者と奏者の真のすり合わせができないと思うのです。これは奏者でありながら、奏でる者の仕事をしていないことになるのです。奏者自らが曲に寄り添えば見えてくる風景があるはずで、部分部分でも、風景は描けているはずなのです。ですから、曲の一部の自らの演奏について聞きます。そこから本当の話し合いと共有の時間が始まります。最終的には、深い理解とともに一つの曲に仕上がっていきます。演奏を聞いて、なぜその音なのかなと考えて、また聞いて。

この繰り返しです。そのうちに、曲の最後まで辿り着く。「あっ、曲の全体が見えた」というように。

――今のお話、弟子が師匠の言葉とまったく同じことを「ただ言えるようになる」だけでは意味がなくて、奏者は奏者なりに曲に寄り添って考えたうえで、師匠と同じ風景が見えるようになることが理想だと理解しました。そこに至らせるために、弟子に考えさせ、話し合い、そして演奏を繰り返させるのだと。

佐藤 そうです。私がいろいろな言葉で奏者に働きかけるのは、奏者自身に考えさせるための「しむけ」です。最終的には、お客様に届けてどんな感想を持っていただくかが演奏の最大の目的ですから、まず奏者が自分と向き合い、これは何なのだろうと考え、最終的にその思いを音にのせて皆さんにお届けすることになります。

――しむける言葉……それは演奏者に考えさせるための言葉なのですね。この「考えさせる」ということについて、もう少し説明していただけませんか。

3 思考にしむける「謎」――師匠のイメージに弟子が自ら至るように

佐藤 イメージを伝える話から少しそれてしまいますが、道場の壁にいろいろな言葉を書いた紙を貼っています。これも、しむけるためといいますか、考えさせるためにしていることですね。

――以前、道場をお訪ねしたときに拝見しました。確かにいろいろな言葉が貼ってあり、印象に残っています。でも、唱和はされていませんでしたよね。

佐藤 入ってくるときに常に目に入るようになっていますが、毎回見て唱えている人は誰もいません。何となく掲げてあるのです。

稽古風景。道場の壁には道場訓、道場心が見える。

――ということは、唱和はもちろん、言葉の意味の説明もせず、評価基準にもしないわけですか。

佐藤　ないです。ただ掲げてあるだけです。いろいろありますが、まずは「道場心」を三つ掲げています。「心軽んずべからず、精神を正す。一つ、挨拶は心の鏡。一つ、掃除は心の清め。一つ、神棚一礼は精神統一」。「今いる自分に心を配り、今ある環境に感謝せよ。技のみに溺れることなかれ」。そしてもう一つは「道場訓」で、「稽古は自分の姿（本性）が見えるまで続けるべし。音は我を捨てたとき本来の響きを奏でるものなり」。さらに「道場針」というのが端に貼ってあって、ただ、「太鼓打ちから太鼓弾きへ」と書いています。これらを読んでどう考えられますか。

――書いてある言葉自体はそんなに難しいことではないですよね。でも、太鼓を「打つ」と「弾く」って具体的にどこまで感じが違うのか、立ち止まって考え出すとわからなくなりますね。

佐藤　うちのメンバーも日々眺めるわけですが、初めてメンバーに加わった方にはよくわからない。でも、わからないままに繰り返して眺めるなかで、そのときの自分なりに納得がある言葉となれば良いなと。そういうことで解説は一切していません。私にもよくわからないのです。

――よくわからない言葉でも、そこに言葉がある。「打つのではなく弾く」と書いてある。それを前にして太鼓を叩いていたら、普通、「今の自分は打っているのか？　弾いているのか？」と考えてしまう気がします。

佐藤　奇妙な言葉ですね。メンバーの心がそのときどきの成長によって変われば、音が変わっていくと思います。で、何をしむけているかというと、自分で考えてもらいたいのです。自分と対峙していただきたい。いわゆる内観とか内省です。自分をどんどん見つめていくと、いろいろなものが見えてくる、いわゆるポテンシャルも可能性も見えてきます。表層的なところで物事を器用にこなしていても見つけられないものがあって、それを見つけるためには自分と向かい合うことが重要なのです。

――なるほど。自分との対峙がしむけられる、ですか。何もないと考えるきっかけすらもないですが、言葉が投げ込まれることで、その言葉と自分、あるいは師匠との関係をめぐって、その言葉と師匠の関係をめぐって、思考が否応なしに開始される、そう思います。それに道場心や道場針は簡潔で意味深です。このような言葉が掲げてあったら、考えるなと言われても考えてしまうし、自分が変わると言葉の捉え方も変わるので、結局、考え続けてしまう気がします。まさに、思考に誘われている、しむけられている印象です。

佐藤　自分との対峙は、太鼓が上手くなるかどうかと関係なく、その人間が人生を通して自分の良さを見つけていくうえで重要だと思います。でも太鼓も、結果として上手くなる。私が書く物語性を重視した曲の表現が良くなるのです。ですので、弟子たちが自己対峙に向かうようにしむけるわけです。

――無理やりではなく、「思わず」考えてしまうというのがポイントですね。言葉がお弟子さんの前に「謎」としてあって、その「謎」をめぐって問いが拓かれ、自己対峙が始まる。そうすると、道場心や道場針の言葉は、「謎」であることが重要で意味は重要でないとは言えませんか。意味がわかってしまったら「謎」ではなくなるわけで思考も止まってしまうと。

佐藤　しむけるという役割はあるにせよ、それだけではなく意味もまた重要です。「私にも意味がわからない」というのは、そのことを私が極めたわけでも、そのことで弟子が正しい方向に向かう確信があるのでもないという意味です。しかし私が曲を書いたり、指導をしたりするときの、殻が剥けるようにできるようになるのは、掲示している境地に達したときなのです。私自身の道標です。

――「打つのではなく弾く」という感覚が実際にある……掲げられた言葉によって思考がしむけられ、その結果、言葉の意味するところがわかるときがくる。そうすると、指導のための言葉は、「謎」の役割を果たすと同時に、思考の結果、実際に言葉の意味に到達できる性質のものということになります。

佐藤　その通りです。よく打ってやろうとか、自分のいいところを見せてやろうとか、私の場合には、いい曲を書いてやろうとか、そういうときはまだまだでして。私がなくなるような感覚、打っている太鼓がメロディを弾き始めたような感覚に至るとき、世界が深まるのです。それが私の目指す音楽の方向性であることは間違いないのですが、段階的な積み重ねだけでは会得できないし、説明のつかない感覚という意味で、私もわからないのです。だから皆さんに考えてもらっているのです。

――「私がなくなるような感覚」は、道場訓の「稽古は自分の姿（本性）が見えるまで続けるべし。音は我を捨てたとき　本来の響きを奏でるものなり」にも通じる話ですね。そのための指導において、言葉の選択など、なにか気をつけておられることはありますか。

佐藤　そうですね。こういう情景を思い描きなさいと、イメージを押しつけるような言い方はしません。私が思い浮かべているイメージに弟子たちが自ら至るようにしむけたいと思っています。それに、もし、手取り足取りすべてを教えていけば、弟子はただ受け取ればいいと思ってしまいます。自分の気持ちを話すことも抑えてしまいますしね。ですから、伝わっていないな、わからない状態で悩んでいるなと思っても、ある程度は放っておきますね。

――待つ時間というか、育つ時間を与えるというか。

佐藤　そうです。指導というのは、作曲者である私のイメージを明確に伝えることと、受け手側に思考させるための余地を与えることの両方が大事なのかなと思っています。基本的に、私の曲は一〇分程度で、小節数で言うとだいたい二〇〇から三〇〇小節のものが多いのですが、その小節のすべての音符に、強く打つ、弱く打つ、だんだん大きく、だんだん遅く、というふうに表記をしますと、演奏はロボットみたいになってしまいます。曲自体も面白くなくなるし、お客様にも思いが通じない。

――和太鼓の楽譜がイメージできないのですが、クラシックの楽譜にあるフォルテッシモのような、ああいった記号も用いられているのですか。

佐藤　当然ながら明記しなければならない強弱やスピードなど、いろいろな音楽記号を使います。でも、譜面も私の中にはじめに生起したイメージや風景を完全に具象化したものではないのです。ですから、大事なのは初発のイメージを言葉で伝えることで、演奏家は、記号化された進行が書いてある譜面を見て、そのイメージを再現し、追体験する作業をするわけですね。譜面に沿ってただ進行するのではなく、イメージをしっかり持ち、それを表現できるようになるためには、放っておいたり、いろんな言葉を交わして働きかけたり、自己対峙にしむけていくわけです。

――処女作の作曲には一年もかかったと伺いましたが、佐藤さん自身も一つの曲をめぐって自己対峙を続けてこられるわけですね。

佐藤 そうです。自分も、まずテーマと物語を見つけて徹底して考えます。その中でふわっと風景が生起し、「あ、わかった!」、「あ、聞こえた、見えた!」という状況になるのです。このような出来事を基礎的な技術が応用的に接続されたと受け取っています。ですから、弟子が自分と向かい合い、なぜわからないのか、情景が見えないのかと悩むようにしむけて、その後に、ふわっと見えてくるひらめきの瞬間が来るのを待っているのだと思います。

4 和太鼓奏者としての日常生活――日々の過ごし方が演奏に影響する

――伝統的な「わざ」の世界は、師匠と弟子が一緒に暮らす徒弟制度をとっていましたが、日常生活において佐藤さんとお弟子さんの関わりはどうなのでしょうか。

佐藤 一緒に暮らすようなシステムはとりませんが、私がどのような生活のあり方を志しているかを弟子五条で示しています。一緒に生活しているわけではないですが、どのように日々を迎えて送るかを共有しています。これは重要なことだと思っています。

――弟子五条とはどういったものでしょうか。

佐藤 はい、あたりまえのことで、私自身の生活をどうしているかというもので、お話するのも恥ずかしいのですが、このようなものです。

一、毎朝七時までには起きて　新聞を読むべし
一、夢を追うなら　働くべし
一、物事に追われず　追いかけるべし

一、何事にも想像をもって　必ず何かの形にすべし
一、己の環境を知り　謙虚に自分を探し　頑固な自分を見つけるべし

――それは、日々の過ごし方が太鼓の演奏に影響があるとお考えだからですか。

佐藤　日常の営み、心がけが重要ではないかと思います。私は普段、毎日同じ時間に起きて新聞を読み、仕事場で思考と発見の時間を過ごし、夕方には仕事をやめ、夜はビールを飲みながらニュースを観て、決まった時間に寝るようにしています。作曲の締め切りに追われて徹夜で取り組むときや、指導や出演などでそうは行かないときもありますが、ほとんどの場合は日常の積み重ねの中で曲を作るのです。日々の過ごし方が演奏にも影響すると思い、弟子五条を提唱しています。社会との接点やベーシックな生活スタイルが、演奏に影響を与えると考えています。

――日々の暮らしや社会の延長上に、芸術活動や演奏があるのだということですね。

佐藤　とくに弟子たちは若く、芸術に携わることが格好いいようなイメージを持ちがちです。試験勉強のように短期間で曲を暗記できても、それは求めていない音にしかならないし、親のすねかじりのままで働かなくていいわけではない。むしろ演奏家として向かう気概が薄れてしまう。日々の心がけや営みを大切にして、今の社会を知ることと自分と向き合い続けることの要素を、私なりに伝えようと思っております。遊びに行くなとか、夜更かしするなとか言っているわけではありません。

――そんな佐藤さん自身の生活や活動を、お弟子さんが見る、触れる機会はどれぐらいありますか。

佐藤　稽古以外では、アウトリーチという事業に関わっています。アーティストが小中学校に出向き、双方向でやり取りをしながら行う授業なのですが、そのときは弟子を連れて行きます。あとは、他の太鼓団体の指導に同行したりします。これは稽古ではなくて、弟子はアシスタントとして教える側に立ってもらいますが、結果的に

学びの時間になっているようです。私が他の団体さんの指導で言った説明を聞き、自分たちが演奏する曲ではないのにその曲に取り組んだりしていますね。

――そんな時間を通して、佐藤さんとお弟子さんが体験を共有すると、共通の言葉も増える気がします。普段一緒にいることで言葉が豊かになるのではないでしょうか。それとも、日常生活での感覚や体験の共有にかかわらず、目の前にいる相手との対峙の中で言葉が生まれてくる感じですか。

佐藤　両方ですね。日常の中でいろいろ気づくときもあります。例えば、弟子たちと移動中の車中で音楽を聴いていて、車が走り出すと聴こえにくくなるのでヴォリュームを上げますよね。そして、信号が赤になって停まると「うわ、こんなに大きかったのか」と感じます。そんなときに、音って不思議だね、周りの音がうるさくなると本当の音が聴こえなくなるねと話したりします。で、その機会に、では音を際立たせるというのはどういうことだろうと考えたり感じてもらったりします。同時に、彼らの日常的で個人的な悩みや気づきについても、向き合って、そのときに浮かんでくる言葉で働きかけたりもします。そのような関係性の中で、様々な言語が共感の媒体になっているように思います。

――日常生活の中にある音が、教材になったり考えるきっかけになったりしているということですが、和太鼓奏者特有の日常生活というのはありませんか。

佐藤　和太鼓奏者の生活ですか。

――例えば、武道家が、呼吸や姿勢を意識したり、身体を鍛えたりするのは日常的なことです。それはいわば「武道家としての日常生活」です。同じように、宮大工には「宮大工としての日常生活」、能楽師には「能楽師としての日常生活」がある。徒弟制度は日常生活を共有しますが、「わざ」の世界に、なにか共通した「日常生活」があるわけではないと考えています。今、お伺いした車の中でのやり取りは、和太鼓奏者ならではの場面だなと思いまして。それで、「和太鼓演奏家としての日常生活」はどうですか、とお聞きしました。

佐藤　それは面白い質問です。あまり意識していませんが、奇妙なことはありますね。車のウィンカーの音で誰かがハンドルにリズムを打ち始めると、誰ともなく膝を打ったりリズムアンサンブルを始めたり、自然のさまざまな状態を見て、物語や背景を想像したりね。

――なるほど、音やリズムに敏感で、聞き分けたり、音をめぐって考えたりすることがあたりまえに、日常的なことになっているのですね。そうした日常の中で、イメージや感覚が共有されていそうですね。

佐藤　例えば、揺れている木の枝葉を見て、「風にくすぐられて笑っているね」ということは、なんの違和感もなく共有してしまいます。和太鼓の団体指導や自らの練習の時に、曲が「生き物になった」という感覚があります。これは無機質なリズムの集合体が一つの生命体になるような感覚なのですが、何かがガラリと変わるその気づき感覚を、そのとき弟子たちも共感共有しているのですよ。これらは私たちからしたらあたりまえの感覚なのですが、奇妙に映るかもしれません。非日常だとは思っていませんね。

――指導において「木の葉が笑っているように叩いて」と言うときもあるわけですね。とすると、比喩表現のように見える言葉かけは、じつは比喩ではなくて、実際に風に揺れる木の葉を見た場面を皆で思い起こしている可能性がありますね。

佐藤　でも、見たものを見たなりに、聞いたものを聞いたなりに受け取って表現するだけでなく、本来見えないものや聴こえないところを感じるというか、むしろ「自分がその対象になってみること」を育てようと思っているのです。私がそうやって作曲しているから、奏者にはその共感を求めているのかもしれませんね。

――共有しているイメージを音として表現することは別の問題ですが、でも、日常の中で多くの場面を共有することで、師匠は指導に用いる言葉を豊かにし、お弟子さんは指導の言葉を受けとめる土台を築いていくのかなと思いました。

佐藤 土台作りですか。そうだと思います。

——入門直後のお弟子さんにとっては、生活音からアンサンブルが始まり、自然の状態を見て物語を語り合うことは、あたりまえではありませんよね。入門して日が浅いときは、別の日常感覚、「和太鼓奏者のものではない日常生活」を引きずっているとは言えませんか。それが、ともに稽古し、多くの時間や場面を共有する中で、次第に変わっていく。和太鼓奏者としての感覚が滲み込んでいくような。その日常生活の変化と演奏技術の変化は重なって起こるのではないかと想像するのですが、どうでしょうか。

佐藤 確かにそうです。私の場合は特に物語性を重視した曲を書くので、新人の基礎的な練習のときには、日常感覚の変化はなかなか起きないでしょうね。やはり、曲練習に入ってから、私の願う奏者感覚というものに巻き込まれるのではないのかと。

——こういった入門初期の弟子への指導は、入門して長い弟子への指導とはまた違いますか。

佐藤 そうですね。入門したばかりの弟子には、まず太鼓の基礎的な仕方を教えます。

5 「基礎的な仕方」から「演奏表現の技術」へ
——「へそを真下に落とすように」、「ぬかるんだ道を歩くように」

——基礎的な仕方の指導において、工夫していることなど、いかがでしょうか。

佐藤 技術が何をできることを指すのか規定が難しいですが、例えば姿勢やバチの握り方、打ち込み方などの基礎的な運動動作は伝えますし、その人が持つ悪い癖のある動き、身体的に無理のある動きは、自由な音の表現や身体に支障をきたすので指導します。むしろ、基礎的な仕方を踏まえた後に取り組まねばならない演奏技術の伝達が大切ですね。ただ曲を流すだけでは技術を習得したことにならない。「わざ」、「すべ」とは、曲を理解し、演奏表現できてはじめて、そう呼べるものだと思います。

――「技術」というものを単なる運動動作とせず、曲の世界の理解やイメージを持つことにまで広げて考えること、これ、こだわりですよね。佐藤さんにとって重要な技術観なのだと感じます。

佐藤　そうですね。技術を単なる身体動作だとは考えたくないです。だからこそ、私はいつも奏者に、この曲を演奏するとは何かを感じてもらうようしむけています。それこそが演奏技術を伝えることで、そのために、詩や比喩的言語表現を用いて、受け手に感覚的に能動的に伝わるよう心がけているのです。

――そのうえで、ここでも「太鼓を叩く技術の指導」を二つの段階に分けてお話を伺わせていただけませんか。姿勢やバチの握り方、打ち込み方などを学ぶ段階を、佐藤さんの言い方に沿って「基礎的な仕方の習得段階」、その後の、曲を理解し、表現として打ち分けられるまでの段階を「演奏表現の技術の習得段階」。そういうことで進ませてもらえれば、事態を捉えやすいかと思うのですが。

佐藤　わかりました。確かに「基礎的な仕方」は重要です。これも大切な技術ですね。曲は、複数の奏者で一緒に演奏するので、打法やリズム感など、独りよがりでない「平準的な正確さ」を身につける必要があります。この段階では、その人になりきり、どんな動きが悪いのか、どの音の捉え方に癖があるのか、個別に伝えます。研修段階の人たちは、この基礎中心の練習だけで、曲の練習はさほどさせてもらえません。ここはレギュラー奏者が指導にあたっています。それができてようやく基礎的な仕方の仕上げというか、ゆるやかな演奏技術への序章というか、リズムの揺れや曲ノリを感じての基礎練習になります。曲はまだです。

例えば十六分音の練習。一拍を四つに分けた音です。一拍にタタタタという音が入っています。最初の基礎的な仕方では、正確にタタタタと等間隔で打ち続ける練習をしていたのに、今度はレギュラーの奏者が出す音に合わせて、微妙に一個目のタと二個目のタまでの間隔が長い、タッタタタという揺れや音のノリを打たせます。音符では表現できない微妙なゆらぎです。実際の曲練習では、曲毎に、このゆらぎが違います。逆に言えば、これを感じられなければ、曲を奏でるメンバーすなわち奏者になれないのです。ですから「平準的正確さ」を身につけたら、「不正確なゆらぎの正確さ」を身につけなければならない。この領域は、先ほど話した「ゆるやかな演奏技術への序章」の段階とも言えます。

――「平準的正確さ」を学ぶ段階でも、お弟子さんへの言葉かけをされますか。

佐藤　はい。例えば姿勢・重心の感じを伝える場合に、左右の打ち手によって重心が左右に流れてしまう人には、「へそを真下に落とすように打て」とか……。でもそれは打法という「平準的正確さ」を身につけるためのもので、「演奏表現の技術」のためにかける言葉とはまた違う言葉であるように思います。自らが思考の渦に巻き込まれないという意味で。

――つまり、指導で使われる言葉には二種類あるということですか。

佐藤　そういうことになります。「不正確なゆらぎ」を身につける段階のあたりから、数量的ではない、感覚的な感受性が求められ始めます。つまり、「平準的正確さ」の指導のときとは別の言葉が出現するのです。文学的に思想的に哲学的に……。たとえば「ぬかるんだ道を歩くように」というと「足がゆっくり沈んでスポンと抜けるような」ゆらぎ感覚をイメージさせるように。私は、この打法と感覚を身につけるまでが「基礎的な仕方の習得段階」なのではと思います。

――お弟子さんはこういった言葉をめぐって考えるのですね。そうすると太鼓の音が変わるのですか。

佐藤 そうです。言語によってイメージを引き出し、運動動作が変わり、音が曲の背景に近づくのです。「不正確なゆらぎを正確に打つ」という段階が、「ゆるやかな演奏技術への序章」となると先ほど言いましたが、この段階は、「演奏表現の技術」を身につけるために重要な言葉を受け入れる体質を作り、感受性を高め、イメージを身体に伝えるための訓練をしてくれているのです。乾いたスポンジは水を弾きますが、湿ったスポンジはさらに水を吸い込もうとします。感受性を高めるということはそういうことです。私の発する言葉に共感し、イメージを受け入れて、自ら考えて、イメージするようなウェットな心の状態を作ることです。また関係性を築くことなのです。曲で言えばその部分の表現を、さまざまな言葉を用いて、体質・土台作りをしてゆきます。

――ウェットな心の状態、関係性……もう少し説明をいただけませんか。

佐藤 指導者側が受け手側に立って、「こうすれば良くなる」という言葉を与えているときとは違って、受け手自身が、指導者側の言葉の世界に入り込むような状態です。そこには「疑い」を孕まない受動性がまず大切です。指導者の「ものの見方」や「見ている先」と同質になる。言語感覚においても。スポンジにどんどん水が吸収されていくように。この感覚を身につけてもらうことが大切なのです。自己対峙や問いや疑いという思考は、次の段階で否応なしに訪れますので。

――では、「演奏表現の技術」の段階についてお伺いします。「平準的正確さ」、「不正確なゆらぎを正確に打つ」ときて、その次の段階ですが、イメージに働きかける言葉を多用されるのでしょうか。

佐藤 曲の人格の共有を意識します。主題や物語や季節など、一曲として作り上げるための「しむけ」を行います。曲が「生き物」になるために。そのためには、曲を表層的な擬人化に誘うのではなく、そのものになるような言葉かけをします。雨がモチーフならば、雨雲の中の生まれくる雲に、地表に辿り着くまでの雨粒に、渓流で岩に打たれる水に、大海に注がれる大河に、海原から天に昇りゆく水蒸気に、というように、そのときの水になり、その物語になる。奏者が、曲そのものになるような「しむけ」言葉を話します。そのことで必然的な動きと音が生まれるのです。これが「演奏表現の技術」の段階だと考えております。ここに完成はありません。先に紹介させていただいた「道場訓」、「稽古は自分の姿（本性）が見えるまで続けるべし。音は我を捨てたとき　本来の響きを奏でるものなり」の目指すところです。

――「そのものになる」ですか……。わざの世界では「無心」など、「我」がなくなることへの言及をよく目にします。スポーツの世界でもゾーンやフロー体験と呼ばれる状態がありますが、そんな話と重なってくる気がします。このあたり、もう少しご説明いただけませんか。

佐藤　「自分と向き合い、曲と向き合って生まれる表現」と、「そのままの自分をさらけ出す表現」とは違いますよ。どちらも自分らしいと言えますが。自己対峙の末に現れる自分らしさは、「曲そのものになっている自分らしさ」です。これは他者に許容される「そのもの」であって、どう見られているかを意識した表現ではないのです。この我がなくなった状態は「そのものになる」ということで、むしろ他者から、その人らしい表現であると認められるものになるのです。

――どうすればそのような境地に立てるのでしょうか。その境地に立つための方法など、なにか考えておられることはありますか。

佐藤　これは難しいことです。眠ろうと思っているのに眠れない。寝ようと思えば思うほど、あれこれ考えて目が冴えてくる。これでは駄目だと思って、何も考えないように考えだし、あげくに眠るための方法を考えだす。そうしているうちにすっかり眠気が覚めてしまう。こんなことありませんか。この例えは的確ではないのかもしれませんが、行為を意識すればするほど、その境地に入れない。それどころかあれこれ自分の頭脳が自分の論理で考えだし、眠りに落ちる行為自体も、我の意思そのものになってしまう。こんなときは起きて眠気が訪れるまで考えたらいいのです。そのうち疲れて寝てしまいますから。そのときは「眠りそのもの」になっていますよね。つまり、意識の無意識化です。まずはその場に入り込み、曲や自分を意識して存分に考え思い描く、すると突然、意識して考えていた「想像空間」が「現実空間」に変わるときがやってくる。その場が既存の空間になり、意識が無意識化され、我が「そのもの」になるような。

――意識を邪魔ものとして取り除くのではなく、意識に向き合い続けて、それを突き抜けていった先に「意識の無意識化」があると考えておられるのですね。言葉を投げかけてお弟子さんを自己対峙にしむける指導のあり方と重なってきますね。

佐藤 私はそのような、曲ができるという心境を奏者に伝えようとしているだけです。そのようにして書かせられた曲が、自分の予想できなかったリアリティを持つことを経験しているからです。そうはいっても私も思うようにいかないのですが。

6　二つの言葉――弟子の感覚に入り込む言葉、未知の感覚に誘い出す言葉

――二つの言葉についてお伺いします。一つは、「平準的正確さ」を身につけさせる言葉で、ある程度、数量的な技術を身につける段階のもの。もう一つは、「機械的な正確さ」から離れて「不正確なゆらぎ」を正確に打つ段階、そして演奏者が曲そのものになる「演奏表現技術」の段階において用いるもの。この違いは何でしょうか。

佐藤 先ほども触れましたが、端的に言うと、自らが思考の渦に巻き込まれるかどうかです。そうすれば運動動作が直ります。あれこれ複雑に言葉を尽くすよりも、一つの言葉ですとんと直ってしまうのが前者です。それと

は別に、何かの現象を直すのではなく、自らの対峙によって悩み納得し、そうせざるをえないという質的変化を引き出す言葉が後者だと考えております。

――前者の場合は、直接的・即効的に、身体動作に変化を生じさせる「答え」を与えているという理解でいいでしょうか。先ほど、「へそを真下に落とすように打て」という言葉がありましたが、これは実際の動き方の説明ですね。これを聞いたお弟子さんは思考するのではなくて実際にやってみることになる。

佐藤　「答え」というよりは、言葉が相手の持ち合わせている感覚に入り込み、自らのイメージから誘発されて身体がそうなるということですね。歩幅はここくらいとか、膝はこの角度に曲げるとかというものではありません。数値を身体に入力するのではなく、イメージが身体を変えるのです。本人の納得のうえでそうなるということです。ただこの場合の言葉は、「謎」として思考の渦に巻き込むというより、言葉のイメージによって身体動作の理解を促す、わかりやすい言葉だと言えると思います。「演奏表現技術」の段階において用いる言葉は、思考に巻き込む言葉ですが。

――お弟子さんにとってわかりやすい言葉を用いるのですね。ということは、お弟子さんの言語感覚、語彙力、経験などを観察して、佐藤さんがそれに合わせて言葉を選んでいるのでしょうか。

佐藤　基礎的な仕方の場面では、弟子である受け手側に立ち、受け手が自らのイメージによって、また自らの納得のもとで、動きが生まれるようにしています。指導すること、つまり導き指すということは、指導者の弁舌だけでは何の意味もありません。受け手の理解が必要です。その意味で、この場面ではとくに、指導者は自ら「相手になること」が大切だと思っています。そこには送り手側の指し示す方向が確かである必要はありますが、受け手側に伝えるということが目的である以上、自らが相手になってみることで、そのメッセージを重層的に見ることができるのです。私としても、私の言葉が私の中に入り込んでくるような。それが双方の共感になるのです。

――思考の渦に巻き込む言葉の場合はどうですか。

佐藤　演奏表現の場面では、私の抱いている感覚や曲のイメージを伝えることが重要です。それがあって、おのおのが思考するわけです。そうすることで曲の人格が守られ、また深められ、一つの生命体になるわけです。まさに思考を誘発させています。

――あえて弟子にわかりにくい言葉を使うことはありますか。

佐藤　行為の発現を促すための言葉かけから思考に巻き込むための言葉かけへと移行する過程の中で、私の固有の言葉に誘ってゆくかもしれませんね。

――師匠と弟子の言葉が次第に重なり、共有できる言葉が増えてきたと感じ始める時期がありますね。

佐藤　感覚の移行期間、すり合わせ体験時期にこそ、双方の共感が重要です。先に触れた「ぬかるんだ道を歩くように」という言葉はゆるやかな演奏技術への序章だと言いました。奏者はその私の言葉のイメージを、音で演奏するために風景に立ち入り、身体を動かすようになります。これは音の一部の話ですが、師弟が言葉を共有する層があって、確かな師匠の言葉を感覚的に理解して共有できる言語になりうるのです。未知の新たな感覚に誘い出すことができる言葉になるという。

――さきほどの日常生活の話でも、佐藤さんとお弟子さんが折々に場面を共有し、その感じを「木の葉が風にくすぐられて笑っている」などと言語化するお話がありました。このような時間が、感覚を移行させ、師弟の共通の言葉を豊かにしているのかもしれないですね。

佐藤　確かにそうだと思います。繰り返しになりますが。思考のあり方というか、どこかの風景に立ち入ってしまう感覚、つまりタイムマシーンの起動スイッチと行く先リストを作ることを、この弟子と師匠の共通の言葉の積み重ねでしているのかもしれませんね。そうすることで、弟子は確かな言葉とでも言いますか、曲に対して自らの演奏表現の立ち入り方や行き先を見つけていけるのかもしれません。

——その弟子の思考のあり方についてですが、佐藤さんの持っているイメージに弟子が自ずから至るのが理想的とおっしゃっていました。それは、「自分との対峙」が、自分自身を知ることから始まりながらも、結局は、自分と師匠の違いの認識へ、そして師匠への共感へと向かうということでしょうか。

佐藤　「しむけ」とは何かということだと思います。私は曲を書き、その曲を演奏する奏者がいるわけです。その中に言葉が介在しているのです。曲を通して自己対峙を繰り返し、曲人格の共感へ向かう。奏者は、曲と向き合う日々の中で、私が曲を書いたときの曲になろうと模索しているのです。私が見たり聞いたりしたものを探しています。私が見ている先を見ようとしているのだと思います。逆に言えば、奏者には、その欲望が最初にあるのかもしれません。そうでなければ私のもとで私の曲を演奏していませんよね。欲望がなければ思考の渦には耐えきれないと思います。その前提があるからこそ、私は奏者がそこに向かう「しむけ」をしているのです。私はその曲を生み出した作者として、奏者の前に存在しているのだと思います。思考にしむける言葉が、作者である私との関係性を深め、奏者が演目を、自らの納得と欲望の獲得につなげているのではないでしょうか。

7　言葉の選択、使わない言葉——「腕を伸ばしなさい」ではなく「天井から吊るされている」

——言葉が逆効果になってしまう事態についてお伺いします。例えば、スポーツや武道で、よく「力を抜け」とか「リラックスしろ」と言われます。でも、その言葉に捉われると逆に力んでしまったりします。そんな自分の経験を思い出しながらお聞きしますが、こんな言い方はしない、使わない言葉があるなど、なにか言葉の選択について心がけておられることはありますか。

佐藤　わかりやすい事例を挙げると、「腕を伸ばしなさい」という言葉は、あまりいい教育ではないですね。太鼓を打つときに腕を伸ばしなさいと言ったら、今度は角度をどうするかという指示が必要になる。バチの角度を。私はあまりこういう教育はしないですね。

――では、どのような指示を出されるのですか。

佐藤　私は「バチの先に糸がついていて、天上から吊るされている。天上から糸が引っ張られているよ」と言います。そうすると、すぴーんと伸びるんですよ。「肘《ひじ》の位置をもっと耳に近づけて」のような直接的な指導より、言葉でイメージさせるほうが良いです。その動きは、結果的には同じように見えますが、その理解が違うのです。自らが、その動きの意味や必然性を理解しているかどうか。自身の納得のうえで、その行為をしているのかという点です。動きに「意思」が生じているかです。

――腕をまっすぐ伸ばすというのはその時点での状態で、静的というか、次がないですね。その糸が切れて手が落ちてくるとか、その次の動きのストーリー、あるいは手だけではなく全身の動きのストーリーが作りやすい感じがします。

佐藤　エネルギー保存の法則のようなものです。高く物が上がれば、重量が大きければ、そのエネルギーが増している状態ですね。ですから、この角度で手を挙げるということからバチを振り下ろすのと、糸が切れたことで振り下ろされるのでは、バチの軌道もアプローチも音もまったく違います。引っ張られていれば、引っ張られまいとして重心を落とすし、糸が切れれば落ちる自然な勢いが生まれます。

――言葉のかけ方の違いが、動きの違い、さらには音の違いにまでつながっていくわけですね。それは逆に、かける言葉次第で動きを殺してしまうこともありうるということになりますね。

佐藤　そうなのです。ですから「こうやればうまく打てる」とはあまり言いません。その代わり「柔らかーい、丸い音を出してください」など、やはりイメージを伝えます。そう言うと、丸ーい音の波をつくってくる。強く打て、弱く打てと言ったら、もうそのままですからね。結局それも曖昧ですし。ですから、言葉でイメージを与えて、その人がそうやりたいと思うように、「その感じ、わかるような気がするからやってみよう」と思うようにしむけるために言葉を選んでいるつもりです。

――確かに、弱い強いという指示も曖昧ですね。それよりも「柔らかい丸い音を」と言えば結果的に弱い音が出る……というより、「柔らかい・丸い」という言葉の方が、実はきめの細かい指示で、和太鼓の世界の内側の人々にとっては、自分の身体感覚で捉えやすいリアルな指示なのかもしれないですね。

佐藤 「リズムを歌う」という言い方も使います。言葉もなければメロディもない太鼓ですが、「太鼓で歌って」というのです。これは太鼓の世界特有の言い方だと思います。太鼓の人たちには、こういう言葉の方が伝わりやすいときがありますね。

――私には、まったくピンと来ない言葉ですが、和太鼓の方々の間ではすぐに通じるわけですね。

佐藤 私は「太鼓が歌う」という言い方を自分の感覚で使っているのですが、どうやら私以外の人も同じように「歌う」と言ったりするみたいです。それこそマニュアルみたいに、「太鼓が歌う」と指示をするのが共通の理解になっているわけではないのですが。

――和太鼓奏者としての身体感覚に即した言葉という印象です。この言葉は、奏者の皆さんにとっては比喩ではなくて、実際に「太鼓が歌っている」と生々しく感じているわけですね。

佐藤 弟子が「ある言葉の意味に日にちが経った後で気づく」とか「前に聞いた話が積み重なって、こういうことか！　と気づく瞬間がある」と言っていました。「太鼓打ちから太鼓弾きへ」という言葉についても、「今、太鼓を弾いている」という感覚になるときがあるそうです。

――イメージを伝えるというお話のときにも、待つ時間を大事にすると伺いました。いろいろな言葉を佐藤さんが発して、弟子はその言葉をめぐって考え続けて、機が熟すとでも言えばいいでしょうか。今までバラバラだったものが、カチッと噛み合うようなときがある。先ほどは、「基礎的な技術が応用的に接続された」という言い方をされておられました。

佐藤　はい。その噛み合う瞬間のことを、基礎的技能とか基礎的な知識、知の応用的接続という言い方をします。「あっ!」と気づく直観みたいなことですね。直観っていうとすごく曖昧に聞こえますが、これは自分と向き合ったりいろいろなことを突き詰めたりしないと生まれません。ゼロから一が生まれるのではなく、総合的にいろいろなものが自分の周りにあり、言葉や経験が積み重なって、それらが結びついたときに新しい組み合わせができる。私はそれが直観であり創造だと思っています。ですから、その直観を導けるような言葉をかけたり方向性を示したりしています。

――直観というと突然の神の啓示みたいですが、そうではなくて積み重ねの結果だということですね。

佐藤　私に顔を出してくれる直観は、一つのことをずっと考え続けているときにしか訪れてくれません。もう駄目かと思って、ため息をついたときに、ぴょこって現れます。前からあったあたりまえのことのように。曲はそうやって勝手に、主題が物語になり、物語が風景になり、風景の中に音が流れて……。以前から聴いていた曲のように、私の中に流れ出すのです。言葉が絵になり、絵が音に変わる。こんな不思議な変換装置が起動するのは、これら一つ一つのばらばらの足跡が、突如つながれて線になるような感覚なのです。だから直観は、自分の足跡の模様のように、知の応用的接続の瞬間に出現するのだと思えるのです。

8　マニュアル化の限界――「演奏表現」はテキストで伝えることはできない

――最後に、マニュアル化についてお伺いしたいと思います。例えばスポーツでは、効率的に教えるためのマニュアルやメソッドを使うことがあります。創作和太鼓はどうでしょうか。指導方法や太鼓の叩き方のマニュアル化を考えたりはしませんか。

佐藤　私自身は、マニュアルを作るような指導ではない方向を考えております。「基礎的な仕方」を教えるなら、マニュアルは有効だと思います。しかし、先ほど話しました通り、曲を演奏するという技術は、単に演奏の仕方を身につけることではなくて、曲を自らのものとして奏でる技術を指すものだと考えています。一曲一曲違う曲です。自らが考えるようにしむけることが、私の目指す唯一のマニュアルですね。

――「基礎的な仕方」には有効ということですが、実際のところ、そんなマニュアルは作っておられない。なぜでしょうか。

佐藤　実は外向けのワークショップのテキストは作ったことがあったのです。そうしたら伝えることが少なかった。正確に言うと「演奏表現」をテキストで伝えることができなかった。言葉と図を使って、三ページで終わってしまって。つまりバチはこう握って、姿勢はこうして、打法はこうしてと書いて。でも、「基礎的な仕方」は、一度実際に打っている姿を見せてあげれば、それで良かったのですよ。あとは、受け手側ができたと納得するまでの反復練習と、その人特有な癖をどう直してあげるかということだとわかりましたので。でも「ゆるやかな演奏技術への序章」の段階までを意識した指導マニュアルを作ってもいいのかもしれませんね。

――伝統的な「わざ」の世界は教科書がなく、見習え、盗めと言われます。この話をすると「それは非効率的だね」と言われたりするのですが、佐藤さんの場合、マニュアルを作って教えるより、やってみた方が早い、より効率的だったわけですね。

佐藤　そうですね。

――もし、「基礎的な仕方」の指導マニュアルを作るとしたら、どのようなものができると思われますか。もちろん、そんなものを作っても、曲を演奏する技術はマニュアル化できず、「いかに考えさせるか」という方向にしむけるしかないのですが。

佐藤　ここまで申し上げてきた順序で、「平準的正確さを身につけるために」、「不正確なゆらぎの正確さを身につけるために」、「ゆるやかな演奏技術への序章」といったような段階の打法技術を伝えるマニュアルを作ることは可能かもしれませんね。ただ、その人、そのときの状況によって、画一的にこうだというのは、むしろあらかじめ設定された基準値によって規定される危険性は残るとは思いますが。

――マニュアルをどう作るかという問題とは別に、マニュアルをどう使うか、どう使ってはいけないかという問題もありますよね。基準値ができるとそれに規定されてしまうとおっしゃいましたが、マニュアルが独り歩きするリスクや、書かれたことだけが正解になってしまうリスクが常にあります。

佐藤　私の場合、指導にあたっての個別指導のポイントと指導者の心構えが長くなりそうですね。マニュアルを使う指導者に、その先の演奏技術の領域を、はじめから意識してもらうところまで書き込めれば。ただしそれは、その指導者やチームの曲によって大きく左右されるところでしょうけれど。私にとっては直接指導をしているので必要性は感じませんが、そのようなものを必要とされている方もおられるかもしれませんね。

――マニュアルに書けない領域があることを明記したマニュアル、なんか変な感じですね。でも、結局はそういうことになる。とすると、直接の指導の方が早い、それができればマニュアルは必要ないということがわかる気がします。どうもありがとうございました。

第三章

感覚との対話を通した「わざ」の習得——感覚人間としての陸上体験

朝原宣治（北京オリンピック陸上競技メダリスト）

一九七二年、神戸市生まれ。元陸上競技者。一〇〇メートルの日本記録を三度更新し、自己記録は十秒〇二の日本歴代二位。二〇〇八年には自身四度目となる北京五輪に出場し、四×一〇〇メートルリレーで銅メダルを獲得。同年九月に競技生活を引退。現在は、大阪ガスグループの地域貢献活動の一環として陸上競技クラブ「NOBY TRACK & FIELD CLUB」において次世代のアスリート育成を目指している。

聞き手　北村勝朗

——本日は、北京オリンピック四×一〇〇メートルリレー銅メダリストの朝原宣治さんをお招きいたしまして、トップレベルの選手は陸上競技のわざをどのように獲得してきたのか、朝原さんは何にこだわって記録を伸ばしてこられたのか、エピソードなどを通してお話を伺いたいと思います。

朝原　本日は、北京オリンピックで私が体験したことも混えながら、私の陸上経験を振り返って、感覚という切り口からいろいろお話させていただきます。

1　陸上競技との出会い

――まずは陸上競技と朝原さんとの出会いについてお話しいただけますか。

朝原　私は陸上競技は小さい頃は始めていませんでした。今になって考えてみれば、それは、私の主な運動神経であったり、運動能力であったり、いろいろなものを高めるための遊びだったのですね。

――具体的にはどんなことをなさっていたのですか。

朝原　近所の子どもと、球技、縄跳び、ローラースケート、アイススケート、登山と、あらゆることをやっていました。

――さまざまな動きを通して自分の多様な能力や感覚を目覚めさせていったということでしょうか。

朝原　そうですね。遊びの中で自分の運動感覚を磨いていったり、空間的な感覚を磨いていったりしていたわけですね。

――その中で、陸上競技とはどのようにして出会ったのですか。

朝原　駆けっこは大好きで、兵庫県神戸市の田舎の小学校で育ったのですが、その運動会では、だいたいトップを走っていたと思います。

――小学校の頃から今のようないい走りをしていたのでしょうか。

朝原　いえいえ、この頃に走っている写真を見ると、接地が遅れていると思いますね。まだまだ甘かったですね。

――それでも速かったのですね。それで陸上部に入ったのですか。

朝原　いいえ、陸上は高校から始めました。その前、中学校ではハンドボールをしていました。これも今考えると、高校から陸上を始める前にハンドボールをしておいてよかったと思っています。というのは、陸上競技は、自分から動き出す、能動的な競技なのですね。でもハンドボールは、来たボールに反応して体を動かさないといけないのです。ですから、受動的なことは動きに出てくるわけです。相手の動きに反応して何か体を動かさないといけないのは大事なことと思います。

——それはどうしてでしょうか。

朝原　走っている時も、ただ単に自分が走るだけではなく、例えば地面に着いたときに、自分の足にどういう感覚がきて、走ったその一歩をどのように拾っていけば、どのようなスピード感覚が生まれるのかという感性が豊かでないと、走るという行動には結びつかないのです。

——感覚を受け止めるセンサーをより洗練させていくといった感じでしょうか。それは動きや感覚を作り出す側面と同時に、自分の体や体のまわりに満ちている感覚を繊細に受け止める能力を高めるという理解でよろしいでしょうか。

朝原　そうです。ですから、そうした相手の動きに反応して体を動かすことなく、走りのスキルだけ整えても、その感覚が磨かれないと思うのです。

——そうした感覚が優れていると思われる選手はいますか。

朝原　ウサイン・ボルト選手[1]は、ものすごく感性が高い選手だと思います。彼はクリケットや、バスケットボールなど、いろいろなスポーツをしていたと聞いています。だからこそ、彼の走りを見ていて地面に着いたその時の感覚や、進んでいる加速感に対して、感覚が鋭いのではないかと、私は思いました。本能的に走っている。も

（1）ウサイン・ボルト
ジャマイカの陸上競技短距離選手。一九六センチメートルの長身で、レース中盤から一気に飛び出す、後半追い込み型。北京オリンピックでは、一〇〇メートル、二〇〇メートル、四×一〇〇メートルリレーで金メダル。

ちろんトレーニングをしてフォームもいろいろ工夫しているのでしょうが、それを活かすために、感覚を研ぎ澄ましながらトレーニングをしているのではないかという印象を受けます。

――そうすると、朝原さんが中学校時代に陸上競技ではなくハンドボールをなさっていたことは、すごくよかったのですね。相手がいることのほかにこのハンドボールという競技と陸上との相違点はありますか。

朝原　ハンドボールはいろいろな動きをします。陸上競技は、縦の動きが多いのですが、ハンドボールは横の動きもありますし、ボールに反応して動かないといけないという競技特性もあります。そしてチームメイトと動きを合わせて、呼吸を合わせて何かをしないといけない状況なので、陸上競技にはない要素をたくさん持っています。

――そうしたハンドボールという競技に打ち込んだ時代のエピソードがあればお話しいただけますか。

朝原　このハンドボール時代は厳しくて毎日体力がなくなるまで練習をして、土日もないハードなトレーニングをしていました。この頃は、自分の感覚などというものはなかったわけです。指導者に怒られないように、いかに動くか、いかにあの先輩についていけるように、一所懸命練習するか、ということばかり考えていて、感覚と言えるほどのものは意識せずにトレーニングをやっていたという状況でした。このハンドボールでは三年生のとき全国大会まで行ったのです。普通でしたらオリンピック選手になろうとか、宮崎大輔選手(2)のような国際的な選手になろうとか思うかもしれないのですが、私はこの三年間がきつ過ぎて、楽しさを見出せなかったり、自分の将来的なヴィジョンがハンドボールでは描けなかったのです。三年間でハンドボールはやめてしまいました。それで高校から陸上を始めたのです。

――それはハンドボールという競技以上に、スポーツへの取り組み方も関係しているのでしょうか。

朝原　ハンドボールの反動が出たということでしょうか。ハンドボール時代が苦しかったから、スポーツは楽しくないといけないのではないかと、いろいろな部活動を探しました。思い描いているような部活動がなかなかなくてどうしようかと思っていたところ、同じクラスの陸上部の友達が「一緒に陸上部を見に行こうよ」と誘ってくれたのです。

それで仮入部しました。その部活動にいた先生は優しい先生だったのです。ハンドボール時代とは全く違っていて、その先生にお願いすれば部活動を休めるという感じでした。ハンドボールを厳しくやっていたので、楽しみながらやろうというのが私の一番初めの陸上競技の出発点だったのです。

2　感覚との出会い

――そうした楽しみながらやる陸上で、どのようにして競技力を高めていかれたのでしょうか。

朝原　中学生のときには、一から十まで頭ごなしに指導を受けてきたところから、いきなり優しい先生の指導に変わったので、基本的なことは教えてもらえるのですが、それでは全く情報が足りないわけです。これまでは走ることはただ単にシュートを打つためのツールだったわけです。実際に走ることを磨くことのわけがわからなかったのです。自分が速く走るために何をすればいいのかがわからなかった。でもその先生にはそれを説明する情報量が少なかった。ですから、基本的なこと以外は合宿などで覚えていったのです。

――学校以外の場で、いろいろな指導者に出会って教えを受けたということですか。

（2）宮崎大輔
日本のプロ・ハンドボール選手。身長一七三センチメートルと比較的小柄な体格ながら、跳躍力を武器に実業団の日本リーグや全日本で活躍。

朝原　合宿ではいろいろな指導者に教わりました。ただそこでも、自分の感覚と向き合うためのしかけがあったのですね。それは、ある指導者は「こうやって走るんだ。だからこういう練習をすればいいんだ」と言います。別の指導者はまったく逆なことを言います。「あれ、これどっちがどうなのかな」となりますね。私は素人なので、どっちが正しいかわからないのです。ではどこで判断するかというと、自分でしかないのです。だからいろいろなことをとりあえず聞いて、まず実践してみる。「ああ、こういうことを言っていたな。やってみよう」と。それは自分の勘です。この頃は勘です。感覚的に自分に「これはいいなぁ、心地いいなぁ、勝てそうだなぁ」というのは、自分の中に残していったのですね。

――自分の勘を頼りに、自分に合った感覚を探していったということでしょうか。

朝原　「この先生の言っていることは理論的には面白いかもしれないけれど、私には合わない」というものはとりあえず排除していく。私の基本的な陸上に対するスタイル、つまり取捨選択して自分を中心に置いて、外からいろいろな情報を集めて、自分にいいように吸収していくスタイルになっていったのです。

――置かれていた環境をうまく利用しながら、自分自身の感覚に行き着いたということですね。そうやって朝原さんご自身の学びのスタイルを作り上げていかれたのですね。

朝原　ただ、高校の頃はまだ感覚的に鈍いです。体調が良ければ記録が良いとか、気分が乗っていたら走れるとか、まさしくそういう状況です。

――すぐには感覚は鋭敏にはならない……。でも感覚を手がかりに走りをつかもうとする意識は高かったのではないかと思いますが。

朝原　その通りだと思います。自分の中でどうやったら速く走れるのだろうとか、どういうフォームがいいのかとか、私は走り幅跳びを専門にしていましたので、どういう踏切のタイミングで入ったら遠く跳べるのかというのに耳を傾け、自問していました。「こういうときは、こうなるな」と、先生に一方的に見てもらう環境ではなかったので、自分である程度、情報も集めてきましたし、自分の体のことを知ろうという気持ちは、この頃からありました。ただ、その感度はまだ低い状況でした。

――そうした感度が高くなっていったのは、その後ということでしょうか。そこではどのようにして感覚が高められていったのでしょうか。

朝原　大学の一年生のときに世界陸上東京大会というのがありましたが、私はテレビで観戦するくらいレベルが低かった。ですが、大学二年生の頃から、ただ単に練習量であったり、練習メニューであったり、体調であったり、そういうことだけではなく、体の軸であったり、体の細かい使い方であったり、それこそ感覚のことに目が向き始めてきました。もっともっと細かく自分の体を知ろうではないかと。自分がリラックスしている状態はどういう感じなんだろうと。よく指導者が「おまえ、リラックスして走れよ」と言いますが、リラックスしている状況がわかならなかったら、リラックスはできないのですね。しかも走っているときにリラックスしようというのはわけがわからない。でも、それをある程度自分の中で「あっ、こういう感じがリラックスしているんだな」という状況を知って、徐々に私生活でもリラックスしている状況、筋肉が弛緩している状況を、走りになってもできるようにしていく。そういう感覚的なことを自分の中でクローズアップしていった時代が大学の三年生のときです。

――そのように感覚に意識を向けるようになったことで記録も伸びていったのでしょうか。

朝原　この時期に私は飛躍的に記録が伸びたのです。まずは二〇〇メートルで日本学生陸上競技対抗選手権大会で優勝しまして、一〇〇メートルで日本記録を打ち立てました。その後、数ヵ月後に走り幅跳びで八メートルという、一番私が望んでいた記録を跳びました。走り幅跳びで世界に飛翔しようと思っていましたので、八メートルという記録を跳んで、私の中では徐々に自分のイメージと感覚と、外から見るものが、かなり一致し始めるようになってきたのです。練習中にビデオを撮ってもらい、自分がこういうふうに動いたときは、体はこうなっているというのが、昔は結構ズレがありましたが、徐々に一致し始めた頃です。

――外から見える動きと、内部から感じる動きが一致していくというプロセスは興味深いですね。スポーツ心理学の研究では、外から見える物理的な動きと、その動きを作り出す内部の感覚との間にはズレが生じていて、それは運動の不感性と呼ばれています。この運動の不感性は、エキスパートになればなるほど、小さくなっていくとも言われています。自分で動きを作り出しそれを感じ取る感覚と、実際の動きが一致していく、それが競技としてのスポーツには重要なことなのでしょうね。

こうした感覚が更に研ぎ澄まされていくのは、その後の競技活動を通してなのでしょうか。

朝原　ドイツに留学しました。ドイツに行くとプロのコーチがいて、いろいろ教えてくれますが、コーチの言っていることと、私が思っていることが一致しないと、なかなかトレーニングがうまく進まないわけです。だから私も試しているわけです。コーチを試して、わざと自分では気持ち悪い、ちょっとずらしたような動きをして、この先生に見てもらうことがあります。そうすると、ちゃんとこのコーチが「あっ、今のちょっとおかしかったな」と言ってくれるわけです。自分が「あっ、これは正しいのか」と跳べたというのを見たこのコーチは「あっ、それそれ。今のだ」という、こちらのよかった感触と、コーチのいいというものが一致しているという状況を確認して、それで絆みたいなものが生まれ、信頼が生まれていきました。このコーチに練習メニューであったり、走り幅跳びの技術的なものを任せてトレーニングを進めていったわけです。

――朝原さんご自身が持っておられるよい感触と、コーチの持つよい感触が一致していることを確認されていたのですね。感覚ということにこだわって走りを追求される朝原さんならではのエピソードですね。そのようにして感覚が洗練されていったのですね。

朝原　時間はかかったのですが。というのも、その次の年、ドイツにまた渡って、その次の年に初めてアトランタオリンピックに出場します。一九九六年というと、私は二四歳です。この頃になって、やっと自分の跳んでいる感覚や走っている感覚が細かいところまでわかり始めたのです。ですから、これが二倍速で進んでいたら、選手として私は若い頃にもっと大成していたのではないかと思いますね。

――朝原さんがご存知の選手で、そういう感覚が早くわかって良い記録を出した選手はいらっしゃるのでしょうか。

朝原　室伏広治君[3]です。彼は、お父さんから引き継いだ感覚なので、親子なのでわかりやすい。その感覚のまま、それを踏み台にして、そこから進めたので、自分はワープできたと言っていたのです。非常にその気持ちはわかります。私はわからない状態から少しずつ少しずつ感覚を自分で体得していく。ですから時間がかかるわけです。それをワープできたら、二二歳、ボルト選手ぐらいの年齢で感覚が体得できていたら、もっとトップのときの期間は長かったのではないかと思います。

――北京オリンピックの状態で一五年くらいワープするという感じですか。

朝原　そうです。ちょうど北京オリンピックが終わって、その感覚と知識を持ったまま一五歳ぐらい若返ったら、私は九秒台出していたのではないかと。そんな、後で言うなよと思いましたけど、そうかもしれないと本当に思

（3）室伏広治
日本の男子ハンマー投げ選手。アテネオリンピック金メダリスト。父親はかつて日本選手権一二回制覇、アジア大会五連覇を達成して、「アジアの鉄人」と呼ばれた室伏重信（前日本記録保持者）。妹はアテネ五輪女子ハンマー投代表・女子円盤投日本記録保持者の室伏由佳。

います。それは仕方がない。

――室伏さんのほかに朝原さんがお会いになったアスリートで、優れた感覚を持っておられる方はいらっしゃいますか。

朝原 ヨーロッパで頑張っていたときに会った伊達公子(4)さんです。伊達さんは、当時世界ランキング五番でした。伊達さんもたぶんそんなに小さい頃からやられてはいないと思うのですが、やはり鋭い感覚を持っていたのではないかと思います。外国人と比べると、体も小さいほうです。感覚をつかんでいたと思いますよ。

――感覚をつかむことが上達の鍵を握るということですね。もし自分で感覚をつかむことが難しい場合に、トップ選手の感覚を教えてもらうことは可能でしょうか。

朝原 トップでなされている感覚をそのまま次世代にすっと継承できたら、それはその選手はそこからスタートできますから、すごく得です。でも、それがなかなかできなかったのがこれまでのスポーツ界だったのです。

――おっしゃる通りですね。感覚を継承することは非常に難しいことで、どの領域でも苦労しているようです。この感覚を伝えるということがたいへん興味深いところなのですが、そのお話しを伺う前に、朝原さんご自身が感覚を体得していく過程についてもう少しお話しを伺いたいと思います。朝原さんは感覚を意識されるのは、練習場面でしょうか、それとも試合場面でしょうか。

朝原 私は試合での感覚を大切にしています。というのも、私は一九九七年、ヨーロッパでかなりの試合に出ました。このときはもう感覚人間です。一試合、一試合、いろいろなことを試みて、こういう感覚のときはこういうタイムが出る。感覚と結果を擦り合わせて考えていました。ただ、いろいろな走りを試しました。こういう意識で走ったら、どんなフォームになって、どんなタイムが出るのか。こういう感覚で走ったら、例えば三〇メートルで苦しくなるけれど、後で伸びるとか。いろいろ試して、自分にいいものを探していたというのが、この一九九七年のヨーロッパでの試合です。

――試合での感覚は練習とは違う感覚なのでしょうか。

朝原　それは本気度が違います。試合と練習では、集中の度合いも、アドレナリンの出具合も、出力が違いますから。

――そうすると、試合の場面で集中力が違うということは、走った後、走っている感覚が練習のときよりも自分の中に残っているのでしょうか。

朝原　普通は残らないと思うのです。試合では集中して本気で走っていますので。ただ、私が能力として高かったのは、そこかなと思うのです。筋力も跳躍力にしても私より強い人もたくさんいますが、トータルで考えると、レースを振り返って、自分が本番で走っていたときの感覚をもう一度よみがえらせる能力はあった方だと思います。

――自分がレースで走っていた時の感覚をよみがえらせるというのは、感覚をつかむ上でとても重要なことのように思いますが。

朝原　それができないと、反省できないのです。レースに出ても頭が真っ白になって、訳がわからなかった、それだけで終わってしまいますから。練習のときは、感覚をつかみやすいのです。意識しながら走っていますので。試合になると、それが飛んでしまいますが。

――高校生の選手に話を聞かせてもらったときに、ゆっくり走っているときは感覚を意識できますが、練習であ

（4）伊達公子
クルム・伊達公子。日本の女子プロテニス選手。女子テニス協会（WTA）ランキング自己最高位はシングル四位、ダブルス三三位。一九九六年に引退したが、二〇〇八年に現役復帰。

って も、速く走ったらもうだめだと伺いましたが……。

朝原　わけがわからなくなる、高校生のときは。

――朝原さんは、そうやって一度つかんだ感覚は、ずっと維持できたのでしょうか。

朝原　それがそうではないのです。私は一九九七年のヨーロッパの試合の後、怪我をします。ひとつの原因は、私は当時、感覚人間になっていましたので、ちょっとした自分の体の感覚のずれに敏感になっていたことです。また、やはり高いレベルで試合をしてきたので、その感覚や、自分の培ってきた成績を失うのが怖くなってきて、練習を休まなくなってきたのです。あるとき、非常に疲れている状態なのに、試合に出てしまい、そこで、怪我をしました。

――怪我はすぐに治ったのでしょうか。

朝原　たいへんでした。その怪我をきちんと治療をして、一ヵ月なら一ヵ月休んで、また復帰すれば良かったのですが、そこでストップすることができなかったのです。ここまで順調に来て世界でやっと闘えるようになったのに、ここで止まってなるものかという気持ちが優先して、自分を止められなかった。ですから、練習をごまかし、ごまかしやり始めて、痛み止めを打ち始めて、悪循環になっていった。バランスが崩れて、初めは筋肉の怪我だったのですが、最終的に走り幅跳びの踏み切り足、つまり足首に負担が来て、骨折に至ったのです。

――骨折の治療中はそれまでの感覚を維持できたのでしょうか。

朝原　怪我をして、リハビリをするときに、わからなくなってしまいました。速く走っていたときの自分はどう走っていたのか、どんな感じだったかが、怪我によってすべて吹っ飛んでしまいました。骨はすぐにくっつきますが、そこからまた速く走る感覚に戻すのに、とても時間がかかりました。

――感覚を戻すためにされていたことはありますか。

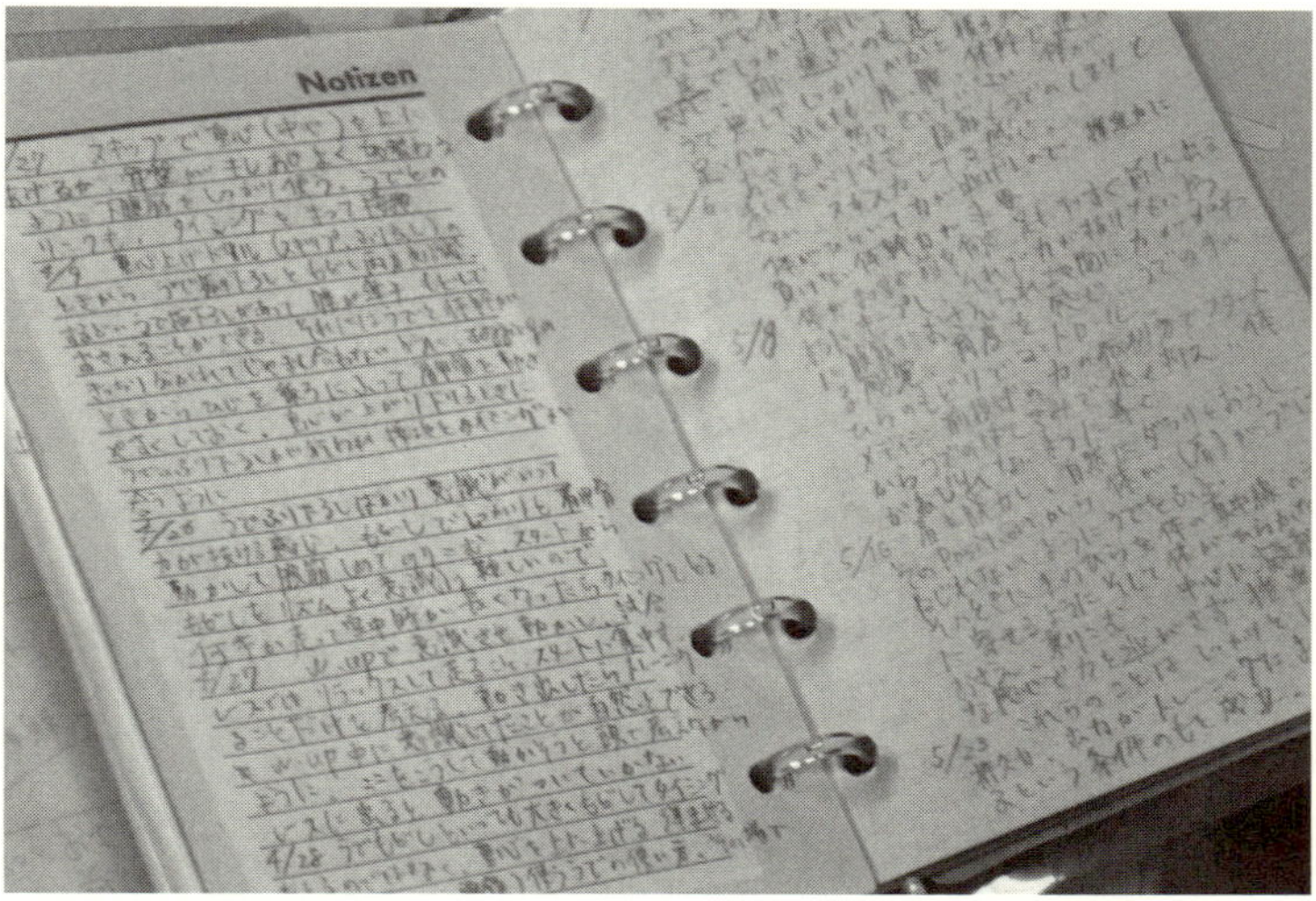

感覚ノート（朝原氏より提供）

朝原　このときに、私は感覚ノートを書いていました。練習するときに、自分はどう感じていたのか、それを忘れないように書いておいて、練習の前、試合の前のときに見直して、「ああ、そうそう。こういう感覚で走っていたんだな」と思い返すのです。

――感覚ノートはとても重要なもののように思えますが。

朝原　時にはびっしりと毎日、感覚ノートを書いて自分の中でどのように動きが変化するのか、こうすればどのような結果が出るのかを自分で試して練習していました。こうして始めると自然と自分の体としっかり対話ができるようにもなりますし、自分の体調の変化やバランスが崩れていることに敏感になります。何も考えずに秒を取ったりしてしまうと、何か見逃しがちなひらめきとか、そういうものにキャッチする力というのがなくなってしまうのです。

ですから、こういうふうに頭の中にあると、何かふとしたことがきっかけで、「あ、これは面白いのではないか」とか、「あ、こういう感覚で走ってみようか」とか、「次はこういう意識で練習しよう」など、どんどんイメージが湧いたり、ひらめきが出てきたりしますから、感覚ノートに書いてじっくり考えてやるのは効果があるように思います。

――感覚ノートを使って以前の感覚を取り戻していかれたのですか。

朝原　それが、私は感覚を戻す時間を短縮しようと思って、一番速く走っていたときの感覚ノートをもう一回見直したわけですね。すると、わからない。というのは、元気なとき速く走っていたときに書いている感覚なので、わからなくなった状態でチェックしても「これはどういうことで書いていたのかな」という感じなのです。ですので、またそこから自分でやり直しをする。

――そうすると、感覚ノートに文字として書かれたものは、走りの、いわば正解としてのヒント集というわけではないようですね。

朝原　そういう普遍的なものを探していたということもあるのです。後々に、これさえつかんでおけば、いけるというのが、あるのではないかなと思いまして。結局自分自身も変わってしまいますし。

――そうすると、骨折後の感覚もまた違うものとしてつくりあげていかれたのでしょうか。

朝原　そうなのです。骨折してリセットして、そこからまた新しく自分の走りのスタイルを構築していきました。ですから、骨折する前は一〇秒〇八が最高だったのですが、その後また一〇秒〇二の自己ベストを出すまでは、違う過程で強くなっていったわけです。ただ、一度はそのレベルまで速くなっていますので、その後のスピードというのは多分速いとは思いますが、やはり徐々に自分で開拓しながら、感覚は身につけていかなくてはならないものだと思います。

――常に感覚を開拓して身につけるということですが、その変化について少しお話しいただけますか。

朝原　骨折してから、次のモチベーションはシドニーオリンピックに向けて高めていきました。ですから、私にとってシドニーオリンピックは、松葉杖をついて入院していた状態から一年で世界のレベルに戻っていけたということで、結果は良くなかったのですが、印象に残る試合となりました。

その後、アメリカに行き、また新しいことをプロコーチから学ぶのですが、この頃には、もう自分の体は結構コントロールできていますし、アメリカのコーチの指導を受けて、自己ベストの一〇秒〇二を出したのですね。シドニーオリンピック前、つまり怪我をする前は、末端に意識が行っていました。腕振りをどうしようとか、足首を固めてどう地面の反発をもらおうとか。例えば、ブレーキをかけないように、うまく足首を使おうとか、どこから足を着こうとか、結構末端のことを考えることが多かったのです。

――そのときの感覚ノートにはどのようなことが書かれていますか。

朝原　足首をうまく使ってブレーキを防ぐ。積極的にキャッチしようということを考えていたのですね。この頃は意識が完全に末端です。着く瞬間にキャッチして、うまくそれがブレーキにならずに進んでいけるんじゃないかというふうに考えてた。

――そのほかに何か感覚ノートに書かれたことをご紹介いただけますか。

朝原　肩を後ろへ揺するように、競歩選手のように体をねじって、同時に腰も上半身と下半身をつなげるように上下をうまくつなげながら走る。そのときにも拇指球の意識を忘れるなと、メモに書いてあります。それはどういうことかと言うと、まっすぐでバシッと固めて走るのではなく、大げさに言えば、競歩みたいな形で肩を後ろに揺すって右に乗せるときと、左に乗せるときを、しっかり意識させる、その意識づけです。

――足首などの末端からどのようなところに意識が変わっていったのですか。

朝原　アメリカに行ってるときは、末端のことはまったく考えていませんでした。もう中心のことしか考えていなくて、中心をいかに動かすかというイメージしかないわけです。年齢や自分の感覚の成熟とともに、いろいろなやり方、イメージも変わってきていますね。

――このときの感覚ノートにはどのようなことが書かれていますか。

朝原　「丹田が後ろに残らないように」、「体全体でアーチ、ラインというか、ポジションを頭に浮かべて」です。というのは、やはり一つの場所を意識すると、そこがクローズアップされてしまう。例えば、腕振りだったら、腕ばかりに神経が行ってしまう。そういう状態から体全体を考えるわけです。

つまり、体を全体的な弓矢のアーチとして考えて、そのアーチごと、少し反った状態で、進めていこうということです。丹田が残らないようにというのは、この形ごと進んでしまうという意識で走っていた。ですから、ときには肩を意識したり、足首を意識したり、腕振りを意識したり、ときには全体像を見て、全体的な塊がグーンと進んでいるという意識をしたり、外から見るとなんら変わらないかもしれないのですが、自分の中ではまったく違うことをやっていることもあります。

――外から見える形と、自分の内側の意識が違うところが興味深いですね。感覚の成熟とともに中心へと意識が変わっていったことが大きく関わっているように思いますが、この末端から中心へ意識が変わっていった、その変化についてお話しいただけますか。

朝原　陸上もそうだし、柔道にしても自分の力で相手を投げ飛ばすというよりも、自分の最小限の力で相手の体重を崩して、その崩したところを投げるという。自然の重力は切っても切り離せない。陸上にしても、重力をどううまく自分に味方につけるかが勝負だと思います。年齢を考えても省エネを求めていると言えますね。年齢が行くに従って力が衰えてくるわけで。

若い頃、二〇歳の頃に出ていた出力が徐々に出なくなってきました。でも、世界で戦わなくてはいけないとなると、効率の悪いことはできなくなってくる。自分の力でもともとあったものすごい筋力から発せられる力で勝負するよりも、それが一点何倍かに返ってくるような、梃子《てこ》の原理ではありませんが、そういう力を地面から得て走るというように進化していった。年齢の、加齢の衰えの見直しもあったわけです。まずそれが一つ。

私は、怪我したときはドイツにいました。ドイツにいた時はトップレベルの選手を見ながらトレーニングをしていたのですが、私の中ではどちらかというと末端に意識が行っていたのですね。いい成績を残せたのは、筋力もありましたし、末端に意識が行っていたとしても、体幹のトレーニングもしてましたので、中心にも力が行ってたということだと思います。

怪我をして、その後、アメリカに留学をして、一緒に練習するようになったパートナーが黒人に変わったのです。体型もまったく違いますが、彼が練習で行う何げない動きは、足首とか末端にはまったく興味が行ってないのですね。スクワットをするにしても、すべてがど真ん中から力がドーンと行くような動きを自然にするのですね。

それを見て、彼らは自然とできるのでしょうが、私たちはそれを意識してやらないといけないと、気持ちが変わってきました。黒人たちの動きを見て思い直したということもあります。

――アメリカでの練習成果も含めて、その後のレースはいかがだったでしょうか。

朝原　アメリカではアメリカのやり方で、いろいろな大会に出場して、アテネオリンピックに家族と一緒に参加することこそが集大成だと。アメリカにも行きましたし、ドイツでもいろいろなことを学んで、大学でもいろいろなことを学んできたことを自分で総括して、プランを立て、向かっていった試合が、このアテネオリンピックです。この試合で私の競技生活、自分の経験をすべて活かして、結果を出そうと思っていました。結果的には、その後大阪世界陸上という地元の大会があり、北京オリンピックにも参加しましたが。

3　北京オリンピックでの感覚体験

――北京オリンピックという大きな舞台での感覚についてお聞かせいただければと思います。まずは四×一〇〇メートルリレーでメダルを取られるまでの様子についてお話しいただけますか。

朝原　私が北京オリンピックでメダルを取ったときも、これまでになかったプレッシャーを感じました。私はそもそもアトランタオリンピックの次のシドニーオリンピック、アテネオリンピックと、三回オリンピックを経験していたわけです。今さら四回目のオリンピックにと思われるかもしれませんが、この北京の前の三回のオリンピックももちろん緊張していますし、重圧も感じていました。ただ、北京ほどの重圧は感じていなかったです。というのは、陸上競技は、幸か不幸か、メダルを期待されることはあまりないのですね。一〇〇メートルにしても決勝に行くのはものすごく難しくて、そのラインを私も目標としてやってきました。

――厳しい世界ですね。

朝原　一〇〇メートルでメダルを取ることは、まずありえない。日本人のレベルからしても、取れない現状です。リレーはどうかというと、リレーはチャンスはあります。ただ、北京のようにすべてがうまく行って、他の国もバトンを落としてくれたりもして、そういうすべてのことが合わさって、やっと取れるという状況ですね。北京前の私の三回出てきたリレーは、チャレンジだったのですね。メダルが取れたらいいなという状況でやってきましたが、今回は決勝に臨む気持ちでも、「よし、取りに行くぞ」というチャレンジ精神が働いていたわけです。

精神面で何か取るべきもの、取ってあたりまえだと思っているものを取りに行くのと、もしかしたら取れるかもしれないなと思うものにチャレンジするのでは、まったく違うのです。

――まさにチャレンジする心理的な状況だったわけですね。

朝原　妻は元シンクロナイズドスイミングの選手でしたが、シンクロナイズドスイミングは、日本で言うとお家芸です。ずっとメダルを取ってきて、その伝統を守らなくてはいけない。バルセロナオリンピックで、彼女は必ずメダルを持って帰らないといけないという重圧を受けていたわけです。そういう重圧を受けると、かなり苦しむのですね。皆がメダルを取ると思っている。その状態で臨むのは非常に苦しいのです。初めは私はそうした気持ちはまったくわかりませんでした。そこまで追い詰めて競技をするより、オリンピックをもうちょっと楽しくすればいいのに、と私は思っていたのですが、北京は違ったのです。予選を三位で抜けて、日本中のオリンピックを見ている人が「これは普通に行ったらメダル取れるのではないか」と思ったと思うのですね。我々選手も期待が伝わってくるので、わかっていました。

――メダルの重圧を受けてのレースだったんですね。

朝原　他人が思うだけではなくて、確かに目の前にはメダルがあったわけなのです。ただ、普通に行っても取れない。ブラジルチームという強いチームがいるのですが、そのチームに日本チームは勝ったことがなかったのです。ブラジルチームは予選のときは、予選用のメンバーで出場していますが、決勝になってベストメンバーを持ってきましたので、予選では日本の下にいたのですが、決勝では必ず我々を追って走ってくると思っていました。

私はたぶんアンカーで、ブラジルと三位、四位を争う闘いになるのはわかっていたのですね。皆が取ると期待しているし、私も必ずこれは取りたいと思っているところで闘うのは、苦しかったわけです。なので、あの北京オリンピックは、予選が終わってから決勝までの二五時間ぐらいの間は、常に心臓がドクドク、ドクドク動いたり、一人になると、高平君と、「よし、メダル取れた」と抱き合っているイメージが湧くこともあれば、反対に「また四番か、また五番か」というイメージが湧く。「いや、絶対行ける」、「いや、もしかしたらいけないかも」というので揺れ動いていたのですが、その一日を経て、そういう重圧を受けて、あの舞台に立ったのですね。

――朝原さんはアンカーを走られました。責任が重い役割であるように思いますが。

朝原　私はこの北京オリンピックでアンカーで待っている状況です。アンカーは、役割的には簡単です。ただ、バトンをもらってゴールに走っていくと。やっていることはシンプルです。どちらかというと、三走の高平君のほうが難しい。コーナーでもらいながら、コーナーで渡さなくてはいけないですし、速く走って、しかも冷静にバトンを渡さなくてはいけないので、仕事的には三走を走るのは難しいのです。

アンカーは、自分につながれるバトンをもらって、そこからゴールに向かって結果を残す場所でもありますので、責任が重いと言えば、重いのです。

九万人のスタジアムに入っていったときは、それぞれアンカーならアンカーの場所に一人ポツンといる。三走、二走、一走と、それぞれの場所のところに選手が運ばれていくのですね。そこに行ってしまったら誰も助けてくれないのです。

――スタジアムに立つときはどのような心理状況ですか。

朝原　陸上競技は個人種目です。ただ、リレーはチームワークと言われますが、スタジアムに入ったもうその瞬間から、自分の仕事をまっとうしなくてはいけないという、孤独な空間に立っているわけです。その孤独な空間に押し潰されて動きが乱れてしまうと、バトンがつながらなかったり、スピードが出なくなってしまいます。

――その状況に押し潰されないようにするために、何かされていたことはありますか。

朝原　精神的なことで言うと、自分の意識を他のメンバーに吸い取られないようにしている。そのバトンがずっと伝わってくる状況を自分でいろいろ意識して、「今どれぐらいのスピードで、何番走ってて、末續君にうまく渡って、高平君にうまく渡るかなあ」ということを考えると、私の意識は、あっち側に飛んでしまいますので、一応、目の中の映像は認識していますが、考えてはいないのですね。ただ単に見えている。そのバトンが迫ってます。

きたときには、冷静でないといけない。動きが乱れてしまうので、冷静に各々のポイントを見てバトンをもらい

――冷静さを保つためには。

朝原　どういうふうに冷静に待っているかというと、普段の練習で走っている感覚に頼っているわけです。毎回、その感覚で走ったらうまく走れるという、確固たる自分の確信に近い感覚があるわけです。それはトップ選手になればなるほど、ものすごく固いのですね。リレーメンバーにしても、あの中に一人未熟な選手がいて、九万人のスタジアムで、しかも銅メダルが期待されている状態で、わけがわからなくなってしまって、いつもの力が出せなかったり、いつもの感覚を見失ってしまうと、あの結果は出なかったと思いますね。

あの北京オリンピックでのメンバーのすごかったところは、パフォーマンスを毎回、同じことをどんな場面でもできるというのが一番優れているところだったと思います。私はそれを「再現性」と呼んでいるのですが、高いレベルでの「再現性」が重要なことです。どんな場面であっても、こういう感覚で走っていれば、走りが乱れないというものが自分の中にあり、それに頼らないと何もないわけです、陸上競技は。

――本番で実力を発揮するうえでは、自分の動きを生む感覚がやはり非常に大切になってくるわけですね。

朝原　あの場所に置かれて、来たボールに反応するわけでもなく、自分で動き出さないといけない競技なので、自分でそれを管理しないといけません。そこが揺らいでしまうと、怖くてその場にいられないと思います。

アンカーは、スタートのバーンという音に集中する必要がないですから、私は自分の内側に立って、どうやってこのコーナーから直線を抜けて走っていこうかというシミュレーションを頭の中で描いています。

ただ単にイメージを描くだけではなくて、それに感覚というものを上乗せして、それで止まっているわけです。一歩一歩どういうふうに踏みしめていって、どんなふうに加速していくかという自分の経験と体感をそのままイ

写真提供　大阪ガス株式会社

メージに刷り込んで、頭の中で描いているわけです。高平君が来たときは、単に実践すればいい状況で走っているのです。

――走っている、まさにその最中はどのような感覚を感じているのですか。

朝原　走っているときは必死で、感覚というのは、北京のときは正直言って感じていません。ただ、スタートのとき、スイッチを押すときに狂ったことをしなければ、ある程度自動化されて動き出すだけの練習をしているわけです。初めの数歩であったり、コーナーを曲がる感じであったりというところだけをまず頭に何回も何回も描いて、それで走っていたのが北京オリンピックでした。

一〇〇メートルは、不思議なスポーツで、一瞬のうちに結果を出さないといけない。初めの何歩が、ものすごく大事なわけです。そこで変なスイッチを押してしまうと、その変なままゴールまで行ってしまうことがあります。国内のレースのように、余裕のあるレースですと、初めのスイッチを押し間違えても、修正は可能です。ただ、世界レベルの大会になると、一つボタンを間違えると、それを修正するだけの余裕がなくて、そのまま終わってしまうこともあります。

初めにどう走り出すか、どう動き出すかを明らかにしようとしているのは、一〇〇メートルの競技においては非常に大事なことでした。

――走ってるときは、まわりの選手は見えていたのですか。

朝原　本来なら、結構わかります。気配とか、迫ってきているとか、どれぐらい前にいるとか。しかし、北京オリンピックのときはわかりませんでした。本当にシャットアウトして走っていたので。ゴールして横見て、ブラジルがすぐ近くにいたので、もしかして負けているのかなと思ったぐらいです。〇・〇九秒の差がついているので、約九〇センチメートル差があったのです。それで、負けているか勝っているかわからないというのは、普通はまずあり得ないことです。それぐらい集中していたのです。

4　感覚に基づく指導法

――北京オリンピックでのメダル獲得に至るまでには、本当に厳しくて繊細な練習の積み上げがあったのですね。その中でも、感覚をつかむことが重要なポイントになっていることが伺えました。

そこで、そうした朝原さんのご経験を踏まえて、現在、記録向上を目指している小中高の陸上競技選手たちにアドバイスをいただければと思います。練習を指導する際に大切なことはどのようなことでしょうか。

朝原　私も指導と言われると指導歴は浅いのですね。会社の競技者、四〇〇メートルの山口君を見ています。彼はオリンピックにも出ているトップアスリートですが、私とはまったく違う感覚を持っていますので、こちらが言うことは伝わりにくい。そこからさらに中学生、高校生のレベルにずっと浸透して感覚の話をわかるようにするのは至難の業だと思います。

これは悲しい話かもしれませんが、競技で培ってきた自分自身の感覚にこだわり過ぎないというのがまずは指導者になるにあたって大事なことと思います。ついつい、やってきた自分の感覚をもとに話をするのでなんでわからないのかとか、なんでこんな反応になるのかと思ってしまうのですが、自分の感覚は置いておいて、選手がどのような感覚を持っているのか、コミュニケーションを通して聞くことによって、その人が口に出す感覚と、実際の動きに関連性が出てくると思います。そちらを理解することが大事と思いながら、私もいろいろ勉強させてもらっています。

――選手に対してはどのようなことを求めますか。

朝原　意識を変化させて感覚に気づくことですね。意識の変化によって、少しずつ走りのタイミングが変わってきます。スタートにしても普通は、前の足で前に出ようと思って蹴る意識をもって練習するとします。ですが、そこから意識を転換して、前の足はもう何も考えない。何も考えないのですが、反対の足をいかに前にスムーズに持ってくるかを考える。そうすると、結果は同じことをしています。目に見えている結果は、前足を蹴っています。もちろん蹴らないと出られない。ただ、頭の中で何を考えているかというと、後ろ足を出す意識しかしていないわけです。

そのように自分の中の意識を変化させながら、どういうふうになったとき、どういうふうに意識したときは自分が出やすかったり、結果が良かったかは人によって違うわけです。自分で同じ練習をしているようでも意識を変えることは非常に大事だと思います。意識を変えて、その中でいいものを見つけていくというのも非常に大事なことかなと思います。

――高校生くらいの選手では、動きを速くすると何も考えられなくなるというか、自分の感覚に意識を向けられなくなるというような話をよく聞くのですが。

朝原　わからなくても意識をして何か自分の足の変化を感じることは大事だと思います。そのためには、走るだけではなく、いろいろな感覚的なものを手に入れる、情報を体に入れることは大事なので、陸上競技に専念している選手でも球技をやったり、普段やらないこと、例えば、スケートリンクに行くとか、そんなことにチャレンジするのも、陸上競技そのものの練習ではないのですが、感覚的なもののトレーニングになると思います。

――例えば陸上を始めた時期の子どもたちに、いろいろな動きを体験させることも将来、陸上競技での感覚を洗練させていくうえで大切なことかもしれませんね。

朝原　その通りです。人間の感度を高くする時期が必要だと思います。その時期がないといくら突き詰めたところで、広がりを持たないのです。自分でいろいろ気づいていかないといけないところが、気づけない状態で大きくなっても、未来はないです。それを拾っていけるだけの器を、まず初めにドンと大きくしておくのは大事なことと思います。

――目の前の結果を追い求めてしまいがちですね。

朝原　私もトラッククラブで指導しています。私たちは走りを教えるのは嫌なので、ボール遊びをさせたり、縄跳びをグニャグニャと蛇みたいにして跳ばせたり、いろんなことをさせています。そうした動きを通して、感覚への気づきが高まり、結果的に走りが速くなることにつながっていくという長期プランでやっているのですが、走りに直結する指導を求める声も多かったですね。

――感覚への気づきに関する指導についてお聞きしたいのですが、実際に指導される中で、選手にどのような意図をもって動作させるのか、何か朝原さんご自身が気をつけていることなどありましたらお聞かせください。

朝原　意図的に意味を持たせることは難しいと思います。これをやったらこういう感覚になって、これが走りにつながるんだよということはなかなか言えないです。

ですから、とにかくいろんなことをやってもらって、そこでそれぞれが感じることがあると思いますので、それはそれでいいと思うのですね。ずっと自分の意識を高めるとか、感覚の感度を高めていくという意識さえもっておけば、感度も高まっていくものだと私は思っています。何かやることに、いちいちこれはこういう意味でと細かく指導してしまうことは考えていません。

――本人の感覚への意識を促すことが指導の核になるという感じでしょうか。

朝原　本人が意識するしかないのかなと思うのです。本人が得る感覚なのですよ、これはもうどこまで行っても。そこがなければ、いくら外からどう言っても、どうにもならないのです。ですから、再現性を高めるというのも、自分がわかってないと、もう一回その走りはできません。たくさん練習をして、何も考えずに走れば、記録が出る。それでも感覚がずれていたら、記録は出ないので、難しいのですよ。

――どのような意識を持つのかではなくて要するに固定的な、例えば、朝原さんはご自身の感覚で語るイメージで、空中を浮遊するだとか、そういう独特な感覚としてとらえる。でも、もしかすると他の人は違うイメージを持つかもしれない。そうすると、ある一つの固定的な意識を持てというような指導は、あまり意味がなくて、むしろ、イメージとか、その人の意識あっての感覚というようなものが大事と思いますが、どうでしょうか、その点は。

朝原　まさしくそうだと思っています。意識をして何かを行うということは皆できるわけです。それが意識と感覚ということになると、それを二つ合わせると違うのですが、こういう意識を持ってやってくださいというのは共通してできることです。でも、こちらが意図している意識と相手が意図している意識がずれていると、返ってくる感覚も違うので、それが問題になります。

ですからこれから私が指導していく立場になって気をつけないといけないのは、意識してやってみろと言って、その選手の意識することと自分の意識することと違ってもいいです。自分が意識してきたことではなくてもいいので、それを毎回理解することが大事です。こうして意識している。だから、この選手はこう動くという、その擦り合わせさえしておけば、おのずと感覚も乗ってくるのではないかと思います。

——理想の走りを追い求めて辿り着いたという感じでもなさそうですね。むしろ感覚を追い求めていって、その結果として得られる状態のような気がしますが、いかがでしょうか。

朝原　理想の走りを追い求めて走っていますということは言っていましたが、実は理想の形は持ってなかったのです。というのは、これが理想であるというのは形としてはなかなかなくて、どちらかというと、こういう感覚になればいいなと思って走っていて、それが自分で、ああ、これだっていうふうに感じている。

例えば、世界の選手と走っていると私たちはスタートから二〇、三〇メートルぐらいまでは楽に行けるのですが、世界の選手たちは三〇、四〇メートルでグッと何かギアがチェンジするのです。そこで追いつこうと思ったら、ものすごく苦しいのです。私の理想は初めからグーッと加速していって、四〇メートルぐらいでグッとギアを上げて、最後まで力が尽きない感覚だったのですね。

ボルト選手のような形で走りたい、マイケル・ジョンソン(5)選手のような形で走りたいと、ずっとそう思っていました。ですが、ボルト選手の走り方をしたいから腕振りや足の軌跡を真似しても仕方がないのではと思い始めたというのがあります。

ですから、どういうフォームで走ったらいいですかと聞かれるのですが、それは私も答えようがありません。誰もがボルトのような走り方はできませんし、その人の体の形であったり、体の特徴に合った走りがありますので、それを理想として追い求めていった結果、こんな形になったというのが私の理想の形と言うしかありません。

——ご自身の感覚に絶対の信頼を持っておられたということでしょうか。

(5) マイケル・ジョンソン
アメリカ合衆国の陸上短距離選手。四〇〇メートル、一六〇〇メートルリレーの世界記録保持者。背筋を伸ばした独特のピッチ走法に特徴がある。世界陸上で九個(史上最多)、オリンピックで四個の金メダルを獲得した。

朝原　感覚は大切にしていましたが、ただ、自分の感覚がすべて正しいとは限らないです。意外にも、いい記録が出たというとき、結果が出たときのほうが正しいに決まっていますので、それに従います。確実に結果として出たデータを感覚とすり合わせることはやってきました。

――常に感覚と対話し続けていくという感じでしょうか。そうすると、走りもフォームも、変わり続けるということでしょうか。

朝原　そうです。強くなっても、これというのを持たずに、ずっとやっていました。

――試合の途中でもフォームを変えたりしていたのですか。

朝原　そうです。それで、日本選手権で失敗しました。勝てる試合だったのですが、二〇〇五年ですね、負けているのです。予選のときにどうしても気になることがあって、決勝で変えてしまおうと思って、変えたら失敗しました。

――試合で失敗してしまったことは……

朝原　いや、もう別に気にしないです。これは失敗だったと思って、やめるだけです。練習でいいと思っていても、試合で違うということもあるのです。私はずっと練習で溜めこんで試合に出るよりも、ちょこちょこ試合に出て、いろいろなことを試すというのが好きでした。

――いろいろ試されるということで言えば、これだという感覚に出会ったり気づいたりする機会として、自分の感覚に耳を傾けることもあれば、他人の動きに手がかりを求めることもありうると思いますが。例えば、形から入る、つまり他の人の真似をすることである種の感覚が得られ、それが自分の走りとうまく合ったとすれば、真似をするということも意味のあることと考えてよろしいでしょうか。

朝原　人の真似をするのもためになると思います。結局、同じようにはできませんし、特徴を真似することは自分の感覚を磨くことにもなりますので、いいことと思います。真似するためには、いろんなことを考えないと、真似できないですからね。

ただコアな部分、つまりこういう一番体の中心部分を使うということ、ここから力が発するようにするとか、そういう外してはいけないところはしっかりやっておくと、おのずと自分の方向性が見えてくるのではないかなと思います。

——朝原さんご自身も真似をされたご経験はありますか。

朝原　たくさんの選手の走り方をいろいろ真似しました。昔のカール・ルイス(6)もそうですし、フランキー・フレデリクス(7)選手とか、あらゆる選手の特徴をとらえて真似をしました。

ジャスティン・ガトリン(8)選手の体を前に倒すスタートがかっこよく見えました。足がすごく前に出るのです。矛盾していますが、私は無理やり形から入って、体を倒したまま足を引きつけようとして走っていたのです。そうしたら結局、怪我をして内転筋がおかしくなりました。彼らは体を倒して足を引きつける形で走っているので

(6) カール・ルイス
アメリカ合衆国の元陸上競技選手。一九七九年（昭和五四年）から一九九六年（平成八年）のオリンピック終了までに、一〇のオリンピックメダル（うち九つが金メダル）と一〇の世界選手権メダル（うち八つが金メダル）を獲得した。

(7) フランキー・フレデリクス
ナミビアの元陸上短距離選手。一九九三年のシュトゥットガルト世界選手権の二〇〇メートルで一九秒八五のタイムで金メダルを獲得して以来、同種目で世界歴代二位の一九秒六八をマークする。三七歳で迎えたアテネ五輪二〇〇メートルでは四位入賞。

(8) ジャスティン・ガトリン
アメリカ合衆国の陸上短距離選手。アテネオリンピック一〇〇メートルの金メダリスト。二〇〇六年に一〇〇メートルで九秒七七を出し、当時、世界タイ記録を保持していた。その後ドーピング検査で陽性反応を示したため抹消された。

はなくて、どこかを意識して走って、その結果、あのような形になっていると思います。だから、そこなのです、大事なのは。

――なるほど、結果を導いている意識こそが大切ということですね。今の例はまだ意識が共有されていない例だと思いますが、熟練者の世界で意識が共有されることはあるのでしょうか。例えば、朝原さんと一緒のレベルで走っておられる人たちが感覚ノートを見たときに、これわかるというところがあるのでしょうか。もし共有されることがあるとしたら、どういうところで通じ合う部分があるのかをお聞きしたいと思います。

朝原　例えば私の感覚ノートを高校生に見せて、「こういうふうにやったら」と言っても、たぶんわからないと思います。

北京オリンピックで一走を走っていた塚原直貴君、彼は感覚人間で非常に繊細ですが、彼とは同じ感覚を持っていたという経験があります。

国立スポーツ科学センターにオプトジャンプの実験をする機械があります。その機械の上を走ると、接地時間、ストライド、ピッチ数がわかって、しかもスピードも出るという優れた機械です。それをうまく利用して自分の走りを正していけるのではないかということで、今、陸連ではいろいろな選手にやらせています。

その機械でどういう実験をすれば面白いかと言うと、自分の走っている感覚と実際の走りの結果との違いがわかるような実験です。例えば、ストライドを広くするように意識して自分で走ります。その次はちょっとピッチを上げて走ります。明らかに差を出して走ったときに、結果として実際に起こった現象を、自分が意識していることと擦り合わせてその違いを見たり、一致したところを見たりする、そういう実験です。

この実験で、感覚的にあまり優れてない選手は、今からストライドを伸ばしますと言って走りますが、伸びなかったりするわけです。かえってストライドが縮んでいたりするのです。だから、走っている感覚と結果が結びついていない選手は多いのです。

ところが、塚原君がスタートの練習で、実験をしたのです。彼は、一本目からちょっとずつストライドを伸ばしながら次、走りますねとか、次はちょっと接地の時間を長めに走りますねという、細かなことができるわけです。

普通の選手は、なかなかそこまでできない。そういうことがきっちりわかる選手には、その実験器具はものすごく役に立ちます。ただ、そこがまだ不確定なのに、そういうデータが出ても、「ああ、さっきはこんなにやったのに、こんな結果が出たら全然違う。ハハハ」で終わってしまうのですね。

塚原君と私といろいろ話をしていて、例えば、骨盤のことは、彼もど真ん中が大事だとわかっています。回転が途中、加速してきて途中で上がらなくなる時がありますよねという話をしていたのです。普通ですと回転が上がらないのだったら、もっと自分の力で回転を上げましょうという話になるのですが。私はある経験で、ずっとゼロからスタートして三〇メートルを超えて四〇メートルのところで重心が低い位置にあると足の回転は出ないのですね。出にくいし、非常に苦しいということを感じていました。そういうことを塚原君に話しました。

そうすると、彼もそのことはわかっていたのです。「そうなんですよ。朝原さん。三〇メートルから四〇メートルに行くときに、やはりある程度の加速がついて、重心がちょっと沈んだ状態ではなくて何か水にポコッと浮いた状態のようになってないと足がスムーズに回転しない。というのは骨盤のあたりから自由に動かないんですよね」という話が成立するのです。多分そのレベルの走りをした人じゃないと、なかなか気づかないことなので、感覚ノートを見せたら、面白いというのは出てくるかもしれないです。

――一見、唐突な意味のないようなことでも、あるレベルに達したら、それがまさにその感覚だということだったりするのでしょうね。

朝原　そうです。私が現役中にいろいろ、なんであんな海外の選手は速いのかとか、いろんなライバルのビデオを見て研究していたのですが、伊東浩司(9)選手の走りだけはわかりません。私は歴代二位ですが、伊東浩司選手は、今まだ日本歴代一位の一〇秒〇〇という記録が残っています。まだ破られていません。

その彼が意識していたことであったり、感覚的なものは、私の走りからは見た目は遠いのですが、コアな部分は、求めているところは同じだと思います。それを何とかして聞き出そうとするのですが、なかなか教えてくれない。何か感覚的なものがあって、なるほどというものをたぶん持っていると思うのですが、そこまでまだ聞き出せていません。

――トップレベルで研ぎ澄まされた感覚を持った選手同士でも、意識が違うこともあるのでしょうか。

朝原　一致することもあれば、お互いにトップ同士で、違う意識で動いていることがあります。だから、全部が全部、話が合うということはないです。共通点は中心になってきますが、その中心をいかにうまく活用するか、中心を動かすために本人がどうやって意識しているかはそれぞれ違います。

――トップレベルの選手でも違う意識で動いているとすれば、まだ記録の向上過程にある選手と指導者とのギャップは相当なものだと思います。そうすると、指導する際には、指導者の持つ感覚を押しつけることはあまり良いことではないかもしれませんね。

朝原　感覚を押しつけるということ自体、危ないことだと思います。押しつけても感覚は一致しないので、その選手の感覚と結果です。練習のときのタイムであったり、動きであったり、疲れ具合であったり、走っているときの楽さであったり……。楽で速いほうがいいに決まっているのです。

――朝原さんご自身が、そういう感覚ではなくても、形、例えばフォームを修正されたご経験はありますか。

朝原　ドイツはありませんが、アメリカはある程度、フォームというよりも、その選手の特徴に添って、ポイントだけは言ってきます。フォームをそのまま直してしまうことはなかった。例えばスタートのときに、もうちょっと腕をレバーのように使って、伸ばし気味でスタートしろとか、そういうことは言いますけど。

――レバーのように使って。そういうことを言われて、朝原さんご自身は練習の中でどういうことをされましたか。

朝原　一回やってみて、どういう意図で言っているのか考えたりします。形はできるのです。けれども、私にとって楽にできないといけないですし、パフォーマンスとしてつながらないとだめなので、教えてもらったことは参考にしてやります。

――形はできるけれど、自分ではまだその感覚でいいかわからないというとき、指導者は選手の意識を知ることはできるのでしょうか。

朝原　そこまではわからないのではないでしょうか。そこまで見たら、大したものですけれど。私はそこまでコーチに依存していないですからね、そもそも。大切なことは、感覚人間になること。それは、理想のフォームという形を求めて走りを追求するのではなく、またある決まった意識をして動くというのでもなく、自分の今の感覚に耳を傾けていいものを見つけていくことです。

――コーチに依存せず、ご自身の感覚との対話を通して走りを追求されてこられた朝原さんのご体験について、たいへん貴重なお話しを伺うことができました。ありがとうございました。

(9) 伊東浩司
日本の元陸上競技・短距離選手。一〇〇メートルの日本記録保持者（一〇秒〇〇）。

第四章

スピードスケート指導者が選手とつくりあげる「わざ」世界——積み上げ、潜入し、共有する

結城匡啓（バンクーバーオリンピック・スピードスケート・コーチ）

一九六五年、北海道生まれ。スピードスケート選手として、一九九二年にワールドカップで第三位。引退後、長野オリンピック、ソルトレークシティオリンピック、バンクーバーオリンピックでスピードスケート日本代表選手団コーチを務める。文部科学大臣スポーツ功労者顕彰を六度受賞するなど受賞歴多数。これまでに指導した選手には、清水宏保選手、小平奈緒選手らがいる。現在信州大学教育学部教授。

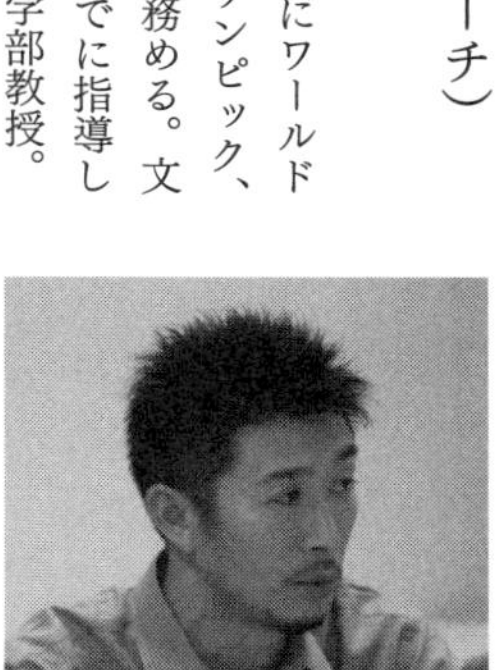

聞き手　永山貴洋

1　速く滑るための感覚を自分で追い求めた選手時代

——バンクーバーオリンピックのスピードスケート日本代表コーチである結城匡啓さんをお招き致しまして、スポーツの指導における「わざ」言語、特に指導者と選手の間でいかにして感覚の共有がなされているのかについてお話を伺いたいと思います。

――まず、結城さんの選手時代のお話を伺いたいのですが、スピードスケートを始められたきっかけは、どのようなことだったのでしょうか。

結城　ちょっと変わっていまして、スポーツの中で一番苦手なスポーツだったからだと思います。私は北海道の生まれで、父がアマチュアの相撲取りでした。父は、身長の関係でプロにはなれなかったそうですが、お弟子さんを力士としてプロの世界に送っています。父は、詩吟の教師もやっていて、畑違いの陸上の日本チャンピオンを育てたこともあります。人にものを伝えることが割と好きな父でした。その父の影響でいろいろなスポーツをしていましたが、本当になぜかスケートだけ上手になれなかったのです。ただ走るのが速かったものですから、学校の先生方が、スケートの盛んな町なものですから、あいつをリーダーにしてスケートに巻き込もうという動きがあって、それでスケートを始めました。

――そうすると最初は無理やりやらされたのですか。

結城　いえ、モチベーションはあったと思います。でも、他の子とは違うことがモチベーションになっていました。普通の子は、上手になって、おもしろくてということがモチベーションになると思うのですが、私の場合は、どうやったら滑れるのだろうということからスタートしていて、今もまったくそのまま、どうやったら速く滑れるのだろうということを、やり続けています。

――スケートを始めるときから今までずっと速く滑る方法を考えられているのですね。スケートを始められたのは、おいくつですか。

結城　私は五年生の時から、選手として試合に出るようになりました。

――そうしますと五年生の時からこう、どうすれば速く滑れるかを考えていたわけですね。小学校で印象に残っている体験はございますか。

結城　残念ながらないのです。小学校、中学校ぐらいまでは勝てない選手でした。今から考えると、勝てなくてもよく続けたと思います。そして、高校一年生の時に急に身体ができてきまして、その時に勝てるようになりました。速く滑るための感覚ができてきたということではなかったのですが。ただ、今まで私はスケートを教わったことがありません。

――誰にも教わらなかったのですか。

結城　小学校の先生は、私をスケートに巻き込みましたが、スケートの専門家ではありません。父もスポーツについては理解があり、スポーツで強くなるということはどういう筋道があればいいのか知っているのですが、スケート靴は一回も履いたことがなく、経験の中からの知識は何も伝わることがなくやってきました。ですから、自分がどうすれば速く滑れるかを自分の身体を使いながら試しました。高校の時少し結びついてきたのですね。でも、その時も父の勧めで陸上もやっていて、陸上の四〇〇メートルでもインターハイに出場しているのです。北海道で二位になりました。ですから、普通インターハイは、高校三年間で三回出たら一番多いのですが、私は四回出ていますね。

――インターハイに四回出場はすごいですね。スケートの指導者がいなかったということですが、陸上競技の練習をしているときに、スピードスケートのことを考えることもあったのでしょうか。

結城　はい。高校二年生の時に、自分なりの理論を見つけています。周りにスケートのコーチがいないので、こうやったら速く滑れると思うと陸上のコーチに語りかけたことがあります。陸上の先生は、陸上の専門家ですが、トレーニング法という意味で、どういうトレーニングをセットで組めばいいのかを教えてくれていたので、わざの部分では自分が見つけたものをその先生に聞いてもらっていました。

――ご自身のわざの部分について聞いてもらうことは、今振り返ってみると、どのような意味があったと感じられますか。

結城　そこで気がついていたことは今から思えば、「うーん、その程度か」というようなものです。ただ、たぶん高校生の中で、自分のわざを語れる人は、あまりいなかったのではないかなというぐらいでしょうか。

――高校生から自分のわざについて語られていたのは、興味深いですね。もう少し具体的にお聞かせください。

結城　割り箸を使ってスケートの置き方について、かき込むように置くと上手に滑れるというか、スピードが落ちないという点で陸上もスケートも共通点があるのではないかと思っていました。その後、大学院に進んでからの研究のもとになったかもしれません。なぜスケートは真っすぐ進むのに横に押さなくてはいけないのかということも高校時代から疑問に思っていましたが、その萌芽的な時期だったと、今、振り返るとそう思います。

2　指導の前提には選手との積み上げがある

――次に、指導者としてわざをどのように選手に指導されているのかについてお尋ねします。結城さんが選手を指導されるうえで、大切だと考えられていることはどのようなことでしょうか。

結城　選手とコーチは共に成就する関係にならなければならないと思います。お互いの成功がお互いのためになっているという部分がどこかに成り立たなければならない。ですから、僕も自分のためにコーチングをしているという部分があると思います。

――共に成就するということは、具体的にどのようなことでしょうか。

結城　「わざ」に関して言えば、今、私は一五人の選手を指導していて、その中には、なかなか感覚を共有できない関係もあります。大学四年生になってもなかなか積み上がってこない。例えば、小平選手(1)が滑っていると、彼女は今日どんなことを考えて、何をどういうふうにしようとしているのか、彼女との関係では今は手に取るようにわかります。どうしてかというと積み上がってきているからです。昨日までのことがあって、昨日話したことがこうで、彼女なら今日はここをこういうふうに意識しているということがまず前提にあって、それで彼女の姿を見て確認しています。彼女との間では、わざという目標達成に対して価値という意味ではまったく一致していると言いますか違和感はないのです。むしろ私が言ったことを私自身が忘れていても彼女が憶えているというぐらいの従順さが彼女にはあって、「わざ」という意味でまさに共に成就する関係があるように思います。

――小平選手との間には、前提となる積み上げたものがあるということですが、「積み上げる」ということについてもう少しご説明ください。

結城　やはり言葉ですね。結城理論というのが自分の中にあります。スケートの基本は、例えば一〇人のコーチがいたら一〇個の基本があってはならないのです。この理論は私の研究の、サイエンスとしてのバイオメカニクスから出てきたものと自分の競技経験で作り上げたものです。毎年、新入生が入ってきたときに、極秘資料として二時間、二回ぐらい結城理論の勉強会をします。最初はわからなくても、結城理論の言葉の意味が一シーズン通していくうちにポーンと、「先生が言っていた言葉は、こういう意味なんだ」と気がつく選手もいるのです。まずはそこが前提にあるのですね。

――それが積み上げるということなんですか。

結城　ですから、例えば「はりつけ」という言葉を私は使いますが、まずその「はりつけ」という言葉のイメー

（1）小平選手
二〇一〇年バンクーバー・スピードスケート日本代表選手である小平奈緒選手のこと。結城氏は、小平選手が信州大学に入学して以来、現在まで指導を続けている。バンクーバー・オリンピックでの成績は、五〇〇メートルが一二位、一〇〇〇メートル、一五〇〇メートルでは、五位入賞を果たし、女子団体パシュートでは、みごと銀メダルを獲得している。

ジが湧いて、自分ができるかどうかはわからないが、何となくわかることが第一段階です。それから、自分でやろうとしてもできなかったり、できたりということを繰り返します。私は「ひらめくためには、ひらめくための準備が必要だ」と、いつも学生に言うのですが、ひらめく準備が整ったときにポンと火がつくようなときがあるのです。例えばそれは外国人の滑りを見たときかもしれないし、選手によっていろいろですが、それがある日突然わかる。そして、一回わかったらもうわかったということなのです。

――一回わかったら、もうわかったということなのですか。

結城　ただ、一度できても、またできなくなることもあります。スポーツの世界にはわざの狂いというのがあって、その狂いをどうやってまた修正するか。でも「一回わかったものは、必ずまたできるから」と選手に言います。そこを誰とでも積み上げるようなものにしていくことが、私の指導の精度を上げたいという、今の気持ちです。

――選手と関係を積み上げていく中で、一人ひとり経験が異なる選手の特徴をどのように把握されているのでしょうか。

結城　対話をしてとにかく話を聞くということです。課題を最初に与えてますが、その課題に対する理解度もさまざまです。まったくイメージができないと言う人と、もう明日にでもできそうですと言う人といますので、その会話から始めます。それで、必ず理論の勉強会の後に、ビックリマーク「！」とクエスチョンマーク「？」を使ってレポートを書かせるのですね。ビックリマークは、「あ、そうか」と思ったこと、クエスチョンマークは「よくわからなかった」ということです。ビックリマークとクエスチョンマークは、毎年同じようなことをするのですが、もうずっと取ってあります。小平選手の一年生のときのビックリマークとか。毎年同じような話をしているようですが、僕は精度を上げていきます。去年と違う映像を使ったり違う言い方をしたりすると、また新しいビックリマークとクエスチョンマークが出てくるのです。そこで、その子がなぜこれがイメージできないのか、そんなことがビックリマークなのかと、こちらがびっくりする。それをまず、毎年春の段階でやるのです。

――ビックリマークとクエスチョンマークで選手の理解度をみるのはおもしろいですね。他に、選手の特徴を把握するためにされていることはございますか。

結城　「技術カルテ」というのを、どの選手ともやりとりをしています（本書、三一五頁）。運動指導の理論の中には、「他者観察」と「自己観察」という言葉がありまして、「他者観察」は自分の姿を外から見たようにしてビデオを見ればいいのですが、あるいは人の動きを見ることもまさにそうなのですが、「自己観察」の力をいかにつけるかがたぶんポイントで、そこに言語能力が密接に関係していると思うのです。

――自己観察の力に言語能力が関係している？

結城　言語能力というのはたぶん、言葉の意味を知っているかということではなく、身体の知識としての自分の感覚を、自分の中で再現性のあるものとして書けるかどうかと私は解釈しています。なぜそう思うかと言うと、文系が得意な学生がスケート部の中にも何人かいます。例えば将来、国語の先生になりたいという学生です。彼らは、その文系の能力には長けているわけですが、はたして、その人たちが「技術カルテ」にたくさんいい文章を書いてくるか、自分の身体知を表現できているかというと、身体知がないうちは言語能力だけではやはり書けないのですね。同じことを何回も書いているだけなのですね。ですがポンとひらめいたときは、やはりその子たちはそういう表現するのかというすばらしい表現をします。

――スポーツ選手には、自分の身体の知識としての感覚を表現できる言語能力が必要で、その能力が自己観察につながるということですね。

結城　「技術カルテ」以外にも、「技術討論会」といって、例えば、小平選手であれば、メダルを取る前の段階で、ビデオを見て自分がどういうふうになっているか、去年意識していたこと、今年意識していたこと、大学四年生のときに意識していたこと、社会人一年目で意識していたことを資料化させます。これは、「技術討論会」という練習メニューの一つです。一五人全員で、共有しようということで。理論が先にあると言葉が一緒なので話し合いになります。

――理論が先にあると、言葉が一緒で話し合いになるということですか。

結城 残念なことなのですが、スポーツの世界では、例えば「膝を曲げる」と意識しても、その膝を曲げることの定義が最初にないので、話をしているようで、違うことを話していることがあります。そこには何も生まれないのです。言葉の使い方が一緒だと感覚をぶつけ合うことができます。言っていることが違うというのも、その中に出てくるわけです。理解が曖昧だとか、この辺は理解しているが中核的なものは理解していないとか、そういうことがわかるので、とてもいいのです。討論会の最後に質疑で一年生、二年生が発表したときの小平選手たち先輩の質問がけっこうポイントを突いているので、彼女たちにもすごく勉強になる。

――言葉の使い方で選手の理解度を見ることができるし、選手たちも議論ができる。その「技術カルテ」について、もう少し説明していただけますでしょうか。

結城 まず自分の感覚を黒で書かせます。そして、私に言葉がけされたことを青で書かせます。そして、新しく発見したことを赤で書かせています。伸びたシーズンは必ず赤が多いのです。選手と「技術カルテ」を通してやりとりをしているので、先ほど話したように、選手が考えていることが手に取るようにわかるのです。

――「技術カルテ」を通した積み上げがあるということですね。

結城 その日の動きの留意点、練習で気をつけていることを、選手はまず書いてきて私に提出します。私は練習前に、選手が今日は何を意識するのかわかっています。練習が終わった後、私が「技術カルテ」に何か青で書い

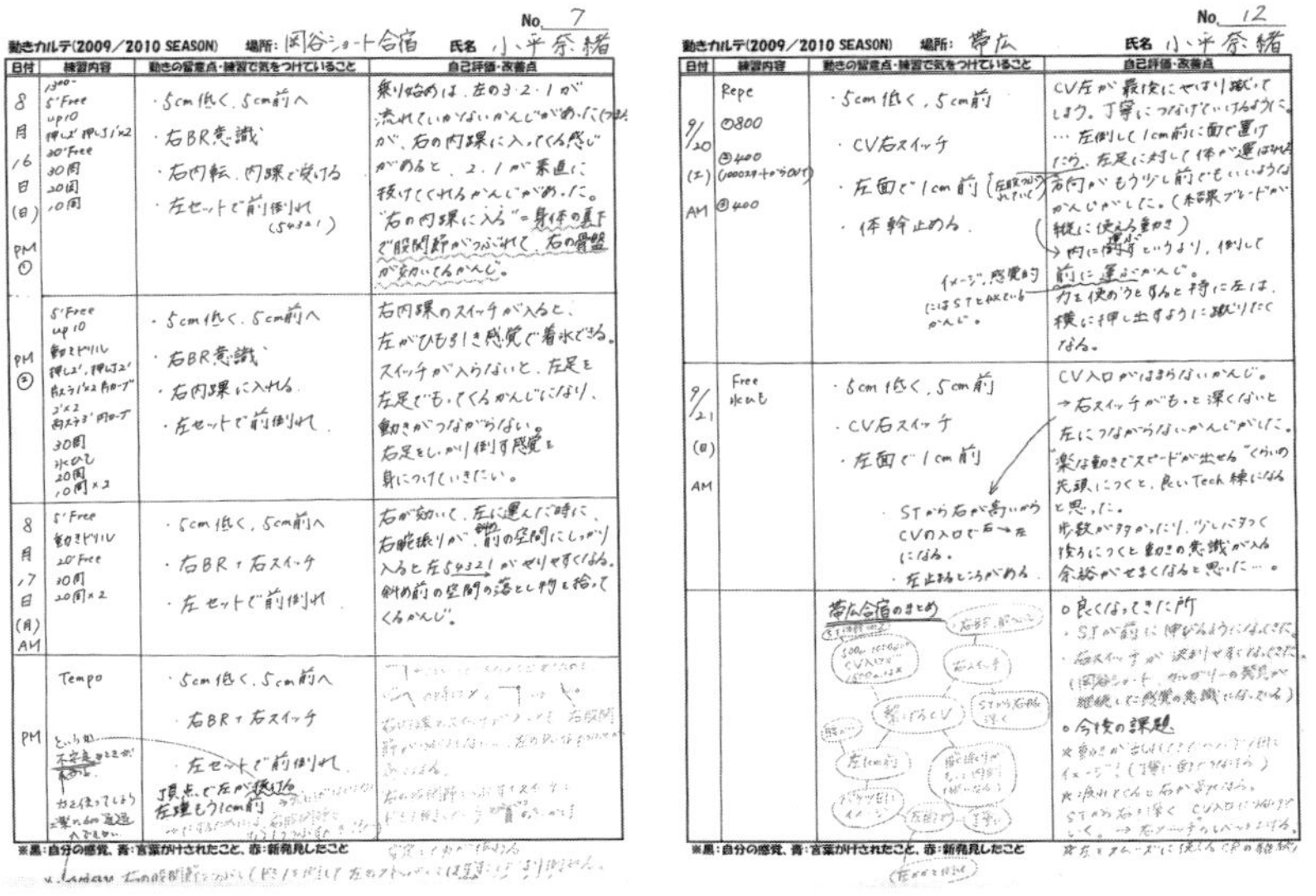

小平選手の技術カルテ

て返すときもあります。私が書いた内容を見た選手が、次の日はどんな感じで練習するのか、この自分の自己観察、自己評価、改善点を選手が赤で書いてきます。これを繰り返し、繰り返しやっていくのですね。

――選手は、「技術カルテ」を通して自己観察しているわけですね。ところで、「技術カルテ」に、選手が書いた言葉を結城さんがわからないということはありませんか。

結城　それはないです。

――それはすごいですね。

結城　それは、その学生がどうして信州大学に来たのかにとても関係があって、小平選手の場合は、私にノウハウがあることをわかっていて入学してきました。彼女は中学生のときにすごい選手で、高校時代はインターハイで優勝はしていますが残念ながら世界には行けませんでした。中学校二年生のときに、大学生が出る大会で優勝したというスーパー中学生なのです。

元祖スーパー中学生は小平選手なのです。彼女の場合は、結城理論は、乾いたところに水が入っていくように吸収していきました。勉強会の後のレポートでもクエスチョンマークはなしです。ビックリマーク、ビックリマーク、ビックリマーク。だから、信州大学に来てほしい選手は、気持ちがあって、特にやる気だけがある子でいいんです。やる気があって、まっさらな選手のほうが怪我もしてないしいいのですと高校の先生方に話します。

――結城理論を吸収する素直さが選手には必要なわけですね。「技術カルテ」は、本人が持っているものなのですか。

結城　そうです。小平選手は、一年間に、二二枚まで書きました。ときどき、「技術カルテ」に、私が言ったことではないことを青字で書いてくる選手がいますが、これは指摘します。私はこうは言ってない。一文字違っていても注意します。

――選手が成長していく中で、感覚の表現の仕方が変わったりしますか。

結城　先ほど言ったようにわざが狂うのですね。怪我をしたというのはマイナスの狂いですが、身体が強くなったときも狂うのです。おかしなことに選手は毎年身体を強くしようとします。でも、これは当たり前のことなのです。ということは、わざがどんどん狂っていくのですね。

――身体が強くなってもわざが狂う？

結城　ボディの重さは変わらないのにエンジンが強くなったりするので、急に前輪が上がったりするのです。そのときに、振り返るのですね。選手個人の中で再現性があれば、それで正解なのです。ただそこに、私が関わっていないと、本人がそこまで振り返って、マップ通りにまた上がってきてくれればいいのですが、やはり見ていないといけない。私はその中でわざの狂いを理論化しているのだと思います。例えば、「今年は筋力がついているから力を出したくなったのだな」と、勘を働かせて、もしそうだとすればこうなるな、というような帰納法と言うのでしょうか、そのようなやり方で私は楽しんでいるんです。

——個人の中の再現性が保証されればいいということですが、例えば二年、三年先にさらに強くなって振り返ったときの再現性はどうなっているのですか。

結城　もう忘れているかもしれない。でも忘れていいのです。むしろ忘れるために表現しておく。小平選手は結構忘れやすいです。私が言うと、「先生忘れました」って言うんで、「いいよ、選手が馬鹿になるためにコーチがいるんだ」と言います。情報の専門家の方に、選手にたくさん情報を与えておくことが大事だと言われますが、私は逆で、選手は必要な情報だけを持っていればいいと思うのです。例えば「今日暑くなるぞ」とマラソンレースの前に言ったコーチがいますが、私は言わない。それは精神的にブレーキがかかりますから。それなら、暑くなってもいいようなトレーニングを何ヵ月もかけてやっておけばいいだけのことです。コーチ自身が楽になりたいから、選手に負荷をかけてしまうのです。

——選手が技術カルテを書くときに、感覚的な内容を自分の表現で書いていますね。選手がカルテに書く内容は、感覚的なものと客観的な内容とどちらが大事でしょうか。

結城　やはり私は自己観察力が選手の競技力を決めると思います。感覚的事実をどのぐらい自分で作れるかわかるかということです。昨日と今日では感覚に違いがあっても、それが良いか悪いかわからない選手もいます。変わったとは思いますが、こちらから見ていたらすごくよくなっているのに、「これでいいのですか」と聞いてくる選手もいます。先ほど、自己観察能力に言語化、言語能力もとても大事だと言いましたが、目標とする像に対して自分が照らし合わせて良いのか悪いのかを判断することも大事なのです。ですからその感覚も上手になってもらいたい、自己観察力をつけてもらいたいという狙いもあってカルテを書かせています。基本的には選手の中の感覚的な事実を知りたいので、感覚的なことだけでいいと思います。

――感覚的事実という興味深い言葉がでてきましたが、実際の動きと選手の感覚的な事実がずれていてもかまわないのでしょうか。

結城　ずれがあってもいい。選手に「膝を曲げる」と言うと、面白いのですよ、相手が人間なので。膝が曲がっていない選手に、「膝曲げろ」と言うと膝が伸びる選手がいるのです。膝が伸びている選手に、「よし、膝が曲がっていていいぞ」と言うと、膝が曲がるのですよ。わかりますか。つまり注意したい内容を褒め言葉に使うと、できるということが結構多いのです。何でなのでしょうか。

――選手に、そうしろと言うとそうならないときがあるのですか。

結城　それは、自分の中のフィルターですよ。マイナスとマイナスをかけるとプラスになるようなことがあるのです。私が声がけをしたことは青で書く。外から見て、そうなってないのですが、本人はそうなったと感じて赤で書いてくるのです。「いい感じだった」と書いてくるんですが、実際にはできていない。結構、不安傾向の強い選手は、注意するよりも、「下がってきた、いいぞ」と言うと、グーッと下がる。この辺は、何を教えるかとはまた別の、どう教えるか、伝えるかという話になりますが。

――「技術カルテ」を書いていて、混乱してしまう選手はいませんか。

結城　いませんが、混乱してくるとたくさん書くようになります。ですから書く量や文字の大きさも私にとっては意味があります。地方の国立大学には、真面目な選手が多い。そうすると細かい字でたくさん書いてくる。それは頭の中が整理されてないということです。そういう選手は喫茶店に連れていきます。喫茶店で、「何よ、何が言いたいの」と聞きます。わからないふりもします。そうすると一生懸命説明しようとして頭の中を整理します。

――結城理論を年に一回お話をされる中で、この滑り方のこの部分はこういう感覚だというように、決まった言葉で表現されているのでしょうか。

結城　勉強会では、形式知として目指すものを言います。例えば外国の強い選手のビデオでもいいのですが、目のつけどころがここだと。これはどうやったらそうなるのかは、また別です。こうなっているから、こうやればできるとならない。こうなるには、たぶんこういう意識だろうというのは、感覚として目指すべき内容になっている。

──感覚として目指す内容で表現された言葉というのは、皆が共通して目指すものだということでしょうか。

結城　はい。

──カルテの中で選手が書いてくる感覚的事実というのでしょうか。それは先生が表現された言葉とは別な言葉をそれぞれが考えるということでしょうか。

結城　自分の感覚でいいのです。例えば僕は「はりつけ」という言葉を先ほど用いました。スケートをはりつけておくのです。スケートを置くときに、例えば包丁でたたくみたいに置くこともできますし。でもそれでは上手に滑れなくて、斜めに置くのですね。現役時代、私は「はりつける」という意識はなく、「ほうきで掃く」というぐらいの意識だったのですが、いろいろな選手とやりとりの中で、「ほうきで掃く」というのが通じず、「はりつけ」と言ったら、割とピンときたものですから。小平選手は、もうずっと三年も四年も「はりつけ」という言葉でピンときていたのですが、あるとき『はりつけ』じゃなくて先生、『はりつかれ』ですね」と言い出したのです。

──「はりつけ」と「はりつかれ」の違いですか。

結城　はい。「はりつけ」というと自分でやっているが、そうではなくて何かにスケートが力を受けてはりつけられる感じだという、受動的な感覚があると言ってきたのです。そういうふうにそこから派生していくようなものとか、あるいは先生はこう言うけど僕はこうだと思うみたいなことはどんどんあるので、それはさっき言ったように、その本人固有の心地よいもので、トレーニングや練習中にすごく苦しくて吐きそうなときにも、それでポンと意識できるものであればいいんじゃないかなと思いますね。

――「はりつかれ」という表現は、意識的にやっていたことが、自動化されていって、ある日ふとそこに感覚を持っていったときに、感じた表現なんでしょうか。

結城　そういうこともあるでしょうし、実は「ほうきで掃く」というのは、ある時間をかけて地面に接するというような意味合いが私の中にあります。スケートが接して、体重がゼロから一〇〇になるまでに少し時間を要しながらスーッと。自分の感覚の中には、見かけ上の接触から、完全な体重を支える加重の状態に作っていくような意味合いがあったのです。曲がりなりにも一応ワールドカップで三位(2)になった年は、五〇〇メートルのあの速い中で、「ほうきで掃く」ような感覚でスースーと蹴っていたのですね。

――結城さんの選手時代に、「ほうきで掃く」という感覚があった。

結城　はい。そう感じた後は、ほうきで掃いてつなげていくだけなのですよ。つなげていくだけで、もうずっと氷から力をもらい続けるような感じです。それがたぶん「はりつける」というと、ピタッという、つまりその瞬間という、時間的に短くなっていく意味での自動化というのでしょうか。要するに体の反応が生じてきて、あるとき小平選手は、「はりつける」じゃなくて、むしろ勝手にそうなるぐらいの感じになったのだと思います。でも、私は、ある意味でコーチは選手の中に生じる自動化との戦いだと思っています。というのは、自動化するからわざが狂うのですよ。

――わざが狂うのですか。

結城　自動化して自分で意識しなくてもできることになるから、狂ったときに自分がどうやっていたのかわからない。そこをコーチはちゃんと筋道立ててもっていかなくてはいけないので、こういうカルテのようなものが助けになる。ですから、先ほど小平選手が忘れやすいと言ったのは、逆に言うと自動化しやすい、されていくのです。

3　選手の中に潜り込む

――なるほど。選手が自動化していく中でも、コーチは選手の感覚を理解しなくてはいけないということですか。選手の動きが自動化していく中で、選手の感覚をコーチが理解するためには、どのようにすればよいのでしょうか。

結城　これは私の考えなので、お恥ずかしいですが、私はよく選手の動きに「潜り込む」のです。見ていないですね。「潜り込む」のです。一五人選手がいたら「見れ」ないです。無理ですね。「潜り込む」のです。

――選手の中に潜り込むというのは。

結城　「潜り込む」の私の中の定義は、私と選手の間の敷居を取り去り、自分でない選手を自分が動かそうとしながら見るのです。そうすると、自分で動かそうとするものには、彼女（小平選手）の感覚も入っている。例えば、今日は左の「はりつけ」はいいけれど、右の「はりつけ」は悪くなってきているから、右の「はりつけ」をしっかりやろうと彼女が思っているとします。そのときは右の「はりつけ」をしっかりしようと思いながら彼女を見るのです。そうすると、潜り込んでいて違和感があるときとないときとがあるのですよ。そこに生じる違和感が修正内容になるのです。

（2）ワールドカップで三位
結城氏は、選手としても一九九二年のスピードスケート・ワールドカップにて五〇〇メートル三位という優れた成績を修めている。

――違和感は結城さんの中で生じるものですか。

結城 私の中に生じるものです。清水宏保選手(3)に付いていたときは自分が昔滑っていたイメージはありません。いいときの清水選手の感覚で見る。そうすると違和感があるのですよ。その違和感が清水選手のいいときと今の動きの違いなのです。

――潜り込む、興味深いですね。結城さんが感じている違和感を、例えば選手に対して言葉で伝えたときに、選手が感じる違和感の表現の仕方と一致するというか、やりとりができますか。

結城 やりとりはできると思っています。その違和感が正しければ。ただ一回の違和感でピンとくるときもあるし、もう一回見るときもあります。選手もそこに興味がないときもあるので、全然違うところを聞いてくることもあります。そういうときは「いや、俺はちょっと違うところが気になるけどな」と思いながらも、「うーん」と言ってみたりはします。

――必ず違和感が一致するというわけでもないのですね。

結城 でも、積み上がっている感じがある選手とは、やはり一緒に滑っている感じがあります。

――積み上げてきた時間というのは当然必要だと思うんですけど、積み上げるために必要なものは時間だけではないんでしょうね。

結城 やりとりをしていても、本当に自分の言ったことを選手が意識して、動きがそうなっているんだろうか、それが果たして錯覚じゃないかと、常に怖さと戦ってもいます。本当に積み上がらない選手は、頭の中を見てみたい感じがします。本当に意識しているのか。カルテに書いてはくるけど、わからないのですよね。

――その違いは何でしょうか。

結城 ただ、実は「わかる」にも何段階かあって、イメージが湧き出てきて、できるかもしれないじゃなくて、できるはずだ、あるいは頭の中でもうできている、やればできますと。清水選手は割とそうなのですよ。例えば試合の前の日に、こういうふうに思うと話したとしますね。彼は、「ああ、じゃあ僕それ明日試合でやります。できます」と言ってできるのです。彼は自分で体が小さいので、練習でやってしまうと疲れて明日できないということがわかっているのです。エネルギーをためて、イメージを作ってポンとできてしまう。

——自分のことをどれだけ知っているかということでしょうか。ここで体力を使ってしまってはいけないという自己観察というか、冷静とも言えますね。

結城　でも何なのか。今のところ、そこについてこれというものが見つからないのですよね。

——ここで少し話題を変えたいのですが、動きの感覚には、言葉で表現しにくいような感覚があると思います。そういった感覚を指導されるときに、何か気をつけていらっしゃることはございますか。

結城　選手によります。例えば清水宏保選手には、「感覚を言葉にするな」と言っていました。「言葉にすると狂うから、感覚を言葉にするな」と。特に新聞記者、メディアに対して。「世界記録の感覚はどんな感覚でしたか」とか、「それは言葉にすれば、わからない人に、伝わるはずのない人に伝えようとすると、その言葉がおまえにとってうそだから、感覚は言葉にしようとするな」と。

——スケートを知らない人に向けて言語化すると、感覚が狂ってしまうのですか。

結城　私は、スポーツは意識的な反射だと思っています。意識的な反射というのは相反するのですが、意識的な

(3) 清水宏保選手
一九九四年リレハンメル・オリンピック、一九九八年長野オリンピック、二〇〇二年ソルトレイクシティ・オリンピック、二〇〇六年トリノ・オリンピックのスピードスケート日本代表選手。一九九八年の長野オリンピックでは、結城氏の支援のもと五〇〇メートルでみごと金メダルを獲得している。

反射をどうやって生み出すかに、トレーニングや技術のやるべきことがあると思っています。だから意識して動かしているようでは、動作としては遅い。おそらくスポーツの世界では、速さや力学量を求めることが多いので、どこかを遮断しないとだめだと思うのですね。スケートでは、ドンと鳴る瞬間までは意識できるのですが、ドンと鳴った瞬間からは意識して動かしていたのでは間に合わない。私はよく「動物になれ」と言うのですが、反射的にドンと鳴ったら行くだけだと。そのために、常に意識して練習するのだと思います。

――「感覚を言葉にしようとするな」と清水さんにおっしゃったのは、他者に向けての言葉としてはいけないということですね。自分に向けての言葉はいいということですか。

結城　はい、そうですね。ですから自分がやっている、「技術カルテ」を否定しているわけではありません。清水選手は高校時代からよく知っていて、金メダルを取って、世界記録を持っているという状態からのコーチングのスタートでした。金メダリストに二回連続で獲らせることが目的だったので、もう言葉がどうとかではなくて。小平選手は学生からスタートしましたから、本当に一から作り上げていった感じですね。その違いがあります。種目の違いもありますが、小平選手も金メダルを取るというようなレベルになったときには、ひょっとしたら、「ほかの人に言ってもわからないから、それは聞かれても、もう答えるな」と。それは言うかもしれません。

――結城さんと清水選手の間では、感覚についてどのようなやりとりをされていたのでしょうか。あるいは、やりとりしなかったのでしょうか。

結城　もちろんそれはやりとりします。当然、清水選手との中ではやりとりをしていました。それこそ喫茶店でのミーティングをよくやっていました。私と清水選手だけの間でした。言葉じゃなかったですね。結構手でしたね。こうやって、こう……。「こうだよね、今日おまえ、こうなっていたぞ」とか。

――それでわかるわけですね、「ああ、こうだね」って。

結城　はい、通じました。それがまた清水選手との関係はちょっと変わっていて、要するに一緒に競技した経験があるんですよ。一緒に滑ったレースでは私は彼とは一勝一敗なんですよ。彼が大学時代ぐらいのときに、私は大学院ぐらいで。そういう関係から始まっているので、まさに「はあはあ、はあはあ」一緒に滑った仲なので、よくわかるというのもありますかね。

――わざを習得する過程では、言葉にすることが難しい感覚をどのように扱われていますか。

結城　わざを習得していく中で、あるいはシリーズの前半では、清水選手との中でも、目指しているものを作り上げていく段階は必ずありました。彼ぐらいになると道具ですね。靴とかブレード(4)だとか、そのブレードの形状もあります。これが非常に生《なま》もので、なんと言いましてもスケートは相手が氷です。氷は日替わりなのですね。お客さんの数、外の気温や湿度によっても状態が違うのです。その読みが当然必要になってきます。その段階でいろいろやりとりをします。必要以上の言葉をしゃべらないで、会話になってないような会話というのでしょうか。「今日、ちょっと、……だよね」、「明日はちょっと、こうだね」と。

4　頭の中のスケーターはどんどん速くなっていく

結城　私の頭の中のスケーターが、どんどん速くなっていくのです。現役時代、私はせいぜい五〇〇メートル三六秒台の選手でしたが、かかとが上がるスラップスケート(5)になって、今は世界記録が三四秒台までいきました。

（4）ブレード
スケート靴の刃の部分。

自分の中の運動感覚は三六秒しかないのですが、私の頭の中は三三秒ぐらいにいっています。ですから三四秒の選手を見ていても、「ああ、遅いな」という場所がわかります。それは、やはり違和感です。

――頭の中のスケーターが速くなっていくから、自分の現役時代より速い選手を見ることができるわけですね。

結城　スポーツでおもしろいのは、自分より優れた選手を育てるということが求められます。そのときに「自分より強い選手、速い選手をどうやって指導するのか」という問いかけを、常にしています。頭の中の自己観察能力みたいなものは、たぶんどんどん進歩していくのではないかと思います。ただ体が動かない。ですから優れた選手を見るというのは、コーチにとって勘を養うことになります。私はよく「目の保養になる」と言います。

――選手時代に自分が培ってきた経験とぶつかったりはしませんか。

結城　土台にはなっています。共感するための土台になるものは、自分の中の運動経験だと思います。そこが土台になっていても、けんかすることはないのですね。レスポンス・アビリティなんだと思いますね。

――レスポンス・アビリティですか。

結城　反応して、自分の中にその感覚が自然に残るのです。いつでも呼び出し可能で、映像も頭の中に出てくる。そのときの不思議な光景や角度がポンと頭の中に残る。

――違和感があって見ていたのに、結果として速い滑りをしている選手はいないですか。

結城　速ければ違和感がないですね。直感的なバイオメカニクスをやっているのです。力が加わっているかどうかわかります。バイオメカニクスの分野では、いわゆるキネマティクスという形、要するに力学に関係しないものと、キネティクス、力学があります。これらは明らかに原因と結果なのですね。ある瞬間にこの角度になるためには、その前の段階でどういう力が生じていないとそうならないか。その積分の結果が形です。一階積分が速度であり、二階積分が形で。

――もう少し具体的にご説明いただけますでしょうか。

結城　目で見える形式的な知識は形でしかない。そこから見て、感じて、入るのですが、そこで感じているものはたぶん力を感じているのだと思います。抜けている感じなのか、かんでいるのか。氷にかんでいる。そういう状態がスケートにはありまして、その形の変化をヒントにしつつ力を感じることを、自分の中でやっているのだと思います。私自身はそれを言語にするのは少し後だという気がしています。

――少し後に言語化するというのは。

結城　学生とのやりとりの中で「ブレードをタテに使う」という言葉があって、これは今年から学生に使い始めている言葉です。その「タテ」という言葉は、今のところカタカナにしてあります。ブレードを「タテ」に使うというのは、ブレードが滑ってうまくかんでいない選手はブレードが寝ていくのです。私の表現としては、ブレードを横に使うのではなくタテに使いなさいと。そのタテが糸偏の「縦」か、それとも立てるの「立て」かがわからない。小平選手の技術カルテの中にも「タテ」という言葉が出てきますが、今のところカタカナなのです。たぶん何年か後には漢字の「立てる」になっているか、それとも「縦」になっているのか。表現したいものがあ

（5）スラップスケート
つま先を支点にして踵とブレードが離れることが特徴。

（参考文献）
結城匡啓（一九九九）「長野オリンピックのメダル獲得に向けたバイオメカニクス的サポート活動――日本スピードスケートチームのスラップスケート対策」、『体育学研究』四四、三三～四一頁。

って、比喩が見つかればそれを使うし、直接的に何か言語化できれば、共通のものとするということでしょうか。上のランクに行けば行くほど言葉にするのは後かもしれません。

――なるほど、言語化するのは表現したい感覚の本当に繊細な部分まで表現できる言葉を見つけてからということでしょうか。ところで、小平選手が「タテに使えていない」という言葉を使っているのは、結城さんと小平選手の中では、「タテ」の感覚を共有できているということでしょうか。

結城 そうですね。タテに使うような、運動の類縁性のあるようなものを、運動経験として経験させて、こんな感じというのを目指そうというふうにやっていますので。だからスポーツの世界では一回できたものは、例えばスケートを滑って一回できたことっていうのは、スケートを滑っていなくても、陸上の靴履いた状態でも同じような感覚というのはできるんですよね。だけど氷の上で一回も感じられなかった人は、残念ながら陸上ではその表現をすることはできないんですよね。だから氷の上で一回感じられるかどうかというのは、今自分で話していて思いましたけれど、わかる状態までの空白が埋められるのは意外と偶然なのかもしれないんですね。ひらめく準備はできているんだけれど、なかなか火がつかないような感じ。偶然でもいいのでできてしまったりすると、それでわかることもすごくあるのかなと。

5 形ではなく、運動の質を感じる

――例えば、選手が今日の意識することの中に、「膝の角度をより深く」と書いてあるとしても、選手の膝を見ているわけではないのですよね。

結城 見ていないです。私が勉強した中で、優れたコーチや技術の指導者というのは、映像が頭に残るということとがあるようなのですね。

――写真的というよりはムービー的というか。

結城　ムービーですね。運動を見るときには静止画は見てはいけないのです。運動の質というか、力のリズム感やアクセントの感じが消えてしまうので。ただ、ヒントは形の中にあるのです。「なんでこの人こういうフォームになっているんだろう」と不思議に思うような写真が結構あります。でも、その原因が必ずどこかにあると思うのです。予測してみているのだと思うのです。それが自分の潜り込みの中の一つと思うのですが、予測してみてそこがどうなっているといいという希望的な観測があります。それで、違和感になるのだと思います。見ているような、観察しているようですが、実は観察になっていない。逆に言うと知っていれば見えないはずの運動も感じられることがあります。

――違和感が際立ってくるっていう感じでしょうか。

結城　はい。ですから、膝と言っても、膝を見ていないというのは、運動の感じの中で印象に残って、その人の運動がわかっていれば、巻き戻して再生できるような感じというのでしょうか。「今日は膝を意識していたのか」や「膝と言っているけど、そうなっていなかった」と照らし合わせができます。潜り込んでさえおけば、後で振り返ることができます。

6　いろいろな運動経験が感覚を鋭敏にする

結城　良くも悪くも変わりやすい子が、積み上がっていきやすいようです。意識しても、見ていて変化が小さい。その変化が小さいということは、悪いものを良くしようとしたときには、そこがネックになる。なぜ変化が小さいかと言うと、運動経験が足りないのかなと思うのです。

――スピードスケート以外の経験でしょうか。

結城　スピードスケート以外でも運動の感覚、例えば先ほどのほうきで掃くという経験がないとその経験が伝わらない。その経験は、よく遊びの中で培われると言われます。ですから、結構身体の知は遊ぶ中で大事なのかもしれません。

――それは、例えば選手が大学に入学してきた後に増やすことは可能ですか。

結城　私が研究手法にしているバイオメカニクスは、良い選手と悪い選手を比べて、良い選手の特徴を明らかにします。でも、医学は逆です。医学は健康な人がベースで、悪い人のどこが悪いか研究します。スポーツの指導も同じ視点が必要と思っていて、例えばスケートで「はりつけ」ができない人には共通点があって、その「はりつけ」ができない人に特有というか共通の足りない運動の経験がある。それを医学で言うところの薬にあたる、スポーツで言えば練習、ドリルをいくつか用意するというのが有効だと思います。

――そうすると、そのドリルにはかなりスケートに限らずいろいろな動きがあるのでしょうか。

結城　いろいろあると思います。昔のテレビ番組で、川の上にいくつか発泡スチロールを置いていて、沈没しないように向こうまで渡るというのがありました。その感覚、スケートにあるのです。体を乗せていくという動作だったりするのです。ポンポンポンポンポンと。蹴るやつは「ズコ」っといくのですよ。一つ発砲スチロールがあると、発泡スチロールがあっても沈む前にもう次に行くような感覚というか、ポンポンポンポンと。例えば、花壇にタイヤが半分ずつ飛び出しているような遊びをすると培われると言う人がいて、実際にそれをスケートの子どもたちに教えると、感覚が伝わります。

――なるほど、おもしろいですね。

結城　私が地域のクラブの子供たちを指導していたとき、ウォーミングアップは鬼ごっこでした。お父さん、お母さん方は、清水選手のコーチだから、いつスケート教えてくれるのだ、となる。でも、遊ぶ中で培われる材料が将来を広げて、それが近道だと言ってもわからないだろうと思い、「お父さん、お母さん、せっかく送り迎えしてもらっているのに半分以上鬼ごっこで申し訳ありません」、「でも、子どもたち見てください。楽しそうですよ」と。

7　四つの自己観察を通して感覚を共有する

――最後に、もう少し潜り込むということについてお伺いしたいのですが、結城さんが選手に潜り込めるのはどうしてなのでしょうか。

結城　ボクシングの試合を見ているとよく身体を動かしている人を見かけます。まさに自分の身体がそこに入り込んでいって、生理学でも「カーペンター効果」と言いまして、筋電図に出ます。見ている動きと同じ筋肉の筋放電があるというのです。

――結城先生が指導され始めてから、自分で潜り込めるようになったと実感するまでに、すぐにできたのか、それともある程度時間が必要だったのでしょうか。

結城　たぶんすぐ潜り込めたと思います。最初が清水選手でしたので。

――清水選手であったというのは、感覚が近いから。

結城　選手として一緒であった経験もありましたし、その選手が好きでないとだめなのです。何か思い入れがないとできないのです。最初に話をした、私が幼少期にお世話になった先生から学んだことなのです。でも、思い入れ過ぎてしまうと見えなくなることもある。

——思い入れが必要だけど、ときに切らないといけないと。

結城　ですから、ときによっては、物として見ないといけない。例えばブレードを自分が調整して、清水選手を転ばせたことがあるのです。世界記録ペースで行って最後に転んだのです。そういうときも、転ばないでくれと願いながら見ると判断が狂います。自分がしたことを切り離して、物として今日の清水選手はどうかという冷静な目で潜り込んでいかないと判断が狂うのです。転ばなければいいなという判断が邪魔をするのですよね。

——物として対象化してみる自分と、清水選手になってしまう自分の潜り込みと、二つの視点があるということでしょうか。突き放して見るという面と思い入れていく部分。

結城　そうだと思います。私は彼の姿は他者観察するしかない。ですから彼の外から彼を見ています。ただ、そこで問題なのは、私の中にも自分の運動経験から培われた私固有の自己観察がある。清水選手には彼固有の自己観察がある。私の中にはさらにもう一つ、私の自己観察をベースにした清水選手の自己観察がどうかという想像があると思うのです。小平選手を対象にしたときには、彼女の頭の中（自己観察）について、「技術カルテ」などのやりとりをヒントとして知ることはできる。清水選手とは会話や最小の身振りで知る程度でした。三つの自己観察を、どこかで擦り合わせるような作業を自己観察力によって行っているようなものでしょうか。

——結城さんの中には三つの自己観察力があるわけですね。

結城　私の中に小平選手の自己観察がこうだろうというような、想像の自己観察があると思うのです。そう考えると、一緒に積み上がっている感覚の選手というのは、小平選手の自己観察と私の中にある想像の小平選手の自己観察が、かなりの部分で一致していると言えるかもしれません。ですから、彼女の動きが狂ったときも、彼女の言葉で伝えやすい。通訳できるような感じというのでしょうか。

――三つの自己観察に加えて、四つ目として、小平さん側から見た先生がこう見てるだろうという自己観察もありますでしょうか。

結城　テレビの取材で彼女が言っていたことがあります。

――先生ならこう言うだろうと。

結城　清水選手は男なので私の横を通ったときに、「結城さんは今どうだったか、どう思っているかなと聞きたいけど怖いんですよね」と言われたことあるんですよね。小平選手は、「先生今どういうふうに見ていたのかな。先生ならどう言うかな」というのがあって、たまに言葉遊びみたいになるのです。「はりつけ」と「はりつかれ」みたいになってくる。「先生、『はりつけ』と言うけど、先生の言う『はりつけ』は『はりつかれ』のことですか。正確に言うと」のような、おもしろさはあります。

――どういうふうに自分自身を先生は見ているのか。自分の自己観察をもとにした先生の観察を想像する。

結城　はい。ひらがなの「わざ」言語、感覚という言葉は、私にとっては自己観察、スポーツの世界では自己観察を表現する一つの方法だと思っています。きわめて有効なものには間違いがなくて、他との比較可能性も必要ない。ただ、小平選手の中で、あるいはコーチとの中で再現性のあるものでなければならないので、その部分は自然科学にかかるのかもしれません。一方、そうではなく、いわゆる人間学的な、いわゆる人文学的な切り口で後世に伝わっていくものになるのかもしれません。自分の中の自己観察力というのは、おそらく優れたコーチの中にあるコーチ術みたいなものだと思うのです。術なのですよ。技術も術なのですね。伝わる可能性はあるが、その人が死んでしまったら、そこでおしまいになってしまうものかもしれず、その術が伝わるとき、たぶん理論体系化されていき、集合体になればコーチ学になると思うのです。

――貴重なお話をいただきまして、ありがとうございました。

第五章

「生命誕生の場」における感覚の共有

村上明美（母性看護学・助産学）

一九六二年、山梨県生まれ。助産の技のエビデンスに関する研究、助産師の卓越した技の解明や助産技術の伝承に関する研究・教育に取り組んでいる。業績として、「姿勢が骨産道の応形機能に及ぼす影響」（一九九九）『日本助産師学会誌』一三（二）、『ＤＶＤで学ぶ開業助産師の「わざ」　フリースタイル分娩介助』（二〇〇九）医歯薬出版など。現在、神奈川県立保健福祉大学保健福祉学部・教授（博士　看護学）。

聞き手　原田千鶴

――看護学に関係する職種は、保健師、助産師、看護師の三職種があります。村上さんはその中でも、出産を助け、お母さんや生まれたばかりの赤ちゃんの保健指導を行う専門職である助産師に関係する、母性看護学・助産学という領域の研究・教育に関わっておられます。本日、村上さんには、研究やご自分の教育実践を踏まえ、助産師のわざをどのように教えられているか、あるいは後進の助産師はどうやって学んでいるかということについてお話を伺いたいと思います。どうぞよろしくお願いいたします。

村上　どうぞよろしくお願いいたします。私は一六〜一七年前から、助産師の分娩のわざに関心をもち始めました。助産師といっても特に助産所を開業している熟練助産師のわざに興味をもっております。助産師のわざの中でもお産の技術に関心をもっていました。ですから、どうしたらうまくお産の介助ができるかという方法を追究していました。しかし、最近は、上手なお産の介助の背景にあるものや助産師たるその人自身の姿、お産のわざを成り立たせるものに興味や関心が向いております。それは、私自身が助産師教育に携わっているからだと思います。助産師の教育において、例えば分娩を介助するという「形」を教えるだけでは、助産師として成長したり才能を伸ばしたりすることはできない。助産師のわざを伝えていく過程で、どう育てたらいいのかに関心を向けているからだと思います。

1 「産もうとする力」、「生まれようとする力」を促す

――お産の介助のわざの教えや学びについてお話しいただくにあたり、助産師の機能や役割についてお話していただけますか。そして、どうして、助産所の熟練助産師のお産のわざに着目しておられるのかについてもお話してください。

村上 助産師の主な仕事は、やはり女性の妊娠、出産、産後という時期における女性や妊産婦、そして生まれたばかりの赤ちゃんのケアを行うことです。お産の介助というのは、専門的には分娩介助と言います。助産師は、さまざまなお産に関わります。それは、自然の経過の妊娠や出産、これは医学的表現で正常分娩(1)であり、もう一つは異常分娩(2)です。異常分娩のときは医師と協働して分娩介助をしますが、正常分娩である場合は、助産師は自立的に自己責任のもとにお産を取り上げます。ここが助産師の腕の見せどころなのです。

――ということは、助産師の分娩のわざとは、自然分娩の経過において助産師が自立的に自己責任のもとで行っ

ているわざの一つであると理解してよろしいでしょうか。

村上　はい、そうです。もう少し、「助産師のわざ」について話しますと、お産を取り上げることつまり分娩介助の原則には、三つの「安」が重要であると考えております。それは、「安全に産む、生まれる」、「安楽に産む、生まれる」、「安心して産む、生まれる」です。一九八〇年以前は、医学技術が進歩したがゆえに、安全に産むことができればどのようなお産であってもいいという時代がありました。けれども、女性たちからは、産む自分たちが楽しく、あるいは快適にお産をしたいという声が強くなり、安心して産むとか、安楽に産むということをお産に求めるようになりました。そんな中、助産師である私たちは、分娩においてその女性や赤ちゃんがもっている「産もうとする力」、「生まれようとする力」を発揮させることができるかどうかということ、つまり解剖学的・生理学的機能を最大限に活用しながら最小限の侵襲で分娩を終えるということが大きな役割であると再認識するようになってきたのです。

――ところで、村上さんがはじめに話された、助産所の熟練助産師についてご説明していただけますか。

村上　彼女らは助産所で活躍する助産師で自ら起業した助産師たちです。助産所の助産師の数は助産師全体の五〜六パーセントしかおりません。また、助産所で出産する件数は、全分娩数の一パーセントくらいしかありません。いわば助産所の助産師はマイナーな存在なのです。

――そのマイノリティである開業助産師と病院で働く助産師には違いがあるのでしょうか。

村上　はい、病院で働く助産師は、産科病棟の複数の助産師と役割を分担します。そして、常に医師が立ち会っ

（1）自然な経過を辿り一般に安産と言われるような出産。
（2）分娩の進行が障害されてなんらかの医療的な介入を必要とするような出産。

ています。つまり、何か異常があったらすぐに医療介入が行われる環境でお産の介助を行っているわけです。しかし、助産所の場合は、医師は常駐していませんので、医療介入を必要としない自然な分娩のみが扱われます。限られた助産師同士が密に連携、協働しながらお産に取り組む環境での活動です。そういう意味で、開業助産師は、自分の腕だけで勝負をしなければならない環境で、助産師自身の判断力や技術力が、母子の健康や命に直結してしまうというところが病院の助産師と開業助産師の大きな違いです。出産数も少ないのですが、このような開業助産師たちは、助産師の確固たるアイデンティティを確立しており、最も助産師らしい活動をしていると言えます。

――助産所は、医師が存在しないので助産師がわざとすべての責任を引き受けてお産に臨んでいるのですね。そこでのお産にはなにか違いがありますか。

村上　私の大学病院での助産師の経験から話すと、病院の機能の特徴も影響しますが、病院でのお産は、多くの場合は医療者主導で産ませるお産です。一方、私が知っている助産所では、陣痛(3)と上手に付き合う産婦(4)さんの光景が見られました。陣痛が収まっている時のお母さんたちは、笑顔を見せていたり、自由に動き回っていたり、時には場所も自由に選んだりして分娩に臨んでいました。そして、産婦を気遣いながらも、産婦や助産師と日常会話を楽しそうに交わす産婦の家族がいました。お産の痛みに「痛い」とは言いながらもその場に「笑い」があるのです。まるで日常の生活がそこにあるような感じで、赤ちゃんを産み落とすようにお産をして、「お産、楽しかったわね」とお産が終わるのです。産後のお母さんはと言うと、スタスタ歩き回っている、そんな様子です。

――病院と助産所では、お産の様子にそれぞれ特徴があり、それは産後にも影響している。そこに、助産所の助産師のわざがあるわけですね。

村上　はい、そうです。助産所の助産師のお産のわざに出会ったことは、私自身においても助産師としての人生を決定づけた経験であったと思います。助産所の助産師のお産のわざは、お母さんたちの産もうとする力、あるいは赤ちゃんの生まれようとする力をとても大事にしながらお産を介助することは先ほどもお話をしました。それが一番具現化されている一つがフリースタイルの分娩(5)ではないかと考えています。産婦さんが好きなようにお産できるように介助しているのです。

産婦さんが、お産の際に感じる痛みや、横を向くと楽とか、立っていた方がいいとか、あるいは赤ちゃんが産道を降りてくるというような感覚があるのですが、産婦自身が敏感にその感覚をわかるようになることがとても重要なのです。助産師は、その痛みを手がかりとして、ケアを行うのです。産婦がその感覚を自覚し私たち助産師と感覚を共有することが重要なのです。私たち助産師は、産婦に「その感覚を憶えていきましょうね」と働きかけながら、産婦のささいな感覚の変化を敏感にキャッチしているのです。そして、陣痛を緩和する方法を示唆したり、見えないおなかの中の赤ちゃんの状態を判断したり、意味ある励ましを通して、産婦の産もうとする力、赤ちゃんの生まれようとする力を引き出そうとしているのです。これは、産婦自身が自分で自分のお産を創り出すことでもあるわけです。

——助産師がその感覚をキャッチし、共有することは、お母さんや赤ちゃんの状況や状態の理解につながり、産婦の産もうとする力、赤ちゃんの生まれようとする力を発揮できるようなケアにつながっていくのですね。

(3) 分娩《ぶんべん》の際に規則的に反復して起こる、子宮の収縮およびそれに伴う痛み。
(4) 出産直前または直後の女性。
(5) フリースタイル分娩では、産みたい姿勢、時には場所を母親自身が決める。本来、自然にその姿勢になってしまうと考えられている。フリースタイル分娩では、姿勢だけが自由なのではなく、好きな人と一緒にその場で過ごしながら、心も自由に出産する思想であり方法である。

助産師と産婦は、産婦が知覚している分娩経過で生じる感覚を共感しているわけですか。

村上 私たち助産師は、分娩と体位に関する知識をたくさんもっています。あくまでお母さん主体で安全で安楽でかつ安心できる分娩を創り出せるように援助するのですが、私たちは、その専門的知識を活用しながら実践すると、安全、安楽、安心のお産を産婦とともに創り出せます。単に経験だけではないのです。

2 「仲間」としての迎え入れ

――それでは、フリースタイル分娩をはじめとする分娩介助のわざは、どのようにして伝えられていくのでしょうか。

村上 開業助産所は、以前は開業助産所の院長の娘を助産師にするとか、あるいは娘がいない場合は息子の嫁に助産師資格を有する女性を迎えるという形で、ある種、家内徒弟制的に代々引き継がれていました。だから、三代目、四代目の開業助産所というようなところも多くありました。

――その状況は、レイヴとウェンガーらのSituated Learning(6)の中で紹介されていたユカタンのマヤ族の産婆の徒弟制の事例と似ていますね。

村上 そうです。ユカタンの産婆の徒弟制の話は、産婆の娘が、別に産婆になろうと思っているわけではないのですが、産婆である母親が家でお産を手伝っていて、何かのときにすぐその娘がいろいろなところで手伝わされていく。なろうと思っているわけでもないけれども産婆の能力がいつのまにか自然に娘に引き継がれていくようなそういう状況であったと思います。そういう意味では、助産所でのわざは、家庭内でいつの間にか伝承されていった形態でした。

——個人産科医が自分の産院の世襲がうまくいかなくなったような時代背景の中で、産婦が皆、病院でお産をするようになってしまったこともあるようですね。

村上 そうなのです。今は、助産所で出産する人口が減っていることから、三代、四代と続いた助産所が閉鎖されている現状があり、世襲的に家庭内で徒弟的なわざを伝承していくことはできなくなっています。現在の助産所に勤務する助産師は、病院での経験を長く積んだ助産師が、助産師本来のお産のケアをしたい、将来開業したいと考えている人たちが多いのです。いわば、助産所のお産を継承していく後進の助産師と言えます。その後進の助産師は、助産所の職員として勤務しながらわざを学ぶことがほとんどです。

——そうした場合、世襲的に家庭内で伝えられてきたときのわざと、現代のように、助産所に勤めながら伝えられるわざには、何か違いがあるのでしょうか。

村上 家庭内で伝わっているものというのは、意識しようとしないでいようと、目の前にいつもその助産師の姿というのがありますので、自然に憶えてしまう。ある意味でパターン化もされやすいと思うのです。自分の母がこういうときはこうしている、ああいうときはああしているというようなものが、もう目の前で自分が意図的に探ろうとはしなくても展開されていくので、その中で身につく知識は、豊富なものがあるのではないかと思います。

——時代、状況、ユカタンという場所、という特殊性というのはあるかもしれませんけれど、基本的な理念としては、教えるということは中心にはないということを、「教えることは熟練者になる産婆のアイデンティテ

（6）J. lave & E. wenger, *Situated Learning: Legitimate Peripheral Participation*, pp.46-48. 佐伯胖訳『状況に埋め込まれた学習——正統的周辺参加』、産業図書、一九九三年。

ィにも学習にも、なんら中心的ではないように見える」[7]と、これはジョーダンの言っていることですが、重なる部分があるなと思いました。

村上　助産所に勤務している後進の助産師は、自分たち自身が意図的に学ばなくてはやっていけない。特に、後進の助産師たちの多くは、病院での助産師としてのお産の経験が豊富なので、自分たちが病院の中で培った助産師のわざを基盤にして学びます。しかし後進の助産師は、病院での経験があるがゆえに、わざが伝わりにくいということが生じるかもしれない。そのためにも、助産所の熟練助産師と「仲間」になって勤務するという経験は、重要なのです。

――助産師の経験がある助産所の後進の助産師にわざを伝える上で、「仲間」になることが重要なのですね。それでは、助産所の熟練助産師は、後進の助産師に、お産のわざを、どうやって教えているのでしょうか。

村上　助産所の熟練助産師たちは、そのわざをHow toだけでは伝えることはできない、How toでは教えられないというのです。もちろん「書くこと」もできないと言います。熟練助産師は、後進の助産師らに、「わざは、お産の原則である安全・安楽・安心を踏まえて自ら追求していくしかない」と言います。

――How toでは教えることができないということは、後進の助産師はどのようにしてわざを学んでいるのでしょうか。

村上　後進の助産師たちは、熟練助産師のわざを見ています。まず師である熟練助産師のお産を介助している場にお産の協力者として「参加」しています。例えば、陣痛が和らいでいる合間に赤ちゃんの心音を聴くなどの役割を担っています。次に真似をして、「ああ、こうやったらいいんじゃないかな」と後進の助産師自身が体験しながらいろいろとやってみてわざを身につけていくようです。それから、後進の助産師は、熟練助産師がお母さんや赤ちゃんとどのように関わっているのか、例えば、お母さんや赤ちゃんをどんなふうに大切にしているかなどの助産師として姿勢とか態度を見ています。それがお産などのわざに反映していくということを、少しずつ感じ取れるようになっていくようです。

――後進の助産師は、熟練助産師のお産の介助の「場」で、ただ見ているのではなく、仕事の仲間として役割を担いながら見ているのですね。

村上 そうです。そして、その過程で、熟練助産師は、後進の助産師に対して、具体的に「ああしろ、こうしろ」とはあまり言わないのです。ですから、後進の助産師が、熟練助産師の取り上げるお産の「場」に「参加」することに、教えや学びの「鍵」があるように思います。

――学生の臨床実習で、現場の看護師達にケアの場に学生を同行させてほしい、そして、そのケアに学生を巻き込んでほしいと依頼することがあるのですが、「自信がない」、「見られて緊張する」という現場の看護師の反応があり、躊躇されることがあるのですが、熟練開業助産師は、後進の助産師に自分の取り上げるお産を見られることをどのように思っているのでしょうか。

村上 私が知っている開業助産師のほとんどは、「なにを見てもいいよ」、「全部見ていいよ」と言ってくれます。そして、「この動作を見なさい」とか「ここを見るように」と言うよりも、「自分の分娩のわざを全部見ていい」とか「盗めるものがあるなら何でも盗んでいい」と言っています。

――自分のお産の援助を全部見せる。

村上 そうです。ですが、熟練助産師たちが、意図的にそうしているかどうかはわかりません。なぜなら、熟練助産師は、お産は自分一人ではできないことを知っています。ですので、お産の際は、職場の同僚として後進の

(7) *Ibid*, p.46.

助産師と協力し合うことは当然ですから。

――「何を見てもよい」、「全部見てもよい」、「そこから学びなさい」という熟練助産師はなぜ、なんでも惜しみなく見せようとするのでしょうか。その意味にはどんなことがあるとお思いですか。

村上　熟練開業助産師は、彼らが将来の開業助産師になるであろうことを知っています。彼らは、将来の開業助産師の仲間であるという認識が関係しているのかもしれません。

――「何を見てもよい」、「全部見てもよい」、「そこから学びなさい」と言われた後進の助産師はどのような様子ですか。

村上　後進の助産師は、近い将来か遠い将来かはさまざまですが、いずれ助産所を開業することを考えていますので、熟練開業助産師のわざに対して、それぞれに興味や関心をもっています。分娩の「場」で、「これを見るように」、「あれを見るように」と言われなくても、自分の関心と照合させながら学んでいくようです。

3　説明できない「わざ」の世界への参入

――村上さんご自身は、昨年、助産技術に関する著書をDVDと一緒に出版されていますね。DVDには、熟練開業助産師の分娩介助が録画されていて、学習教材として作成されたものであることがわかりました。ということは、録画などを通じたわざの伝承を試みようとされているのではないかと思いましたが、いかがでしょうか。

村上　私が出会ったすばらしい熟練助産師の分娩介助のわざは、産み出そうとする母親の美しい身体機能と、生まれようとする胎児の力と、それに寄り添う助産師の様子などがすべて絡み合って創り出されます。助産師は、私たちはいつも黒子《くろこ》だ言うのですが、けっして前に出てはいないのです。お母さんの嫌がることは基本的にしませんし、常にお母さんの希望を聞き、選択肢は提供しても決めるのはお母さんという姿勢を維持します。主役は赤ちゃんとお母さんなので、その人たちがいいように、けれども安全を守りつつ、お産を介助するのが助産師の実践の原則なのですが、そういう助産師のわざを伝えたいと思い作成しました。助産師のお産のわざの一場面である、助産師の手の使い方、動きや生まれてくる赤ちゃんの様子の録画に、助産師のお母さんへの励ましや促しなどやお母さんの反応などの声も記録されています。テキストでは、同じような場面の静止図も示しました。

――実際の教育では、DVDをどうやって用いているのですか。

村上　教育の場では、DVDを学生と一緒に観ます。私たち指導者は、静止図ではわからない助産師のお産の援助の行為の録画を観ながら、その行為の意味や「ゆっくりとした時間の流れ」、「赤ちゃんの動き」、「お母さんと助産師のやりとり」を説明を加えながら教えていくわけです。その後、学生は、DVDやテキストの図を何度も見ながら、自分たちが分娩介助をするときはこんなふうに、次は、こうとお産の介助のイメージを作りながら、シミュレーターを用いて練習を繰り返します。そうして、臨床実習で実際に分娩介助するための準備をしています。

――画像では、時間の流れ、お産の場の雰囲気などを伝えるというようなお話がありましたが、実際に、お産のわざは学生にはどのように伝わっているのでしょうか。

村上　学生ではありませんが、経験のある助産師たちが見て、熟練助産師のその分娩介助を「うまいなあ」と異口同音に称賛します。しかし、DVDを観た助産師の何人かから、DVDのように分娩介助を真似てみようとしたけれどうまくいかない、そのわざがすばらしいことはわかるし、自分のわざと違うこともよくわかる、一所懸命DVDを真似、テロップで書いていることを留意して分娩介助を試みたけれどうまくいかない、安心して安全で安楽な分娩にはならなかったという声があります。つまり、ただ画像を見て、言葉で説明をするだけではわざは伝えきれないのです。言葉や録画で説明できることは伝わるけれど、その裏に潜んでいる何かが人に伝わっていかない。ただ、あの人はすごい人だよねと、熟練したわざに注目するのではなく、わざをもっている助産師に注目が向いて終わってしまうところに行きついてしまいました。

――つまり、たとえ熟練助産師の分娩介助の録画であっても、熟練助産師のお産のわざは録画では十分に伝えられないのですね。

村上　そうなのです。熟練助産師のわざの伝承の難しさを実感しています。ＤＶＤでは、赤ちゃんが生まれてくる場面の助産師のお産のわざを中心に録画しています。しかし、実はお産は赤ちゃんが生まれてくるその瞬間だけで創られるわけではないということだと思います。お母さんや家族が新しい生命を迎えるのにどんな思いや準備があったのか、陣痛の痛みをどのように受け止めてきたのかなど、さらに遡れば、妊娠してからの生活や赤ちゃんをどのように迎え入れようと準備してきたかなど、助産師はずっとそのお母さんを黒子となって支え続け、いつも寄り添ってきたわけです。その集大成の場が「お産」、「分娩」という場です。そこにはお母さんと助産師がともに歩んできた歴史があって、とても大切な信頼関係の中で分娩介助が展開されるのですが、それはテキストには書かれないし、ＤＶＤを観て真似できるものでもないのだと思います。

4　熟練助産師の「わざ」に「惚れる」

――助産所の後進の助産師はどうやってわざを学んでいくのでしょうか。

村上　最近、研究に協力していただいている開業一五年以上の熟練助産師とそこに勤めている後進の助産師の双方の立場の人たちにお話を伺っていてわかったことがあります。熟練助産師たちの後進の助産師の育て方には二つのパターンがありそうだということがわかってきました。一つは、後進の助産師一人ひとりの得意分野というのを見出して、その得意分野をより伸ばそうと指導をしています。もう一つは、後進の助産師の多くが将来、助産所を開業して、助産所の助産師になる「仲間」であることを踏まえて、開業する助産師に必要なことをすべて含めてその人を伸ばそうと考えた指導をしているというものです。

――熟練助産師たちの具体的な指導についてもう少し伺いたいのですが、どんなことをどのようにしているのでしょうか。

村上　熟練助産師はわざを伝えているという意識をもっているわけではないのです。話を聞いてわかるのは、開業助産師は、私はなぜこの助産所を開いたのか、どういうことを大事にしたいと思っているのか、あるいは赤ちゃんやお母さんに対して十分な、満足するようなケアを提供したいと思って開業しているという考えや思い、人を大切にしていることや、何か熟練助産師のその人たち自身の優しさや人間性を伝えているように思います。それから、開業助産所で働くということは、開業助産師としての信念や覚悟が必要であることを伝えている。助産所は、医療介入ができないので、自然なお産を大事にする価値観がまずある。ですから、自然なお産を尊重する助産師を受け入れたいし、それを共有できない助産師はうちでは務まらないことや医療介入を前提としないので自分がお産の全責任を負わなければならないこと、人に頼らず自分で赤ちゃんやお母さんに対して責任を取るという信念と覚悟をもつことの必要を伝えていると言います。そして、熟練助産師は、後進の助産師が、これができる、あれができるという具体的なケアより、お母さんや赤ちゃんに対しての思い、自然分娩に対する価値観、助産師としての信念や覚悟、責任、そういうことが伝わればいいと話しています。だから、自分の助産所で勤めるようになったら、まずそのことを学んでほしいし、それに共感できないのであればうちでは務まらないから辞めてもいいと話しています。ここからもわかるように、とくに、わざらしいものを伝えているわけではないのです。

――どうケアする、どう介助するかというわざそのものを教えるというより、お産の考え方、価値観、哲学、人間に対する慈しみなどを大切にしているのですね。それでは、後進の助産師たちは、熟練助産師から、どういうふうに学んでいるのでしょうか。

村上 後進の助産師たちに、なぜその助産所の助産師のもとで働こうと思ったのかを聞いたところ、ある後進の助産師は、熟練助産師の良いところも悪いところも全部、その人が好きだからと言います。私は「惚れる」と表現しているのですが、その助産所の助産師その人、その人間に「惚れる」という師事の様子があるようです。熟練助産師のお産のわざがどうこうというのではなく、あの先生が大好きだからそこで働きたいと思ったと言います。良いところも悪いところも全部好きという状況での師事の仕方が特徴的です。

あるいは、「評判のいい評価の高い助産所の熟練助産師のもとで一人前の助産師になりたい、教えてもらえるものはすべて教えてもらいたい」と思ってその助産所で働こうと思った助産師もいます。中には、あの先生は言葉がきついし、人使いは荒いし、すべてがいいと思えないこともあるけれど、開業するためには、そのベテラン助産所の助産師に師事して学ぶことが一番いい方法だと覚悟を決めて「腹をくくる」とでもいうような様子でその助産師に従事しています。

――後進の助産師の「惚れる」、「腹をくくる」という表現は面白いですね。もう少し詳しくお聞きしてよろしいですか。

村上 「惚れる」という仕方で師事をしている後進の助産師には、本人がそこの助産所で出産経験をしていたり、母乳のケアを受けたり、子育ての相談に乗ってもらったりなど、自分がその熟練助産師のケアを受けて癒やされた経験のある人が多いのです。

「腹をくくる」という仕方で師事をしている後進の助産師には、社会的に「あの助産所の助産師のわざはすごい」と評価の高い助産所の助産師のもとで働いて、自分もあの助産師のように社会的に評価の高い助産師になりたいという目標をもっている人たちです。この違いはとても面白いです。

――具体的に、後進の助産師はどうやってわざを学んでいると認識しているのですか。

村上　後進の助産師に、熟練助産師のもとでどんなわざを身につけてきたかと尋ねてみました。すると、「わざとか技術というのは後からついてくるものだから、とくに自分はこのわざを身につけたいというよりも、その熟練助産師のもとで熟練助産師が何をしているかをまず見せてもらって、真似をしている」というようなことを話してくれます。そして、後進の助産師は、「先生[8]のお産に対する姿勢であったり、責任感であったり、安全を守る能力であったり、お母さんを大事にする姿勢をたくさん伝えてもらっている」と話しています。また、自然な分娩経過から逸脱して安全が損なわれそうなときは、後進の助産師たちが助産所で出産できそうだと考える場合でも、たとえ産婦の助産所で産みたいという希望に反したとしても、熟練助産師は、すぐに連携病院に母子を搬送して安全を守る判断をする。そのことに対して、判断のみごとさや決断の速さ、潔さなどを学んでいます。

――後進の助産師は、助産所の熟練助産師の動きや判断をよく見ているのですね。熟練助産師が大切にしていることと一致しているように思えます。

村上　私が熟練助産師にインタビューするときにはこのように聞くこともあります。「後進の助産師が分娩介助するときに、何ができ、何を守れていたらここの助産院のお産の仕方、いわゆる自分のわざが伝わったといえる

（8）後進の助産師は熟練助産師を「先生」と呼んでいる。

ます。

のでしょうか」と尋ねると、熟練助産師は、「理念が一緒である」とか「責任がとれること」などと話してくれ

――ここでも、わざというよりその背後にある、あるいは根幹にある価値観や責任なのですね。

村上　一方、後進の助産師には、「ここの助産院のお産ができるということはどういうことを言うのでしょうか」と尋ねると、「たとえ先生が直接お産に関わっていなくても、私たちのお産に先生の人間性が感じられるようなお産である」とか、あるいは「先生がいなくても同じようにお産の責任がとれる」などと話してくれます。つまり、彼らがわざを学んだことは、助産師の行為や動きに基準があり、その基準に向かって自分たちがわざを磨き習得することではなくて、むしろ熟練助産師が直接その分娩に関わるか否かにかかわらず、いつも熟練助産師が提供しているようなケアを自分たちができることを、わざを学んだと考えていることがわかります。このことは、異なる助産所でも同じでした。

――具体的なお産の介助技術などはまったく教えることはないのでしょうか。

村上　後進の助産師に、熟練助産師は自分のお産の技術を教えてくれるかと尋ねると、「技術は聞けば教えてはくれるけれど、こうしなさい、ああしなさいというのはない」と言います。これはどうしてかというと、分娩介助において助産師は自分自身を道具として使っているからです。道具は千差万別で、体格が違えば使い方もいろいろです。ある部分だけを大事だといって技術を伝えるというよりも、助産師自身がお産に対して適当な道具になれるかというところがとても大事なことなのです。

――分娩のわざは、産婦の状況、赤ちゃんの状況、分娩の経過、時間の流れという状況に、道具である助産師自身がさらに影響してくる。そういう意味で、その熟練助産師の分娩の「形」は見せるけれども、後進の助産師の分娩の型は自分がその状況の中でやりやすいように創り上げて獲得するしかないということなのでしょ

うか。

村上　そうなのです。ですから、熟練助産師さんたちは、先ほど話したよう人間性であるとか、価値観であるとか、信念であるとか、責任であるとかを共有できれば、後進の助産師のお産のわざも熟練助産師のお産のわざらしくなると言うのです。そして、後進の助産師もそれを知っているから、自信をもって「〇〇助産所のお産です」と言えるようになるというのです。ですから、人間性であるとか、価値観であるとか、信念であるとか、責任感などを伝えることで、そこの助産所を利用するお母さんたちへの関わりが一緒になり、一貫したケアが提供できるようになっているので、その助産所独自のわざが伝承されているのだろうと思っています。熟練助産師は、どうやって手を使いなさいとか、どこで何をしなさい、力はこういうふうに入れなさいなどHow toはまったく言わない。それぞれの助産師のやり方で行えばいい。ですが、その助産所のお産は、後進の助産師にも人間性、価値観、信念、責任が同じように共有されているので、利用者であるお母さんたちへの関わりは一緒で、その助産所のお産を展開できると言いきれるのだろうと思います。その経験を積んでいく過程で自分なりの型を作っていくことで、その人の分娩介助というわざが獲得されていくと話してくれます。How toを伝えなくても、熟練助産師のわざは伝わるのだということが、今私にやっと見えてきたところです。

5　「産む─生まれる」という日常の営みを助ける

──村上さんが「私自身においても助産師としての人生を決定づけた経験であった助産所の熟練助産師との出会い」と表現されておりましたが、どんなところでそう思われたのでしょうか。

村上　助産所での光景は、病院の光景とまったく違いました。流れる空気がまったく違った。分娩の場にいる助産師や家族もみんなかりかりかりしてない。本当に穏やかにゆっくり時が過ぎている感じがわかる。分娩の場が日常の場なのです。病院のような特異な場に慣れていたので、生活の場での分娩の雰囲気にまず圧倒されました。どういう雰囲気かと言うと、穏やかな雰囲気、普通の雰囲気です。産婦が「さあ産むぞ」と意気込んでお産に来ていない。もちろんお産をするのだけれど、それがひとつの自分の人生の一過程で、「ちょっとここの場を借りてお産します」という様子なのです。ですから、病院では「いよいよ陣痛が来たので産みに来ました」みたいな、煽《あお》り立てる雰囲気があるのですが、「ちょっと寄って、産んで帰ります」みたいな感じ……そういう場がありました。うまく言えないのですが、まったくこれまでの分娩の場とは異なる世界なのです。

——普通の雰囲気、日常の生活の場で出産が進む雰囲気にまず圧倒された感覚というのが面白いですね。

村上　私は、臨床にいても、まあまあ使える助産師だったと思っています。それなりに助産師のリーダーの役割も担えていて、医師との協働もうまくやっていましたので、病院での臨床助産師としての活動は充実したものでした。けれども、病院での出産や、医師と協働しながら分娩に取り組むと、医療介入の提供が前提であるがゆえに、助産師でありながら医師のような考えや行動になっていく自分がいました。お母さんたちに対しても、産ませてあげなくてはという思いが強くあったように思います。でも、助産所では、それがまったく異なったのです。生まれようとする、あるいは産もうとすることとはどういうことか、あるいは、その力はどこから来るのだろうかに着目するようになりました。DVDの録画からもわかるように、みなさん楽しそうにお産をするのです。つらそうじゃなくて。痛いながらもニコニコしている。「痛いね」と言いながら、ニコニコする。他愛もない会話なのですが、助産所は地域に根ざした場所なので、皆が周りの人たちのことを知っているので、向こう三軒両隣のどこどこの誰々ちゃんと誰々ちゃんが結婚するんだなんて話を、陣痛と陣痛の間、すごい痛みの間に話しているのです。それが日常会話なのですけれど、お産のときでもそういうことが平気でできるのだと思えるようになったのです。あるいは、そのことを理解できるようになったことが違ってきたことでしょうか。

――その雑談みたいな話とは、日常会話なのですか。いわゆる、今、産んでいる、分娩に関する話ではなくて、近所の人の話であるとか、そういうことですか。

村上 そうです。お産の話だけに限らず、本当に日常の会話なのです。

――村上さんが、雰囲気が違うとおっしゃったのは、いわゆる病院とか、助産師側の世界を知っている者から見ると、違うということですね。逆に、産みに来ているお母さんからすると、いわゆる病院の方がまったく違う、自分の生活の場とは違うということになるのですね。

村上 むしろ、病院ではお産のときに雑談をしていると、その会話を「雑談しているから、お産はまだまだ時間がかかりそうだ」と捉えてしまいかねないのです。助産所ではそれがあたりまえで、雑談しながら産んでしまう、まるで産み落とすかのように…というようなことが起こっています。

――つまり、出産がそんな特殊なことではないのですね。そういえば、助産師は、出産というその人の人生のあるいは生活の一部への関わりと言われますね。

村上 助産所でのお産は、助産師もその地域の中で生活しているので、ふだんの身近なところで出産に関わっていることがある。先ほど話したように、助産師も近所の人の話をする。そこに住んでいるのでお母さんの生活の様子もよくわかる。そういうことから、出産も日常における実践であり、本当に、お母さんの人生の一部、生活の一場面に関わっていることがわかる。もちろん、病院での出産もたぶん、その人の人生の一部に関わるわけです。しかし、まさしく助産師が産婦の人生の一部のあるいは生活の一場面に関わるということの解釈が変わる、というか理解が変わるということが私の中で起こったのだと思います。だから、お産だからといって構えなくていいというような、もっと楽しくとか、もっと快適にとか、そんなふうにお産の捉え方が変わったということでしょうか。病院で出産を介助しているときは、気負っていたと思うのです。気負うから、そして変に頑張ろうとするから、優しくなれない。自然でいいと思うようになりましたね。

――自然でいいと思うようになったということは、出産する産婦も、助産師の方も自然でいいと思うようになったということでしょうか。

村上 そうです。産婦も助産師ももっと楽に、もっと自然に分娩の経過を捉えていいのだということです。こんな楽にお産ができるものなのだということがわかったとき、それまで関わったお母さんたちに対して申しわけないと思いました。

6 「産む―生まれる」場の一体感

――私は、ちょうど一年ぐらい前に立ち会い出産をした経験があります。その立会いの間、ずっと産婦と一緒に呼吸をしていてくださいと助産師に言われていたのです。DVDを観ていたら、その時一般的に言われているような呼吸ではなかったように見えました。呼吸が場合によって違っていて、一定ではなく、好きに、楽に呼吸しているような印象がありました。

村上 おっしゃられたように呼吸の仕方が違うというのは、まさにその通りです。みなさん、すごく穏やかで静かな呼吸なのです。病院のお産での呼吸というと弊害があるのかもしれないのですが、掛け声なのです。みなが掛け声を一緒に行うことで一体感が生まれる部分もあります。ある意味それは感覚の共有なのかもしれません。ただ、DVDの中の熟練助産師の産婦さんへの呼吸の仕方の関わりが違うと見えるのは、あくまでも呼吸をするのはお母さんであり、助産師がそれに合わせて声をかけているからです。だから、無理強いはしない。「自分が一番やりやすい呼吸の仕方でいいですよ」や、「今の呼吸がとてもよかったから、次はもうちょっと長くいきんでみましょうか」と、その間をとりながら、その人がやりやすいように、誘導するような場の作り方をしています。

――ですから、お産のときのお母さんと助産師が一体化しているように見えるのですね。

村上 お母さんの心身が自然であることで、お母さんが自分の分娩経過に起こる感覚を知覚できる、それをキャッチした助産師は、その感覚を手がかりにして、いわゆる共有することで、お母さんや赤ちゃんの状況を理解する。そして、お母さんの産もうとする力、赤ちゃんの生まれようとする力を発揮できるように、コントロールではなく、促すようなやり方で呼吸の仕方などをお母さんに教えていくという、お母さんと助産師の感覚の共有、一体化が起こっています。おそらく、その息遣いが聞こえるところに後進の助産師もいるので、お母さんの感覚とそれを通じた助産師の反応や動きも共有できるのだと思います。

――DVDの中に観たお産の場は、熟練助産師とその周りでお母さんや赤ちゃん、そして助産師の手助けをしている後進の助産師が一体となって分娩に関わっているようでした。そこでは、お母さん、助産師、助産師同士の感覚の共有がその中でおそらく行われていると思うのです。この熟練の過程では、これらの感覚の共有を通じてそれぞれどう意味づけているのかが重要に思うのです。そのような場面がほかにもありますか。

村上 後進の助産師の方たちに、どういうところで自分が熟練者のわざをわかったと思ったかと伺ったことがあります。そうすると、その場の呼吸が、自分も一体化してできたときなどにわかることが多いようです。そのほかには、お産のときにちょっと安全が損なわれそうで危険だと思うような兆候を発見したときがありますね。お母さんには「大丈夫よ。次の陣痛で、赤ちゃん産まれますよ」と穏やかに言いながらも、助産師はわかってないといけないような危機管理が必要な状況で、お互いに目配せをすることがあります。それは、かなりわかっている助産師でないとわかり合えないのです。言葉にしないで、何が気になっているか、どういうことに注意しましょうということを確認し合うわけですから。熟練助産師が「ここは注意しておこうね」と目でぱっと伝えるのを、後進の助産師が目で感じ理解できる。「そのときは、ああ、私は先生のやり方を十分理解できていたんだなあと思い、うれしくなります」と話してくれました。そのサインがわかると後進の助産師が熟練助産師に少し近づけたということを確信していくようです。

——そのサインというのはどういうことなのでしょう。後進の助産師の中には、熟練助産師がサインを送っているのに意味がわからない。隠そうとしているのに産婦の前で「ああ、これ、危ないですね」と思わず言ってしまうような助産師もいるわけですよね。そのサインは、どうしたらわかるでしょうか。

村上 ある後進の助産師は、その助産所に勤め始めたころは、どうしても言葉で言ってもらわないと意味がわからなかったと話しています。ただ、その助産所の熟練助産師は、お産の後に必ず、後進の助産師と一緒に振り返りをすると話してくれました。いわゆるリフレクションです。熟練助産師が後進の助産師と共に振り返りをして、「ここはこうだったね」、「ああだったね」とか、「こういうサインを送ったのはわかった？」とか、わかってないかもしれないと思うときは、そのサインについて確認をしていると話してくれました。わかったという感覚、あるいは、危険だという感覚を共有している、共感していると思うのです。

——リフレクションをしない熟練助産師の方もいらっしゃるのでしょうか。

村上 後進の助産師を将来の開業助産師として全体的に育てようとしている熟練助産師がいることをお話しました。彼らは、あまり振り返りをしないようです。この場にいる後進の助産師は、「何かあったら聞きなさい」とは言われるけれど、「何をしなさい」とは言わない。だから、本当にその熟練助産師が何をしていくのかを盗んでいくしかないのだというのです。しかし、助産所でも助産学生が実習を行うのですが、そのとき、熟練助産師が学生に説明しているのを聞いて、「ああ、あの行動の意味はこういうことだったんだ、ああいうことだったんだ」と聞きながら自分の身につけていくという話を聞くことができました。そして、後でいろいろな役割を任された機会に、熟練助産師から、「あれはよかった」、「あのことが、よくわかったわね」と言われることで、後進の助産師は、先生の言ったことをちゃんと理解できていたのだ、意味がわかっていたのだとわかるそうです。ですから、サインがわかるようになる手段は、いろいろあると思います。後進の助産師自身が、熟練助産師が大事にしているものは何かを見極めていくようです。

――伝えないけれど、見せる。言わないけど聞けば伝える。タイミング良く、成長したことを伝えて認めるように思えます。熟練助産師は、後進の助産師にどうなったら助産所でのお産の直接の介助を任せるようになるのですか。

村上　もともと助産師としての経験をもっている人たちですから、お産の介助はできるわけです。ですが、熟練助産師がたまたま不在なときや、熟練助産師が後進の助産師にそろそろ自立してお産の介助を任せようと考えたときは、やってみなさいと勧めることもあるようです。そうして、後進の助産師がそのお産を通じて、ああでもないこうでもないと学んでいくのです。

7　生命の導きにおける「美しさ」へのこだわり

――助産師は「黒子」にならなければならない、とおっしゃっていますが、「黒子」になることをどうやって伝えているのでしょうか。また、「黒子」になるという感覚はどうやってわかるのでしょう。

村上　昔から、助産師は「黒子」になれと言われて育ってきます。「黒子」とはお産のときにお母さんや赤ちゃんの「産む力」、「生まれようとする力」を発揮するときの助産師の姿あるいは働きを言います。学生に「黒子」という働きや「黒子」になった感覚を伝えようとするときに話すことは、もし、お母さんが、「あなたのおかげで楽な分娩ができました。ありがとう」と感謝されたときはまだ「黒子」ではないかもしれない。けれども、お母さんが、「私頑張ったでしょう。いいお産だったわ」とあなたに話してくれたとき、そのときは「黒子」になれたときと言えるだろうといいます。そして、お母さんが満足したお産を振り返ることで、そのとき、自分の体に覚えた感覚を再び呼び起こして自覚することが大切であると伝えます。

それから、助産所の熟練助産師の方たちは、「美しさ」という感覚をとても大事にされています。びっくりするのは、ある助産所の施設を見せていただくと、真っ白いレースの掛け物とかをベッドに使っていて、それをお産のときにも使うのです。「これを汚さないという美しさをうちでお産してもらう人にも感じてもらえたらいいわ」っておっしゃっています。

――赤ちゃんが生まれたときの分娩は、痛々しい感じで生まれてくるようなイメージがあります。熟練助産師が美しさという感覚を大事にするのは、具体的に分娩のときの助産師の行為にどのように影響を与えているのでしょうか。そこを知りたいと思うのです。助産師同士でどのようにしてその感覚を共有していったりするのでしょうか。

村上　実は、美しさを大事にするということは、お産のときだけではないのです。助産所に入ったときに、お花をきれいに飾っているのですが、その葉が落ちてないかとか、あるいは、椅子がきれいに整っているかとか、パッと見たときに、「あ、すてきなおうちね」という、そういう感覚からもう始まっています。熟練助産師の方々がおっしゃるには、美しい所作には無駄がないと言うのです。ですから、物を置いたりするときも、きれいに整えておけば、道具が必要になったときにすぐ取れるでしょうという。だから、そこを汚してないという意味だけでなく、美しく整えておくことも含まれるわけです。そしてこのことは、自分たちの助産における身のこなしを軽やかにする、無駄のないようにするための基本的な考え方であるように思います。そういう意味での美しさというものを気にされるようです。

――これまではお産に対して、耐えなければいけない、それが試練だというようなマイナスのイメージをもっているので、「美しさ」という言葉は聞いたことがありませんでした。「美しさ」というのはとても重要なことだと思いました。その感覚は、寝具を選ぶこと、花を生けることなどの日常の場面からも後進の助産師に染みわたっていくのですね。

村上　「美しさ」という考え方は、お産の援助にも関係しています。お母さんの分娩時の体の動きが、いびつな動きをしていると、「こっちの方が楽でしょう」と姿勢を直したりすることもあるのですが、それは、熟練助産師は、機能が最大限発揮されているとき、あるいは身体的な位置がきちんと機能しているときは、体としての美しさがそこにあると考えています。ですから、「美しくないと感じるときは、体の動きがぎこちない、そのときは、分娩が進まないのよ」などと言われるのです。また、それは助産師の介助でも同じであると言います。体の小さい助産師の分娩介助を体格のいい助産師が同じように真似てやっても、ぎこちなく、美しくない。だから、「あなたはわたしと同じような姿勢はとらない方がいい」、「あなたなりの道具の使い方をしなさい」と言ったりする。そういう意味でも助産師の「美しさ」という感覚は、分娩に関係するあらゆる状況を理解するときの感覚であり考えとなっているのです。

――価値観と関連してくると思うのですけど、例えば、病院の医師が考える「いいお産」と助産師さんが考える「いいお産」には何か違いはあるのでしょうか。

村上　医師が関係するお産は、切開を入れたりとか、あるいは薬剤を使ったりとか、帝王切開で出産するなどは、産科医師としての優しさの表れでもあると思うのです。切開したらつらいお産が早く終わるでしょうし、赤ちゃんの元気がなくなってきた場合は、帝王切開したら赤ちゃんを早く楽にしてあげられますよ、その方が安全に生まれるでしょうという考えがあるのではないでしょうか。医師は、医学の知識と技術が使えますからそれを駆使する。しかし、助産師にとっては、医学の知識や技術は自分たちだけの判断では使えないので、自分自身を道具にするしかないのです。そういう点で、お産に対するスタンスに違いがあると思います。

――「お産」や「誕生」の考え方や価値観は同じでしょうか。

村上　安全にということは、医師も助産師も大事にしています。しかし、安全に向かうまでのアプローチは違うと思います。お産が早く終わった方が安全だと思うのか、時間がかかっても身体的機能を十分に発揮して産んだ方が安全なのかという、その安全観は違うかもしれません。ただ、熟練助産師は、自分で医学介入ができないことを十分自覚しているので、自分たちが責任を負える範囲をわかっています。ですから、ここの部分は手に負えない、医療に頼らざるをえないだろうというところは、早い判断で連携している医療機関に送るという対応をします。

――分娩において安全と安楽の重要性がありましたが、基本的にその二つは表裏一体であると思うのです。安全であることは安楽である、安楽ということは安全であるということで、たぶん、先ほどの分娩の「美しさ」にも含まれていくだろうと思うのです。医学におけるお産の安楽性とはどんなことなのでしょうか。

村上　今、産科の閉鎖や医師不足等で産科医療の状況はとても厳しく、産める場所さえ確保できればといいと考える人もいますが、自分のお産は自分らしくしたいという気持ちがすごく強いので、多くの女性は産まされるお産は嫌だと考えています。もちろん、安全も大事だけれども、自分なりに楽に安心して産みたいというところが同時にある。お産での安楽と安全はもう一体になった感じなのですが、医学におけるお産は安全に配慮するけれど、安楽ということについては助産所の助産師の考えとは異なっているかもしれません。

――貴重なお話をありがとうございました。

あとがき

本書は、わざ研究の先駆者である生田を中心とし、わざの伝承に関心をよせる七名の研究者が、それぞれの専門領域から「わざ言語」という切り口によって執筆した、新たな学びを問うものである。

「はじめに」の中で生田が示しているように、本書は前半を理論編としてそれぞれの研究者の視点から「わざ言語」の意義を論じ、後半は実践編として伝統芸能、スポーツ、看護の領域のわざ実践者との対談により、「わざ言語」の現場での在り様がリアリティをもって語られている。さらに、前半の理論編では、後半で語られるわざ言語の実際を分析対象として引用しつつ論ずるというユニークな構成となっている。

生田および北村を中心とした研究グループは、平成二〇年四月から二三年三月までの三年間に渡り、文部科学省科学研究費補助金（基盤研究（B）研究代表者　生田久美子、研究分担者　北村勝朗）の助成を受けた。本書は、この研究助成によるプロジェクトを土台にしている。このプロジェクトでは、七回に渡って研究会を開催し、「わざ」の伝承場面を目にし、聞き、語り、そして問い続けてきた。そのひとつの成果としてまとめたものが本書である。三年間の研究会を以下に記す。

- 花柳小春（日本舞踊）「わざ」と「ことば」～伝統芸能の「知」を探究する～
- 中村時蔵（歌舞伎）歌舞伎の「わざ」の継承とは何か～「ことば」体験に注目して～
- 佐藤三昭（創作和太鼓）創作和太鼓における「わざ言語」の役割～「しむけ」に注目して～

・朝原宣治（陸上競技）己の感覚との対話
・紙屋克子（看護）看護の技と言語
・村上明美（看護）熟練助産師の「分娩介助」のわざ～その人らしく「産む」・その人らしく「誕生」する～
・結城匡啓（スピードスケート）選手と共有する「わざ」世界

本書で登場した「わざ言語」の姿は実に様々であった。今この瞬間に投げかけられた「わざ言語」を通して動きを学び感覚を共有することもあれば、「わざ言語」として書かれた文字を通して、師の芸や、かつての自身と対話し、時を隔てて感覚を共有することもあった。さらに、大切なレースの直前や助産の場に、共に同じ目標を目指してそこにいることで、互いの思考、情緒、意識、雰囲気、価値観、そして感覚を共有することもあった。このように「わざ言語」は、多様な文脈の中で、多様な学びの様態となって現れ、多様な作用を生み出し、その中で、教え学ぶ両者に大きな変化をもたらす、実に学びの契機を大量に含んだ「学びの触媒」のようなものなのである。

一方で、「わざ言語」は、単に言語形式によって区別されるものでもなく、文脈によって役割が変化することから、どこか捉えにくく、感覚的であいまいな印象をもたれるかもしれない。しかし、実はこのあいまいさこそが、「わざ言語」を捉える重要な視点なのであり、学びを捉える新たな視点でもある。なぜなら、あいまいさは、科学的な言語で説明することが困難でありながら、それを受けとめる文脈やひとによって、どこか気にかかる、あるもの全体を捉えさせてしまうものであり、Achievement 状態に誘い、「わざ」を身にまとうに至る重要な視点と捉えられるからである。ＫＪ法の考案者である川喜多二郎は、この「あいまいさ」を、どこか気にかかるという感覚で捉えられることの重要性に触れる中で取り上げ、次のように述べている。「ハプニング的に、しかも〝気にかかる〟というあいまいさで捉えられたデータを、今日の科学では全く不当にも無視し軽蔑してきた」（川喜多二郎、一九七〇、『続・発想法』、講談社、三〇頁）。わざ言語を通した学びの本質も、まさにこうした「どこか気にかかる」感覚の積み重ねにあるのではないだろうか。

本書によって「わざ言語」の全てが解明され尽くしたとは思っていない。むしろ、新たな課題が見えてきたといった方が適切であろう。今後、更なる「わざ言語」そして「わざ」の研究を発展させていきたいと考えている。

最後に、この場を借りて一言、謝辞を書き添えさせていただきたい。まず、多忙な中、対談をこころよく引き受けてくださった中村時蔵氏、朝原宣治氏、結城匡啓氏、佐藤三昭氏、そして村上明美氏には、心よりの謝意を表したい。東北大学までおこしいただき、また複数回にわたる対談にもこころよく応じていただいた方々の温かいご協力のもと、本書は誕生することができた。

また、対談を実現する中で、裏方となって諸々の支援をいただいた、東北大学大学院教育学研究科の尾崎博美、畠山大、高橋理沙、室井麗子、矢田訓子、高橋春菜、八木美保子、足立佳菜、田多井大輔、石垣耕希、同大学院教育情報学教育部の高谷将宏、伊勢只義、三浦宏明、平井司、金野泰典、太田孝弘、同大学院文学研究科の廣松勲、天野史彦、京都大学大学院教育学研究科の井藤元、そして松本大学の学生の諸君には、ここに名前を記して謝意を表したい。

最後に、出版をこころよくお引き受けいただいた慶應義塾大学出版会と、本書の視点や意義にご理解をいただき、全体の構成から表現に至るまで多くの示唆と出版実務のお力添えをいただいた慶應義塾大学出版会の佐藤聖さんと宮田昌子さんに感謝したい。

平成二三年三月三一日

北村勝朗

索　引

［き］

［く］

［け］

［こ］

［さ］

［し］

［す］

［せ］

［そ］

［た］

［に］

［ぬ］

［ね］

［の］

［は］

［ひ］

川口陽徳（かわぐち　ようとく）

千葉経済大学短期大学部准教授。東京大学大学院教育学研究科博士課程満期退学。修士（教育学）。専門は、教育哲学、教育人間学。主要業績に（共著）『日本の「わざ」をデジタルで伝える』（大修館書店、2007 年）、「漢方医道の継承——浅田宗伯の知識観と師弟関係」（『東京大学大学院教育学研究科紀要』第 45 巻、2006 年）、「『言葉にできない知』を伝えること——『わざ』の世界から学ぶ」（『幼児の教育』第 108 巻、日本幼稚園協会、2009 年）、「『文字知』の陥穽——宮大工の継承における書物」（「人間形成における『超越性』の問題」、京都大学 GCOE〈心が活きる教育のための国際的拠点〉研究開発コロキアム論文集、2010 年）などがある。

前川幸子（まえかわ　ゆきこ）

甲南女子大学看護リハビリテーション学部看護学科・甲南女子大学大学院看護学研究科教授。神戸市看護大学看護学研究科博士後期課程修了。博士（看護学）。専門は、看護学。主要業績に「看護臨床からのまなざし——臨床的に看護を学ぶということ」（『他者に臨む知』世織書房、2004 年）、「他者と出会うということ——看護学生の臨床経験を通して」（『ホリスティック・ケア——新たなつながりの中の看護・福祉・教育』せせらぎ書房、2009 年）、「グローバル社会と若者の傷つきやすさ——看護学生の経験が生成される臨床の場から見えてきたこと」（『子ども・若者の自己形成空間——教育人間学の視線から』川島書店、2011 年）などがある。

原田千鶴（はらだ　ちづる）

大分大学医学部基盤看護学講座教授。日本赤十字看護大学大学院看護学専攻修士課程修了。修士（看護学）。専門は、看護学。主要業績に “The effect of 10-degree leg elevation and 30-degree head elevation on body displacement and sacral interface pressures over a 2-hour period.”（2002）Journal of Wound Ostomy Continence Nursing, 29(3)、「ヒト上肢の皮静脈と皮神経の位置的関係の形態学的研究」（『日本看護技術学会誌』8(2)、2009 年）などがある。

佐伯　胖（さえき　ゆたか）

公益社団法人信濃教育会教育研究所所長、東京大学・青山学院大学名誉教授。ワシントン大学大学院学芸学科心理学専攻博士課程修了。Ph.D.（心理学）。専門は、認知科学。主要業績に『「きめ方」の論理——社会的決定理論への招待』（東京大学出版会、1980 年）、『「わかる」ということの意味（子どもと教育）』岩波書店、1983 年）、『幼児教育へのいざない——円熟した保育者になるために』（東京大学出版会、2001 年）、『「わかり方」の探求　思索と行動の原点』（小学館、2004 年）、『「子どもを人間としてみる」ということ』（ミネルヴァ書房、2013 年）などがある。

（2025 年 2 月現在）

＊語り手の略歴は、各章冒頭をご参照下さい（初版刊行時）。

執筆者略歴（執筆順）

理論編執筆者・聞き手

生田久美子（いくた　くみこ）

田園調布学園大学教授・学長、東北大学名誉教授。慶應義塾大学大学院社会学研究科教育学専攻後期博士課程単位取得退学。修士（教育学）。専門は、教育哲学、認知教育学。主要業績に『「わざ」から知る』（東京大学出版会、1987年／新装版2007年）、“What are the Implications of the Teaching and Learning Method of Traditional Japanese Artistic Performances?” ‘Kampf oder Dialog der Kulturen?’, *Bildung und Erziehung*(53). Jg.Heft4/Dezember, 2000、「民俗芸能を学ぶ子どもたち――二つの神楽の伝承事例を通して」（佐藤学・今井康雄（編）『子どもたちの想像力を育む――アート教育の思想と実践』東京大学出版会、2003年）、「〈再考〉教育における「技能」概念――傾向性（disposition）としての「わざ」概念に注目して」（『「教育」を問う教育学』慶應義塾大学出版会、2006年）、（監訳・解説）『スクールホーム――〈ケア〉する学校』（J・R・マーティン著、東京大学出版会、2007年）などがある。

北村勝朗（きたむら　かつろう）

日本大学理工学部教授。専門は、教授学習心理学、スポーツ心理学。東北大学大学院教育学研究科教育学専攻博士課程前期修了。博士（教育学）。主要業績に、「理数科の才能を育てる」（無藤隆（編）『理科大好き！の子どもを育てる――心理学・脳科学者からの提言』北大路書房、2008年）、「トップアスリートの動機づけ」（西田保（編）『スポーツモチベーション――スポーツ行動の秘密に迫る！』大修館書店、2013年）「優れた指導者はいかにして選手とチームのパフォーマンスを高めるのか？　質的分析によるエキスパート高等学校サッカー指導者のコーチング・メンタルモデルの構築」（『スポーツ心理学研究』32(1)、2005年）（スポーツ心理学会 学会賞：最優秀論文賞、2006年、Top-quality research from non-native English speaking countries: Association for Applied Sport Psychology, 2009）などがある。

永山貴洋（ながやま　たかひろ）

石巻専修大学人間学部人間教育学科准教授。東北大学大学院教育情報学教育部博士課程修了。博士（教育情報学）。専門は、スポーツ心理学。主要業績に『スポーツ領域における身体知習得に関する質的研究』（博士学位論文）2007年、（共著）「暗黙知習得過程における学習者の知的協力に対する教育情報の作用の質的分析――器械体操選手の動作のコツ習得過程を対象として」（『教育情報学研究』8、2009年）、（共著）「動作のコツ習得過程における身体知の働きの質的分析――高等学校女子バスケットボール選手を対象として」（『教育情報学研究』9、2010年）などがある。

わざ言語
——感覚の共有を通しての「学び」へ

2011年3月31日　初版第1刷発行
2025年2月28日　初版第6刷発行

編著者————生田久美子、北村勝朗
発行者————大野友寛
発行所————慶應義塾大学出版会株式会社
〒108-8346　東京都港区三田2-19-30
TEL〔編集部〕03-3451-0931
〔営業部〕03-3451-3584〈ご注文〉
〔　〃　〕03-3451-6926
FAX〔営業部〕03-3451-3122
振替 00190-8-155497
https://www.keio-up.co.jp/
装　丁————春井　裕（paper studio）
印刷・製本——萩原印刷株式会社
カバー印刷——株式会社太平印刷社

Printed in Japan ISBN978-4-7664-1804-0